Religionsunterricht praktisch

Unterrichtsentwürfe und Arbeitshilfen für die Sekundarstufe I

7. Schuljahr

Herausgegeben
von Rudolf Tammeus

Erarbeitet von:

Ulrike von Fritschen
Heike Klischka
Holger Klischka
Marina Parlitz
Michael Stille

Vandenhoeck & Ruprecht

Die Deutsche Bibliothek – CIP Einheitsaufnahme

Religionsunterricht praktisch. – Göttingen: Vandenhoeck und Ruprecht
ISBN 3-525-61354-7

Schuljahr 7: Unterrichtsentwürfe und Arbeitshilfen für die Sekundarstufe I. /
Hrsg. von Rudolf Tammeus. Erarb. von: Ulrike von Fritschen ... 1997
ISBN 3-525-61343-1

Satz: Text & Form, Pohle
Druck und Bindearbeiten: Hubert & Co., Göttingen

Inhalt

Vorwort

Religionsunterricht im 7. Schuljahr stellt für viele Lehrerinnen und Lehrer eine besondere Herausforderung dar. Herkömmliche Inhalte und Formen scheinen häufig nicht mehr zu greifen, krisenhafte Signale sind unüberhörbar. Der weitgehende Wegfall einer prägenden religiösen Sozialisation in Elternhaus und Kirche läßt den Religionsunterricht gerade in dieser – auch durch die beginnende Pubertät geprägten – Altersstufe zu einem zunehmend schwierigen Geschäft werden. Dabei ist die kritische Distanz heutiger Heranwachsender hinsichtlich einer kirchlich gebundenen Religiosität keineswegs gleichzusetzen mit einem grundsätzlichen Desinteresse an religiösen Fragen. Wohl aber stellt sich heutzutage auch die Religion von Siebtklässlern schon weitgehend in individualisierter, pluralisierter und privatisierter Form dar. Immer häufiger gerät dabei die nach subjektivem Verständnis als wahr empfundene Religion der Jugendlichen in Konfrontation zu den traditionellen Wahrheitsansprüchen christlicher Religion. Stärker als bisher muß der Religionsunterricht deshalb die veränderten Erscheinungsformen und Aneignungsmöglichkeiten von Religion bei heutigen Schülerinnen und Schülern berücksichtigen. Da noch immer die überwiegende Zahl der Schülerinnen und Schüler des 7. Jahrgangs regelmäßig am Religionsunterricht teilnimmt, bietet dieser nach wie vor eine einmalige Chance zu einer kontinuierlichen religiösen Bildung in der Schule.

Auf dem Hintergrund dieser und ähnlicher Überlegungen reagieren die Autorinnen und Autoren dieses Bandes von „ru praktisch“ aus der Praxis heraus auf Schwierigkeiten des Religionsunterrichts in dieser Altersstufe. Die eingeführten Lehrbücher legen häufig noch einen einseitig kognitiv ausgerichteten und textorientierten Unterricht nahe, der aber aufgrund der oben genannten Rahmenplanungen immer weniger zufriedenstellt. Allltags- und Lebensbezug sowie Erfahrungsoffenheit und Handlungsorientierung sind im gegenwärtigen Religionsunterricht notwendig zu beachtende didaktische Prinzipien; biographische Begleitung, Berücksichtigung außerschulischer Lernorte, praktisches Lernen und Elementarisierung religiöser Inhalte daraus abzuleitende Herausforderungen für den Religionsunterricht.

Der vorliegende Band will kein in sich abgeschlossenes Religionsbuch für die 7. Klasse sein; er ist aber auch mehr als eine eher zufällige Zusammenstellung von Unterrichtsideen. Wie die weiteren Bände von „ru praktisch“ für die Sekundarstufe I bietet er Unterrichtsideen in Form von Bausteinen zu den Kernthemen der Rahmenrichtlinien des evangelischen und katholischen Religionsunterrichts der verschiedenen Bundesländer an. Diese können als „Steinbruch“ in unterschiedlichsten Kombinationen bzw. in Ergänzung zu den eingeführten Lehrwerken genutzt, aber auch zu kompletten Unterrichtseinheiten zusammengestellt werden. Die Autorinnen und Autoren haben sich um schülernahe und methodisch originelle Unterrichtsideen bemüht und viele Bilder, Karikaturen, Lieder, Kurztexte und Meditationen erstmals für den Unterricht entdeckt. Entstanden ist ein Buch mit Werkstattcharakter, das hoffentlich viele Kolleginnen und Kollegen in Realschulen, Hauptschulen, Gesamtschulen und Gymnasien, aber auch Pfarrerinnen und Pfarrer im Konfirmandenunterricht anregt zu einem inhaltlich anspruchsvollen und interessanten sowie methodisch vielfältigen Religionsunterricht.

Das Buch ist eine Gemeinschaftsarbeit. Zwar wurden die Unterrichtseinheiten von den im Inhaltsverzeichnis genannten Autorinnen und Autoren geplant, erprobt und geschrieben. Alle Abschnitte sind aber zusätzlich in der Gruppe gemeinsam mit dem Herausgeber diskutiert und korrigiert worden, so daß sie in ihrer Endgestalt von allen gemeinsam verantwortet werden. Die Gruppe arbeitet inzwischen an „ru praktisch“ für das 8. Schuljahr; geplant ist außerdem ein Band mit Folien und Zusatzmaterialien.

Der Dank des Herausgebers gilt in besonderer Weise den Autorinnen und Autoren. Neben Familie und Beruf haben sie die erheblichen Belastungen der Planung und Erprobung der Unterrichtsbausteine sowie der Erstellung der Manuskripte übernommen. Während der Erarbeitung des vorliegenden Bandes wurden Rebecca Klischka, Julian Parlitz, Rebecca Stille und Niklas Buckwalter geboren. Mit den besten Wünschen, auch hinsichtlich ihrer zukünftigen religiösen Bildung, sei ihnen dieser Band gewidmet.

Göttingen, im Frühjar 1997 — Rudolf Tammeus

Abkürzungsverzeichnis

a.a.O.	am angegebenen Ort
AB	Arbeitsblatt
Anm.	Anmerkung
Apg	Apostelgeschichte
AT	Altes Testament
ATD	Altes Testament Deutsch
Bd.	Band
Dan	Daniel
ders.	derselbe
Dtn	Deuteronomium (5. Buch Mose)
EA	Einzelarbeit
EvErz	Zeitschrift „Der evangelische Erzieher“
EG	Evangelisches Gesangbuch
EKG	Evangelisches Kirchengesangbuch
Ex	Exodus (2. Buch Mose)
Ez	Ezechiel/Hesekiel
ezb	Evangelische Zentralbildkammer
f/ff	folgende Seite(n), Vers(e)
GA	Gruppenarbeit
Gal	Galaterbrief
Gen	Genesis (1. Buch Mose)
gr.	griechisch
HA	Hausaufgabe
Hes	Hesekiel/Ezechiel
Hg.	Herausgeber
hg.	herausgegeben
Hi	Hiob
Hos	Hosea
i.A.	in Auszug
Jes	Jesaja
Jh.	Jahrhundert
Joh	Johannes
Kap.	Kapitel
Kön	Buch der Könige
Kor	Korintherbrief
K.V.	Kopiervorlage
L.	der/die Lehrer/Lehrerin, Lehrer/Lehrerinnen
Lev	Leviticus (3. Buch Mose)
Lk	Lukas
M	Material
Mi	Micha
Mk	Markus
Mt	Matthäus
NT	Neues Testament
NTD	Neues Testament Deutsch
o.a.	oben angegeben
Offb	Offenbarung
OHP	Over-Head-Projektor
o.g.	oben genannt
o.J.	ohne Jahr(esangabe)
P.	Papyrus
par./parr.	Parallelstelle(n)
Ps	Psalm
Röm	Römerbrief
RL	Zeitschrift „Religion und Lebenskunde“
RPA	Religionspädagogische Arbeitshilfen
RU	Religionsunterricht
ru	Zeitschrift „Religionsunterricht“
S.	Seite
s.	siehe
Sam	Samuel
s.c.	scilicet = zu ergänzen
s.o.	siehe oben
Sch.	der/die Schüler/Schülerin, Schüler/Schülerinnen
s.u.	siehe unten
sw.	schwarz-weiß
Tb	Taschenbuch
Tim	Timotheus
TP	Tageslichtprojektor
u.a.	unter anderem/n
UE	Unterrichtseinheit
UG	Unterrichtsgespräch
V.	Vers
vgl.	vergleiche
Wdh.	Wiederholung
WT	Wandtafel
zit.	zitiert

1 Woher ich komm' – wohin ich geh' (Symbol Weg)

Eine lebensgeschichtlich orientierte Unterrichtseinheit

1. Theologische und didaktische Aspekte

Eine symboldidaktische Unterrichtseinheit zum Thema „Weg“ ist nicht etwas grundsätzlich Neues. Mit der theoretischen Ausgestaltung der Symboldidaktik oder der „kritischen Symbolkunde“ (Biehl) als eigener, wenn auch integrativer religionspädagogischer Konzeption seit Beginn der achtziger Jahre sind auch unterrichtspraktische Modelle zum Symbol „Weg“ für verschiedene Altersstufen (s.u.) erschienen. Davon ausgehend hat die Autorengruppe gute Erfahrungen damit gesammelt, mit einer Unterrichtseinheit zum „Symbol Weg“ die „Aufbruchssituation“ der Lernenden, die – wie z.B. in Niedersachsen – in Klasse 7 an einer neuen Schulform beginnen und sich ganz neu orientieren müssen, zu thematisieren, eventuell zu verarbeiten und mit biblischen Erfahrungen zu korrelieren. Wir stellen hier bewährte und neue Materialien und Methoden für genau diese Unterrichtssituation vor. Zuvor erfolgen knappe Erläuterungen der anthropologischen und religiös/biblischen Dimension des Symbols Weg.

Wir kennen verschiedenste Wege, kurze, lange, breite und schmale, aber etwa auch geheimnisvolle Wege. In der heutigen Zeit sind Wege auch zu Straßen, Autobahnen, Flug- oder Schiffslinien oder zu Computerpfaden im Internet geworden. Wege stellen Beziehungen her, sie ermöglichen Kommunikation und Gespräch. In unserer Gesellschaft haben Wege, besonders die schnellen Wege und die umfassenden Wegenetze, eine kaum zu überschätzende Bedeutung erlangt.

Daher ist uns wohl auch so geläufig, den menschlichen Lebenslauf mit dem Symbol des Weges zu beschreiben und zu deuten. Weg ist in allen Religionen und Kulturen ein wichtiges Symbol für das Leben in seinem Verlauf. Als Begründung dafür kann die körperliche und geistige Beweglichkeit des Menschen gelten. Wesentliche Ereignisse des menschlichen Lebens lassen sich als Wegerfahrungen deuten. Ein Weg kann Glück bringen oder an einen Abgrund führen, er kann ein Abweg sein oder nur ein Umweg, und ein Ausweg kann aus der Klemme helfen.

Für den christlichen Glauben spielt der Weg eine herausragende Rolle. In der Bibel kommt das Wort Weg ausnehmend häufig (allein im AT über 700 mal) vor. Israel versteht Jahwe von Beginn an als einen Gott, „der auf dem Weg bei ihm bleibt“ (Zimmerli 18). Schon in der nomadischen Vergangenheit Israels ist Jahwe ein „Weg-Gott“. Er veranlaßt den betagten Abraham, aus seinem Vaterland aufzubrechen in ein verheißenes Land (Gen 12,1–3). Der lang ersehnte Auszug des ganzen Volkes Israels aus der Fronherrschaft in Ägypten, der mit der Landnahme endet, steht unter der Führung Jahwes selbst, der den Zug in der Gestalt eines Engels oder in einer Wolke begleitet. Wie bei jedem wirklichen Aufbruch gibt es bei den Israeliten trotz der Freude über die Befreiung in Notzeiten ein Zurücksehnen „nach den Fleischtöpfen Ägyptens" (vgl. **M 2**), jedoch entscheidet sich das Volk letztlich für Vertrauen auf den Weg Gottes und ein Einhalten seiner Wege. Israelitische Religion bleibt eine Weg-Religion. Sie will auf das Wandeln auf Gottes Wegen hinweisen, dazu anleiten, ermuntern und einladen: „Zeige mir, o Herr, deine Wege" (Ps 25,4), „tue mir kund den Weg, den ich gehen soll" (Ps 143,8). Gott werden die Fähigkeit und die Aufgabe zugesprochen, das menschliche Leben zu lenken : „Befiehl dem Herrn deine Wege, er wird`s wohl machen" (Ps 37,5).

Die übertragene alttestamentliche Rede vom Weg wird im Neuen Testament aufgenommen und christologisch sowie eschatologisch zugespitzt. Jesus begegnet man während seiner Wirksamkeit meist unterwegs, und er selbst erzählt und lehrt Weg-Geschichten oder verdeutlicht mit dem Weg-Motiv seine Botschaft. Schließlich wird er sogar zum alleinigen Heilsweg, an dem der gläubige Christ nicht vorbei kann: „Ich bin der Weg, die Wahrheit und das Leben" (Joh 14,6). Damit gibt es nach Johannes für den Menschen nur einen wahren Weg des Glaubens. Glauben bedeutet dann also das Wandeln auf diesem Weg, der immer wieder verändert, und ist nicht etwas Statisches, Festes.

Der Evangelist Lukas zeigt besonderes Interesse an Weg-Geschichten. Nur bei ihm lesen wir die eindrückliche Geschichte von der verändernden Wanderung der Emmaus-Jünger (Lk 24), die zu ihrer freudigen Rückkehr nach Jerusalem führt. Hier zeigt sich, daß Jesu Weg Menschen zusammenführt und Gemeinschaft spendet, er stiftet Weggefährten (vgl. **M 8–10**). Ebenfalls zum Sondergut des Lukas gehört Jesu Gleichnis vom Vater und seinen beiden Söhnen (Lk 15), dessen Rückkehr mit der überschwenglichen Liebe des Vater beantwortet wird. Psychologisch gesehen durchläuft dieser Sohn einen bedeutsamen Ablösungsprozeß vom Vater, der mit seiner Hilfe zur Selbstfindung führen kann (vgl. **M 7**).

Lukas ordnet die Wanderung Jesu ein in einen Heilsweg Gottes mit den Menschen, dieser Weg ist der Weg zum Kreuz. Gott ist bei Jesus auf seinem Weg, der in die Auferstehung mündet.

Labyrinth und Irrgarten sind alte Wegsymbole (vgl. **M 3,4,6**). Während der Labyrinthweg niemals Wahlmöglichkeiten bietet, sondern auf zahlreichen mühevollen Umwegen, die zum Abschreiten des gesamten Innenraumes zwingen, notwendig zu einer Mitte kommt, verläuft der Weg durch einen Irrgarten verschlungen zum Ziel. Neben Sackgassen kann es auch Umwege geben, die zu einer Verlängerung des Weges führen. Immer wieder kommt man an neue Entscheidungspunkte. Kennzeichen von Labyrinthen in christlichen Kirchen, die vorwiegend vom 12. bis 16. Jahrhundert in Frankreich und Norditalien entstanden, sind ihr Eingang im Westen (Sonnenuntergang!), elf Umgänge bis zur Mitte (Elfzahl steht im Mittelalter für Sünde, Übertretung, Maßlosigkeit) und vor allem die das gesamte Labyrinth überlagernde Kreuzachse (Erlösung). Letztere vor allem unterscheidet die Kirchenlabyrinthe von antiken Vorformen, das Kreuzzeichen „erlöst" die im Labyrinth abgebildete sündige Welt. Damit wird der Weg durch das Labyrinth zum Läuterungsweg. Das größte erhaltene Kirchenlabyrinth aus dem 13. Jh. in der Kathedrale von Chartres, das dem klassisch christlichen Labyrinthtyp entspricht, hat einen Durchmesser von ca. 12 m, womit es den Raum des gesamten Mittelschiffes einnimmt. Das Abschreiten des Labyrinths könnte auch als Bußübung vor dem Betreten des Altarraumes verstanden worden sein.

Für den Unterricht lassen sich nach Moll folgende Lebenswegdeutungen des Labyrinths fruchtbar machen, die die Ambivalenz des Wegsymbols deutlich werden lassen:

1. der Lebensweg als mühevoller Weg mit vielen Umwegen auf ein Ziel (Vollendung, Christus) zu;
2. der Lebensweg als ein Weg, der im Zentrum Umkehr bedeutet;
3. der Lebensweg, der als ein fortwährendes Sterben und Auferstehen, ein Aufgeben und Neumachen verstanden wird.

Der Irrgarten als Lebensweg gedeutet weist dagegen auf die Fragen, welche Möglichkeiten mir bei der Suche nach meinem Lebensweg zur Verfügung stehen, was Irrwege und Sackgassen in meinem Leben sind und ob der kurze oder der lange Weg sinnvoller ist (was hätte ich gewonnen bzw. nicht erlebt, wenn der Weg kurz gewesen wäre?).

Der schnurgerade, hindernisfreie Weg der Werbung der Volksbank mit dem Slogan „Wir machen den Weg frei" (vgl. **M 11**) unterscheidet sich von den verschlungenen Wegen von Labyrinth und Irrgarten. Er suggeriert, daß mit Hilfe dieser Bank auch scheinbar aussichtslose Ziele mühelos zu erreichen seien, was wohl den großen Erfolg dieser seit 1988 laufenden Werbereihe erklärt. Hier kann die kritische Befragung dieser Wegvorstellung einsetzen.

Die Sehnsucht nach dem Weg zu einer Mitte bestimmte viele alte Kulturen und Religionen. Dabei ging es um einen symbolischen Mittelpunkt, nicht vordringlich um einen geometrischen. Häuptlingszelte, Städte, Gebäude und Berge (etwa Tabor) konnten so zu einem heiligen Punkt werden, an dem sich Gläubige orientierten und dem sie manchmal nahe, manchmal ferne sein wollten. Eine Mitte verweist auf die Kreisform, die Gegensätze aufhebt und Gleichgewicht versinnbildlicht. Diese Form findet man in der christlichen Baukunst als runde Kirchengebäude des Ostens oder Fensterrosen in Kathedralen (vgl. dazu auch **M 13**). Sie bilden den Kosmos und die Ewigkeit ab und sind Symbole der Einheit in der Vielfalt. Da der Kreis als das vollkommenste Gottessymbol verstanden werden kann, können Gläubige in der Meditation solcher Kreisbilder ihr ungeordnetes Selbst wieder als Ganzheit erleben (C.G. Jung) und mit der Göttlichkeit verschmelzen. Meditationsbilder in Kreisform, sogenannte Mandalas (in Sanskrit heißt „Mandala" Kreis), haben in verschiedenen östlichen, aber auch in christlichen Traditionen dieses Ziel (**M 14**). Peripherie und Mittelpunkt verbinden sich in dieser Meditation.

Mittelalterliche Bilder, die zu den religiösen Visionen der Hildegard von Bingen (1098–1178) entstanden, weisen genau diese Kreisform auf. Die farbigen konzentrischen Ringe des im Materialteil abgebildeten Bildes „Kosmos-Rad" zu ihrer Schrift „Welt und Mensch" (**M 15**) können als die vier Elemente (Rot/Schwarz: Feuer, Blau: Wasser, Weiß: Luft und Braun: Erde) verstanden werden, aus denen alles besteht und die vielfältig miteinander (Linien) verbunden sind. Mitten in dieser Welt steht aufrecht und selbstbewußt der Mensch, in dem sich der ganze Kosmos spiegelt. Betrachtet man den äußeren Feuerring genauer, stellt man fest, daß der innere Kosmos zugleich umfangen und getragen ist: Der Feuerkreis ist zugleich ein Mantel, aus dem Hände, Füße und ein Kopf ragen. Dem Fußmal nach ist das Jesus Christus, der Gekreuzigte, der den Kosmos umschließt, in seinem Leib schaut Hildegard den Kosmos. Der goldene Rahmen mit dem bärtigen Gesicht dahinter läßt deutlich werden: hinter allem schaut Gott selbst hervor. Auch wenn dieses „Kosmosrad" in Details sicherlich noch anders und tiefergehend gedeutet werden kann, fasziniert es insgesamt schon nach wenigen Blicken wegen seiner ganzheitlichen Weltschau, die dem Menschen seinen Ort in dem Kosmos zuweist und das Chaos ordnet.

Die folgenden Unterrichtsideen sind nicht als fortschreitender Lehrgang, sondern als Steinbruch zu verstehen, aus dem, symboldidaktischen Intentionen entsprechend, je nach Interesse und je nach Unterrichtsgruppe, Material ausgewählt werden kann.

2. Intentionen

Die Sch. sollen
- wörtliche und übertragene Bedeutungen des Symbols Weg unterscheiden können,
- verstehen und eventuell sogar erfahren, daß das Leben als Weg gedeutet werden kann,
- die ambivalenten Gefühle in Aufbruchssituationen nachvollziehen und auf ihre eigene Situation übertragen,
- anhand von Labyrinth und Irrweg verschiedene Wegverläufe und Lebenswegdeutungen kennenlernen und vergleichen,
- biblische Weggeschichten nach Stationen und den dazugehörigen Gefühlen befragen,
- erkennen, daß (biblische) Wege begleitete Wege sein können,
- dazu angeregt werden, sich über den eigenen Lebensweg bewußter zu werden.

3. Literatur zur Vorbereitung

- Biehl, Peter / Hinze, Ute/ Tammeus, Rudolf: Symbole geben zu lernen. Einführung in die Symboldidaktik anhand der Symbole Hand, Haus und Weg. Neukirchener Verlag, Neukirchen-Vluyn 1989 (Wege des Lernens 6).
- Biehl, Peter: Weg – Symbol des Lebens, in: RL 4 (1989), S. 5–9.
- Früchtel, Ursula: Mit der Bibel Symbole entdecken. Vandenhoeck & Ruprecht, Göttingen 1994², S. 323–360.
- Gräb, Paul / Epting, Karl-Christoph (Hg.): Wege. Hans Thoma Verlag, Karlsruhe 1993.
- Halbfas, Hubertus: Religionsunterricht in der Grundschule. Lehrerhandbuch 3. Patmos/ Benzinger, Düsseldorf/Zürich 1985, S. 432–474.
- Kern, Hermann: Labyrinthe. Erscheinungsformen und Deutungen. 5000 Jahre Gegenwart eines Urbilds. Prestel, München 1982.
- Kirchhoff, Hermann (Hg.): Ursymbole und ihre Bedeutung für die religiöse Erziehung. Kösel, München 1982.
- Lenhard, Hartmut: Der Weg – quergedachte Anmerkungen zu einem gängigen Symbol, in: EvErz 1 (1989), S. 53–67.
- Moll, Peter: Irrgarten – Labyrinth – Spirale. Drei Möglichkeiten seinen Lebensweg zu verstehen und zu deuten, in: RL 3 (1986), S. 17–25.
- Zimmerli, Walther: Grundriß der alttestamentlichen Theologie. Kohlhammer, Stuttgart 1985⁵ (Theologische Wissenschaft; 3,1).

4. Unterrichtsideen / Verlaufsplanung

A. Sich auf den Weg machen – Aufbruch

⇨ Zeichnen der *neuen Schulwege* durch die Sch. (Wohnort und Straße deutlich eintragen lassen); einsammeln und mischen und an Sch.gruppen neu austeilen, die dann feststellen / raten, wessen Schulwege vor ihnen liegen.

⇨ *Zeichnung „Flüchtling"* (**M 1**): Beschreibung (große Schritte!) und Deutung; Konkretisierung durch die Sch. auf einem Arbeitsblatt mit der Zeichnung: Notiere jeweils drei wichtige Beispiele für das, womit der Mann so fest verwachsen ist, für das, was er in dem Koffer mitnimmt und für das, was ihn in seiner Zukunft erwartet, neben entsprechende Bildelemente! Ambivalenz der „Flucht" herausstellen. Evtl. ausdrücklicher Vergleich mit der Situation der Sch.

⇨ *Aufbruch der Israeliten aus Ägypten* (Ex 12) mit Vorgeschichte; schöne Vorlesefassung liegt in der Neukirchener Kinder-Bibel vor (von Irmgard Weth im Kalenderverlag des Erziehungsvereins mit Bildern von Kees de Kort); „gemischte" Gefühle der Israeliten beim Blick zurück (**M 2**) vergleichend erschließen und reflektieren.

B. Das Leben – einen Weg gehen / einen Weg mit Gott gehen

⇨ *wörtlich und übertragen verstandene Wege* sammeln und tabellarisch auflisten (etwa Wanderweg – Ausweg); Wortfeld „gehen" bilden; verschiedene Fortbewegungsarten pantomimisch darstellen und raten lassen; verschiedenen Wegarten zuordnen.

⇨ *Labyrinth und Irrgarten – Verschiedene Wege zum Ziel* (**M 3**): Das Materialblatt präsentiert zwei Labyrinthe und zwei Irrgärten, die von den Sch. allein mit dem Bleistift „entdeckt" werden können. Im Anschluß daran können die Unterschiede leicht benannt und festgehalten werden, und das Blatt kann eine passende Überschrift bekommen. Alternativ oder im Sinne einer Überprüfung können folgende Aufgaben zu den Figuren verteilt werden:

• Nimm einen Stift und gehe die Wege der Figuren bis zur Mitte hin ab! Figur 1 ist ein *Labyrinth*, das heute noch auf dem Fußboden einer französischen Kathedrale zu sehen ist. Figur 2 ist ein *Irrgarten*, ein Plan für eine Gartenanlage. Ordne die beiden anderen Figuren zu:

Figur 3 ist ein ______________________.

Figur 4 ist ein ______________________.

• Unterstreiche mit einer Farbe diejenigen der folgenden Beschreibungen, die zu einem Labyrinthweg passen, mit einer anderen diejenigen, die zu einem Irrgartenweg passen. Beantworte dann mit Hilfe dieser Begriffe in einigen Sätzen: Was ist ein Labyrinth? Was ist ein Irrgarten?
zahlreiche Umwege – Sackgassen – mühevoller Weg mit vielen Wendungen, der letztendlich in das Zentrum führt – Irrwege – keine Wahlmöglichkeit – Entscheidungspunkte – Wahlmöglichkeit: langer oder kurzer Weg – Wendepunkte

• Sackgassen, Wendepunkte und Entscheidungssituationen wie in Irrgärten und Labyrinthen gibt es wohl in jedem Lebenslauf. Überlege für dich und notiere in Stichworten:

An welche *Sackgasse* deines Lebens erinnerst du dich (Sackgasse: ein vermeintlich richtiger Weg, der zu einem Punkt führt, an dem ich zurück muß)?

Nenne einige *Wendepunkte* in deinem Leben, d.h. Ereignisse, die dein Leben verändert haben!

An welchen *Entscheidungspunkt* in deinem Leben erinnerst du dich, d.h. eine Situation, in der du zwischen zwei sehr wichtigen Dingen für dich wählen mußtest? Wie hast du dich warum entschieden?

– Labyrinth und Irrgarten können auch über

OHP an der Wand vergrößert und auf Tapentenrollen übertragen werden. Danach könnten sie mit den „Elementen" angereichert werden, die den Sch. „auf dem Wege" wichtig sein könnten (mit Wachsmalkreiden einmalen). Besonders interessant könnte werden, was sie in die „Mitte" der Figuren setzen.

- Ein bleibendes Labyrinth auf einem Schul- oder Pausenhof anzulegen, ist eine schöne Idee für eine Projektwoche. Ob die begehbare Figur gemalt, aus Steinen gelegt oder in eine Wiese gemäht oder gar gesät wird, hängt von den mitarbeitenden Sch. und den jeweiligen Möglichkeiten der Schule ab. Abschluß könnte eine Prozession durch das Labyrinth bilden.
- **M 4** ist hilfreich, wenn man Sch. einmal verdeutlichen möchte, wie und in welchen Ausmaßen man sich das *Labyrinth im Inneren der Kathedrale von Chartres* heute noch vorzustellen hat. So kann Sch. die Figur Labyrinth mit dem kirchlichen Sitz im Leben anschaulich miteinander verbinden (Projektion über OHP).

⇨ *Herakles-Sage* (**M 5**)
Diese griechische Sage thematisiert das Entscheiden für bestimmte Lebenswege, was die Sch. an die Entscheidungspunkte des Irrgartens erinnern kann. Nachdem vergleichend herausgearbeitet worden ist, was die beiden schönen Frauen Herakles alles anbieten, können die Sch. die Sage fortschreiben, indem sie die Entscheidung und die sich daraus ergebenden Konsequenzen für Herakles einfließen lassen. Diskutiert werden kann, ob „Mischformen" beider Lebensformen nicht auch möglich sind und warum es gut sein kann, sich Entscheidungen für bestimmte Lebensformen bewußt zu machen.

⇨ Verfasse eine Geschichte oder ein Gedicht zur vorliegenden *Zeichnung* (**M 6**)! Alternativ: Was geht in dem Jugendlichen am Eingang der Irrgartenfigur wohl vor? Laß seine Gedanken und Gefühle in einem Text deutlich werden! Hinweis für L.: Veränderungen der Zeichnung laden Sch. noch mehr zur Bearbeitung ein (z.B. Ausziehen der Seitenwände am Eingang des Irrgartens).
Alternative: Nimm einen Stift und verändere dieses Bild so, daß es dir gefällt, z. B. male etwas dazu, wenn dir etwas fehlt! Verschiedene Deutungen können sich im Gespräch anschließen.

⇨ Nur hinweisen möchte ich hier auf den ausgezeichneten *Kurzfilm „Droga"* (Der Weg) (s. u. Medien), der viele Aspekte des Lebensweges, die mit Labyrinth und Irrweg angesprochen werden, auf andere Weise thematisiert. Methodische Hinweise findet man bei Biehl/ Tammeus /Hinze (s.o.), S. 116–119.

⇨ *Der Vater und seine beiden Söhne* (Lk 15)
Schüler spielen diese Geschichte oder Szenen im Rollenspiel. Sie lassen die Personen der Geschichte schreibend in Ich-Form zu Wort kommen. Vielleicht erfinden sie auch neue Personen zu der Geschichte, etwa eine Mutter. Arbeitsblatt **M 7** ist geeignet, um den äußeren und den inneren Weg des jüngeren Sohnes in seinen Veränderungen zu erschließen. Möglicher Arbeitsauftrag: Ordne den Wegstationen des jüngeren Sohnes Gefühle, Gedanken und Erfahrungen zu! Setze sie dann zu Labyrinth und Irrgarten in Beziehung! Evtl. hier Vergleich mit dem Märchen von Hänsel und Gretel (Kinder- und Hausmärchen Nr. 15), das ebenfalls als Märchen der Ablösung interpretiert wird.

⇨ *Die Emmaus-Jünger* (Lk 24)
- **M 8** bietet einen *Holzschnitt von Schmidt-Rottluff* zur lukanischen Geschichte. Hinweis für L.: Wenn man den Auferstandenen aus dem Bild herausschneidet (Montage), wird seine Bedeutung im Vergleich zum Original noch deutlicher. Möglicher Arbeitsauftrag: Versetze dich in eine der beiden Wanderer und beschreibe in Ich-Form, wie sich deine Situation und deine Gefühle durch die Anwesenheit des „Begleiters" verändern!
- Idee für einen *Projekttag* mit besonders interessierten Klassen ab Jahrgangsstufe 7: *Der Weg*

der Jünger als Trauerweg (nach Ingrid Riedel). Eine schrittweise bibliodramatische Erschließung nach **M 9** erfordert mehrere Zeitstunden und Räume, kann für alle Beteiligten jedoch zum Erlebnis werden; alternativ können nur Bausteine dieses Projektes im Unterrichtsalltag erprobt werden.

– *Die Umkehrspirale – ein Tanz nach alten österlichen Traditionen*
Dieser Schreittanz (vgl. **M 10**) kann Sch. vielleicht etwas von dem, was Auferstehung bedeuten kann, auf andere als kognitive Weise deutlich werden lassen. Der Tanz ist einfach zu lernen und macht Spaß. Eine Möglichkeit, um diesen Tanz noch mehr zu dem von Sch. werden zu lassen, ist eventuell die, daß sie eigene Musik, die sowohl zum Weg nach Innen (Tod) als auch zum Weg nach Außen (Auferstehung) passen könnte, zusammenstellen und mitbringen.

⇨ *Werbung der Volksbank „Wir machen den Weg frei"*
Bildelemente dieser Werbung und ihre Wirkung können mit Hilfe von **M 11** erschlossen und kritisch betrachtet werden; Vergleich des Slogans mit dem Vollmachtsanspruch Jesu „Ich bin der Weg, ..." (Joh 14) kann im Anschluß erfolgen.

⇨ Möglicher Abschluß dieses Unterrichtsblocks: Zeichne deinen *eigenen Lebensweg* auf! Du kannst auch deine Zukunft miteinbeziehen, so wie du sie dir im Moment vorstellst!
M 12 kann als Vorlage für verschiedene Lebenswegmodelle stehen. Die Schilder können die Sch. für sich beschriften.

C. Einen Weg zur Mitte finden/ einen Weg zu sich selbst finden

⇨ Spiel „*Globulus Cusani* – das Kugel-Spiel des Nikolaus v. Kues, das geheimnisvolle Spiel für Jung und Alt, das Geschicklichkeitsspiel für drinnen und draussen, für beliebig viele Spieler (...) rund herum um die Mitte unseres Lebens".
In diesem Spiel geht es darum, sich mit einer Kugel, die eine deutliche Delle aufweist, der Mitte von neun konzentrischen Kreisen auf einem Spielplan anzunähern (zunächst ist es gar nicht leicht, überhaupt den Spielplan zu treffen!). Erst wenn ich die Delle in mir anerkenne, so die Spielanleitung (vgl. **M 13**), wenn ich die Kugel als Symbol der eigenen Person auf den Weg zur Mitte schicke, lerne ich, die Kugel sicherer zu werfen. Das Spiel, das wohl eher für kleinere Gruppen geeignet ist, kann dazu anregen, über sich selbst, über Spiele und ihre Regeln, über Leistung und vieles mehr nachzudenken. Es kann für ca. 80,– DM bestellt werden bei: DRK Sozialwerk Bernkastel-Wittlich GmbH, 54461 Bernkastel-Kues.

⇨ *Mandala-Meditation*
Sch. suchen sich nach einer erklärenden Einführung zum Stundenvorhaben eines von verschiedenen vervielfältigten Mandalas (**M 14**) aus und malen es mit verschiedenen Farben (Buntstifte) aus. Dabei wird nicht gesprochen. Diese Art Meditation dieser Kreisfigur kann bis zu einer Schulstunde oder länger dauern. Danach erfolgt ein Auswertungsgespräch, evtl. in Kleingruppen. Mögliche Fragen: Wie ging es euch bei dieser Meditation? Wo habt ihr begonnen die Figur auszumalen, innen oder außen? Welche Farben habt ihr dabei verwendet, eher helle oder eher dunkle? usw.
Zahlreiche Vorlagen für Mandalas zum Ausmalen bieten die Bändchen von Bruno Döring: Schenk dir ein Mandala! Eschbach: Verlag am Eschbach, 1993, Heft 1 und 2 (je ca. 8,-DM).

⇨ *Buchmalerei des 15. Jh. zu den Visionen der Hildegard von Bingen* (**M 15**)
Dieses für Sch. wohl eher fremde Bild kann über die symbolhaltigen Farben und Formen erschlossen werden (vgl. Einleitung). Die Bedeutung der Gesichter und des Menschen in der Mitte können danach erklärt werden. Dem Menschen kann danach eine Stimme gegeben

werden: Wie fühlt er sich wohl dort in der Mitte? Schreibe auf!
Passende biblische Texte können hinzugezogen werden (etwa Gen 1, Ps 139 oder 8).
Die Stellung des Menschen kann problematisiert werden, wenn Sch. überlegen, ob das Bild heute so noch zutrifft.
Alternative: Das Meditationsbild kann in Töne umgesetzt werden. Orffsche Instrumente, aber auch andere „Klangkörper" wie Gläser, Steine in einem Gefäß usw. sind dazu geeignet. Nach einer Vorstellung aller „Instrumente" nacheinander werden Zusammenklänge erprobt. Im Anschluß daran kann das Bild wie eine Partitur in Töne und Geräusche verwandelt werden, wobei vereinbart werden sollte, welcher „Gang" durch das Bild gewählt wird und wo alle sich gerade befinden (Idee nach: Beilage zur Jahreslosung. Dias und Texte. Hrsg. vom Kunstdienst der Ev.-Luth. Landeskirche Sachsens. Haus der Kirche/Dreikönigskirche, Dresden, zu Bild 8).

⇨ Möglicher Abschluß dieses Unterrichtsblocks: Sch. lesen und vergleichen den Text eines Jugendlichen, der seinen Weg gefunden hat, sich aber mit seinen Eltern darüber auseinandersetzen muß (**M 16**), mit dem Text eines Menschen, der seinen verschlungenen Lebensweg von Gott getragen weiß (**M 17**). Sie nehmen beide Texte zum Anlaß, einen neuen Text zu schreiben, der ausdrückt, wie sich Jugendliche heute ihren Weg (zur Mitte) vorstellen.

5. Das Thema in Schulbüchern und Unterrichtsmaterialien

- Unterrichtshilfen: 16 Themen für den Religionsunterricht an der Oberstufe. Hg. v. Katechetischen Institut der evang.-ref. Landeskirche des Kantons Zürich. 2. korr. Nachdruck. Theologischer Verlag, Zürich 1991 (dort die Einheit: Religiöse Phänomene und Symbole).
- Themenheft „Weg" der Zeitschrift für Religionsunterricht und Lebenskunde 4 (1989).
- Kursbuch Religion 11 +. Ein Arbeitsbuch für die gymnasiale Oberstufe. Calwer/Diesterweg, Stuttgart / Frankfurt a. M. 1995, S. 46.

6. Materialien und Medien

- Basedow, Stefan (Hg.): Das Bild des „Weges" – meditative und thematische Arbeit mit Bildern, Loccum 1983.
- Film „Der Weg" (Droga), Zeichentrickfilm, 16 mm, 5 min, Polen 1971 (zu beziehen über: Hadeko-Filmtechnik, Postfach 100651, 41472 Neuß).
- Handbild „Der große Weg" von Friedensreich Hundertwasser (als 12 x 9 cm großes Handbild für 0,10 DM zu bestellen bei Materialstelle für Gottesdienst, Postfach 71 01 37, 90238 Nürnberg).
- Themenheft „Zeichen und Symbole im Glauben. Der Mensch glaubt nicht im Kopf allein." Religion betrifft uns 5 (1995). Bergmoser & Höller Verlag GmbH, Aachen (dort etwa Folien der Milchstraße und eines Weg-Bildes von Friedensreich Hundertwasser).

M 1

Vangelis Pavlidis, Griechenland, in: Die in der Fremde arbeiten ... Karikaturisten aus Griechenland, Italien, Jugoslawien, Spanien und der Türkei zeichnen die Situation ihrer Landsleute in der Bundesrepublik, hg. v. Birger Gesthuisen und Tina German, 2. Aufl., edition aragon.

Aufbruch M 2

Zeichnung: *Steve Buckwalter.*

Mögliches Tafelbild:

Der Israelit hat „gemischte Gefühle“

Er freut sich, weil

- er Ägypten endlich verlassen hat und er kein Sklave mehr ist.
- er niemanden mehr zu gehorchen braucht.
- Gott ihnen geholfen hat.
- er nun ein eigenes Leben führen kann.

Er ist bedrückt, weil

- er Angst hat, in der Wüste zu verhungern.
- der Weg durch die Wüste so beschwerlich ist.
- er Angst hat, daß die Ägypter sie verfolgen.

M 3

1.

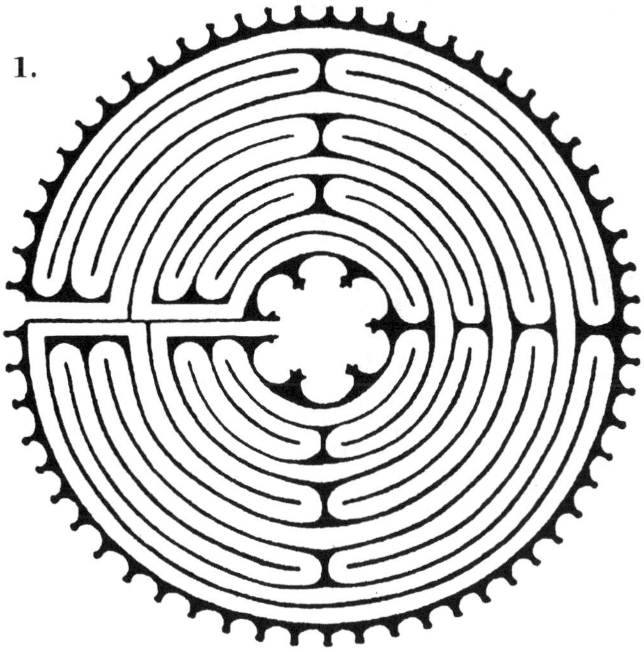

2.

3.

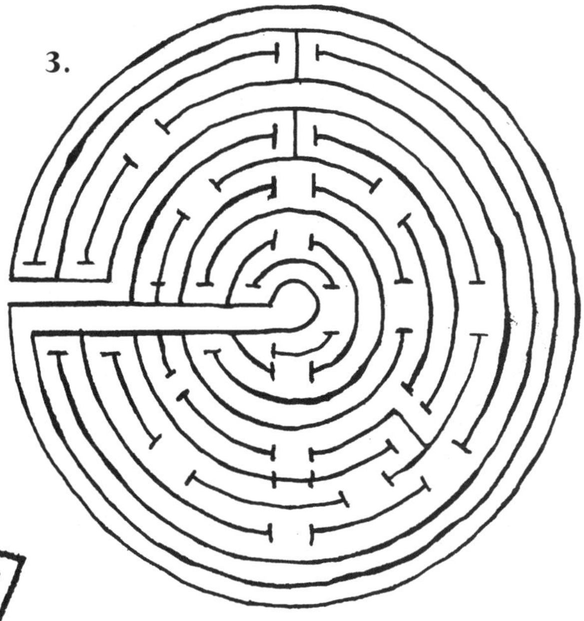

4.

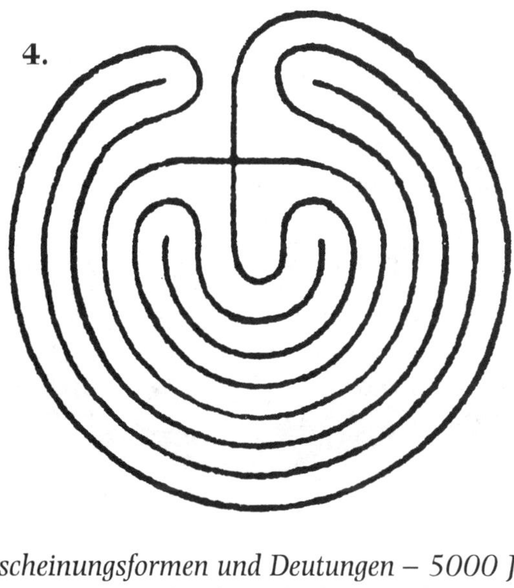

Labyrinthe und Irrwege: Hermann Kern, Labyrinthe. Erscheinungsformen und Deutungen – 5000 Jahre Gegenwart eines Urbildes, Prestel, München 1995[3], s. bes. S. 62, 387 (Vorlagen leicht verändert).

M 4

Kathedrale von Chartres: Blick zum Chor, neuzeitliche Federzeichnung nach einem Stich des 18. Jh. Aus: Hermann Kern, Labyrinthe, a.a.O., S. 226.

Herakles am Scheidepunkt

M 5

Als Herakles 18 Jahre alt war, ging er eines Tages in eine einsame Gegend, um darüber nachzusinnen, wie er sein Leben gestalten solle. Da sah er auf einmal zwei Frauen auf sich zukommen. Die eine war von hoher schmaler Gestalt. Ihr Antlitz zeigte eine herbe Schönheit. Sie trug ein schlichtes Gewand. Sie wirkte ein wenig streng. Herakles fühlte sich zunächst von der anderen mehr angesprochen; deren Antlitz strahlte in blühender Schönheit, die durch Puder und Schminke kunstvoll erhöht war. Sie trug auffällige Kleider und kostbaren Schmuck: Gold und Perlen und edle Steine. Sie war es auch, die Herakles zuerst mit wohlklingender Stimme anredete: „Ich sehe", sprach sie, „daß du unschlüssig bist, welchen Weg durch das Leben du einschlagen sollst. Wähle mich zur Freundin, ich werde dich die angenehmste Straße führen, denn ich bin die Glückseligkeit. Ich bewahre dich vor Arbeit und Mühe, vor Krieg und Gefahr. Ich verschaffe dir jeden Genuß: ein herrliches Haus mit blühenden Gärten, ein weiches, schwellendes Ruhelager, Süßigkeiten, köstliches Obst, Kirschen, Pfirsiche und Trauben und die erlesensten Getränke. Und für das alles brauchst du dich nicht einmal anzustrengen." Nachdem sie geendet hatte, nahm die andere Frau das Wort und sprach: „Ich will dir keine Genüsse vorspiegeln, ich will dir vielmehr die Sache so darstellen, wie die Götter sie gewollt haben. Denn von allem, was gut und wünschenswert ist, gewähren die Götter den Menschen nichts ohne Mühe und Arbeit. Wünschest du, daß die Götter dir gnädig seien, so mußt du sie verehren; willst du, daß deine Freunde dich lieben, so mußt du ihnen nützlich sein; strebst du danach, im Staate geehrt zu werden, so mußt du dem Staate Dienste leisten; willst du, daß Griechenland dich bewundert, so mußt du Griechenlands Wohltäter sein. Es ist immer und überall dasselbe: wer ernten will, der muß zuvor säen." Da fiel ihr die Glückseligkeit ins Wort und sagte zu Herakles: „Siehst du wohl, was für einen langen, mühseligen Weg zur Zufriedenheit dich dieses Weib führen will? Ich hingegen erspare dir Mühe und Schweiß und leite dich auf kürzestem, bequemsten Weg zur Glückseligkeit."

„Dabei bringst du in Wirklichkeit die Menschen um ihr wahres Vergnügen", erwiderte die andere, „nur derjenige, der sich zuvor im Schweiße seines Angesichtes gemüht hat, kommt mit wahrer Eßlust zum Mahle. Wer aber den ganzen Tag mit Nichtstun verbracht hat, der kennt weder Hunger noch Durst, und die erlesenste Speise, durch die er seinen verwöhnten Gaumen zu reizen sucht, schmeckt ihm nicht halb so gut wie dem Fleißigen nach rechtschaffener Arbeit die trockene Schnitte Brot. Köstlich ist die Ruhe des Feierabends nur nach vollbrachtem Tagewerk, erquickend der Schlaf nur für den, der tagsüber rastlos tätig war. Deine Freunde zechen und prassen bis tief in die Nacht hinein, sie verschlafen den halben Tag und erwachen mit schwerem Kopf, und das nennst du dann Glückseligkeit, aber in Wahrheit ist es nichts als Liederlichkeit, die die Nerven zerrüttet, die Sinne abstumpft und nichts übrigläßt als eine ekle Leere. Ich aber bin die Tüchtigkeit. Ich befähige meine Freunde zu Leistungen. Dem fleißigen Handwerker helfe ich, immer bessere Waren anzufertigen, die unternehmenden Kaufleute sporne ich an, immer neue Länder ihrem Handel zu erschließen, die Dichter und Bildhauer befähige ich, daß sie die höchsten menschlichen Vorstellungen in immer größerer Vollendung in Wort und Stein darzustellen vermögen. Ich verleihe den Staatsmännern und Feldherren, daß ihr Wirken den Völkern zum Wohle gereicht. Die mir nachstreben, gehen nicht ruhmlos unter. Sie haben zwar kein bequemes Leben, sondern ihr Dasein ist Arbeit und Mühe, Kampf und Gefahr, es ist ohne Rast und Ruhe. Aber ihre Taten und Werke sind ein Segen für die menschliche Gemeinschaft, und Mit- und Nachwelt verkünden ihren Ruhm." Kaum waren die Worte verklungen, da waren auch die Gestalten vor den Augen des Herakles verschwunden.

Quelle unbekannt.

M 6

Thomas Röder, Frankfurt

M 8

Karl Schmidt-Rottluff, Der Gang nach Emmaus. Aus der Holzschnittfolge ‚Kristus' (1918 ersch.), © VG Bild-Kunst, Bonn 1996; Vorlage: Brücke-Museum, Berlin.

Auslegung des Gleichnisses vom Vater und seinen beiden Söhnen (Lk 15) als innere Weggeschichte – Der Weg des jüngeren Sohnes

M 7

Versetze dich an jeder „Wegstation" in den jüngeren Sohn, und notiere seine Gedanken, Gefühle und Haltungen!

Die Emmaus-Geschichte als Trauerweg **M 9**

Umsetzung für Klasse 7

1. L. liest Text zweimal vor. Sch. malen dazu. Klärung von Fragen.
2. Stationen des Emmaus-Weges werden von den Sch. benannt:
   a) Jerusalem (oder auch: die Jünger, die in Jerusalem zurückbleiben),
   b) Wegstrecke von Jerusalem nach Emmaus, soweit ihn die Jünger unbegleitet gehen,
   c) letzte Wegstrecke nach Jerusalem, bei der die Jünger den zunächst unbekannten Begleiter bei sich haben,
   d) Innehalten auf der Schwelle des Hauses in Emmaus, wo die Jünger ihren Begleiter bitten: "Herr, bleibe bei uns, denn es will Abend werden ...",
   e) am Tisch des Hauses in Emmaus: das gemeinsame Mahl, bei dem Jesus erkannt wird,
   f) Rückweg von Emmaus nach Jerusalem.
3. Raumwechsel bzw. Ausweitung der Raumanzahl und Markierung der Wegstationen durch Aufstellen von durch Sch. gefertigte Schilder: Jerusalem, Nach Emmaus 10 km, Nach Emmaus 5 km, Eingang des Hauses von Emmaus, Tisch des Hauses von Emmaus, Nach Jerusalem 20 km.
4. Durchwandern der Stationen, also des gesamten Emmaus-Weges, als Gruppe (Prozession).
5. Jeder Sch. ordnet sich einer Station zu, die ihm zu dem jeweiligen Zeitpunkt am besten entspricht. Dabei nur an sich denken, sich einmal nicht nach der Meinung anderer richten. Schreibaufgabe:
   Schreibe einen kurzen Text (Vorgabe: Die Jünger fühlen an dieser Wegstation ...), der die Gefühle der Jünger an dieser Wegstation deutlich werden läßt! Lies dazu vorher noch einmal den gesamten Text!
6. Auswertung: Vorlesen einzelner oder aller Texte in der Reihenfolge der Wegstationen.
7. Rückblick: der Trauerweg der Jünger.
   Sch. ordnen folgende Trauerphasen (nach Kast und Spiegel), auf die Jünger angewendet, dem biblischen Text zu, indem sie jeweils eine passende Textstelle dazu suchen und notieren:
   a) Die Jünger sind geschockt. Sie wollen Jesu Tod nicht wahrhaben. Sie hoffen, Jesus werde wieder auftauchen und alles könnte so werden wie zuvor.
   b) Die Jünger können nur an eines denken, an Jesu Tod. Sie befinden sich in tiefer Traurigkeit und sind enttäuscht von Jesus, mit dem sie große Hoffnungen verbanden. Sie suchen Schuldige am Tod Jesu.
   c) Die Jünger beginnen, sich vom konkret faßbaren Menschen Jesus, der gestorben ist, zu lösen und wenden sich ihrem unbekannten Begleiter zu, der sie das Geschehene verstehen lehrt. Ihn wollen sie schließlich festhalten, als sie ihn erkennen. Sie müssen jedoch lernen, daß er als faßbarer Mensch nicht bei ihnen bleiben kann. Sie beginnen, ihre Beziehung zu ihm zu verändern.
   d) Die Jünger akzeptieren, daß sie den konkret faßbaren Menschen Jesus verloren haben, aber sie spüren auch, daß sie ihn als inneren Begleiter weiterhin bei sich haben. Das gibt ihnen Kraft, um sich anderen wieder zu öffnen und ihren neuen Glauben mitzuteilen.

Nach Ingrid Riedel: Die Emmaus-Geschichte als Trauer-Weg. Erschließung eines Textes mit bibliodramatischen Elementen, in: Jahrbuch der Religionspädagogik 8 (1991), S. 89–99.

Die Umkehrspirale – Tanzlieder nach alten österlichen Traditionen

M 10

Der Erste der Reihe führt die Folgenden in Schlangenlinien durch den Raum, schließlich in einen Kreis (mit Blick nach außen), dann langsam und spiralförmig auf die Mitte zu. Dort im Zentrum – wenn es enger nicht mehr geht – wendet er sich zur Umkehr und siehe da: Durch das Labyrinth der Menschenschlange führt ein Weg hinaus ins Freie. Noch eindrucksvoller wird das ganze erlebt, wenn für den Weg bis zum Umkehrpunkt als Schrittmaß das Tempo der ruhigen Viertelnote und für den Tanz ins Freie ein Laufschritt im Achteltempo gewählt wird. Anschließend kann der Kreis noch zur Mitte und zurück und in beide Richtungen über die Kreisbahn geführt werden. Als jeweiligen Wendepunkt sollte nach Möglichkeit der Wechsel in einen anderen Formteil der Melodie gewählt werden.

Geeignete Lieder sind für Ältere „Es hat den Kopf der alten Schlange der zertreten, den sie stach" und für Jüngere „Halleluja, Jesus Christus". Beide können auch im Wechsel oder aufgrund ihrer aufeinander abgestimmten Harmonien auch gleichzeitig, also quasi zweistimmig im Quodlibet gesungen werden. (Vgl. auch die tänzerische Einspielung beider Lieder auf der MC „Gottes Geist bewegt die Erde", Bonifatius-Verlag, Paderborn.) *Siegfried Macht*

Tanzspiel

Alle stehen im Kreis durchgefaßt mit Blick nach außen. Die Tanzleitung löst nun die Fassung zum rechten Nachbarn und geht, den Kreis hinter sich herziehend, im Tempo der halben Noten in die Mitte. Dort dreht sie sich auf der Stelle ständig um die rechte Seite und wickelt so alle folgenden zur Spirale auf. Sobald alle dicht an dicht stehen, dreht sich die Tanzleitung (der erste der Reihe) in die andere Richtung und geht/läuft/tanzt im Tempo der Viertelnoten alle anderen wieder hinter sich herziehend aus der Spirale hinaus ins Freie. Und siehe da: Wie durch ein Wunder steht der Kreis jetzt mit Blick nach innen – wir haben die Verwandlung leibhaftig erfahren: den Weg in die Enge, die Bedrängung und die aus der Umkehr erwachsende Befreiung. Die Spirale ist ein altes Symbol für Auferstehung und Himmelfahrt Christi. Ein- und Ausrollen symbolisieren Karfreitag/Tod und Ostern/Leben. So gesehen ist Christus der erste, der die Reihe anführt, aus dem Tod in das Leben. Zum Leben befreit sehen wir uns im Kreis stehen, einander zugewandt und auf eine gemeinsame Mitte gerichtet.

Zum Einrollen wird der viertaktige Ostinato „Mein Gott, warum hast du mich verlassen, mein Gott?" so lange wiederholt, bis alle dicht gedrängt stehen. Es sind die Worte des Psalmisten in tiefster Not, die Worte Jesu am Kreuz und unsere Worte in der Verzweiflung. Es sind die Gedanken der Jünger auf dem Weg nach Emmaus, bevor ihnen der Herr begegnet und die Verwandlung einleitet. So kann der/die erste in der Reihe zur Einleitung der Umkehr und um ein allzu abruptes Übergehen in das Ausrollen zu vermeiden am Schluß des Einrollens deutlich hörbar den Text variieren und „Bleibe bei uns (Herr, bleibe bei uns)" singen. Anschließend beginnt das Ausrollen im doppelten Schrittempo auf die fröhliche Liedmelodie, zu der einige auch den bisher wiederholten Ostinato (als zweite Stimme) weitersingen können, jetzt aber mit Textunterlegung „Halle-, Halleluja". Um die Gruppe nicht mit Tanz und mehrstrophigem Lied zu überfordern, kann in der Hauptstimme die (erste) Strophe mehrfach wiederholt werden.

Siegfried Macht

Es hat den Kopf der alten Schlange, der zertreten...

Text und Satz: Siegfried Macht
Melodie und Tanz: nach mündlich überlieferten (estnischen) Motiven

Halleluja, Jesus Christ ist auferstanden

Im Quodlibet mit dem von Älteren gesungenen Lied "Es hat den Kopf der alten Schlange..."

Text und Musik: Siegfried Macht

Aus: Siegfried Macht, Gottes Geist bewegt die Erde. Lieder, die uns in Bewegung setzen, Bonifatius Verlag, Paderborn 1994; Liedrechte beim Autor.

M 11

Bundesverband der Deutschen Volksbanken und Raiffeisenbanken, Bonn.

Volksbank-Werbung (mögliches Tafelbild)

Beschreibung und Wirkung der Bildelemente jeder Volksbank-Werbung mit dem Weg-Slogan (zum großen Teil Selbstbeschreibung der Volksbank)

maximale Tiefe	=	keine Hindernisse, Sogwirkung
Horizont	=	hohes Ziel
Himmel	=	Freiraum
schnurgerader Weg	=	Mühelosigkeit, Fortschrittlichkeit, keine Hindernisse
Weite	=	Handlungsraum
aktiver Mensch	=	hat schon ein Stück des Weges hinter sich, ergreift Initative für sein Leben
gute Stimmung	=	keine Bedrohung

M 12

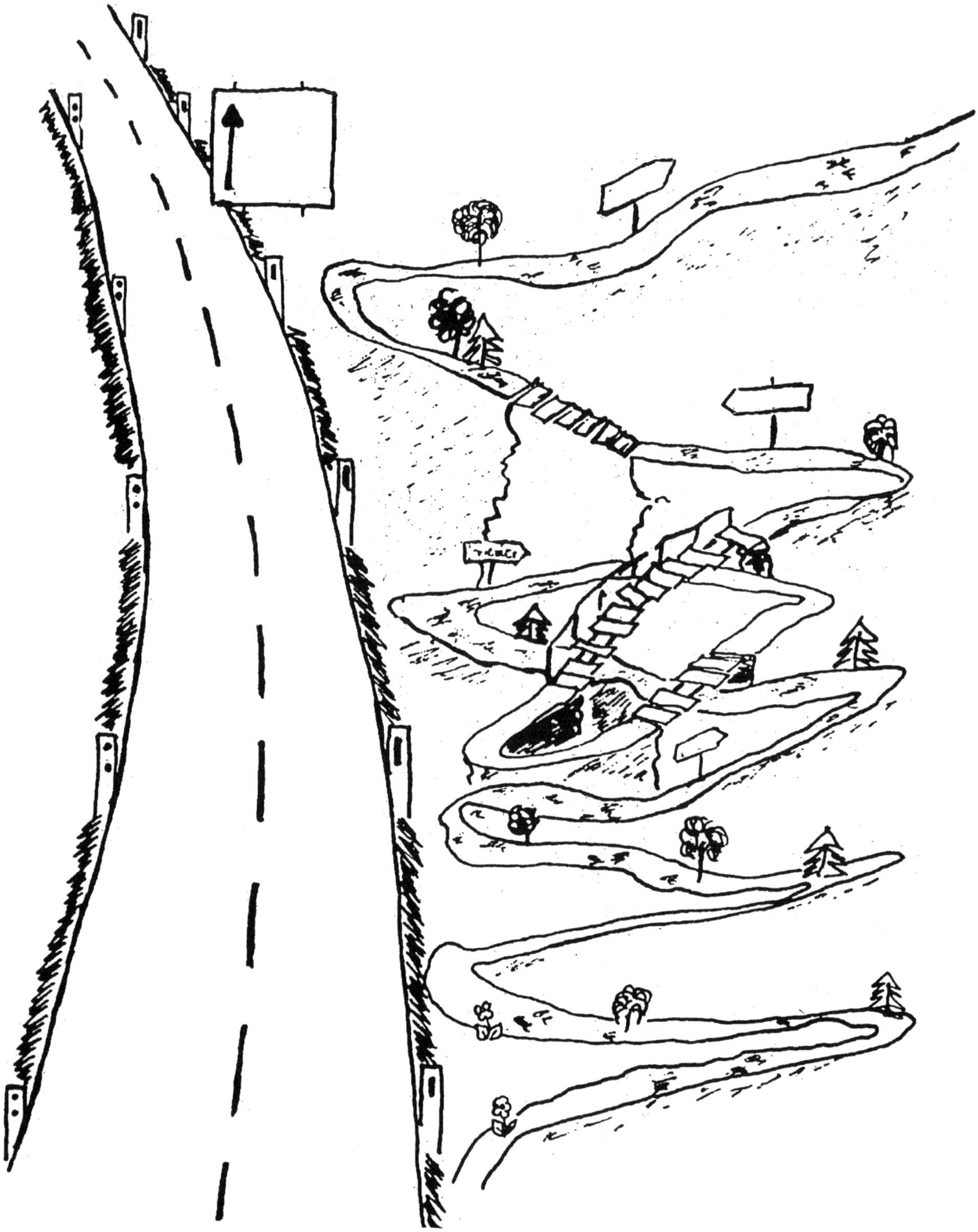

Aus: Günter Riediger, Nur Mut! (GTB 807), Gütersloher Verlagshaus, Gütersloh 1984, S. 19.

Anleitung zum Kugel-Spiel

M 13

I. Die *Spieler:* Es können beliebig viele Spieler mitspielen.

II. Die *Kreise:* Unser Spielfeld hat 9 konzentrische Kreise, jeder ohne Anfang und ohne Ende. Außerhalb dieser Kreise befindet sich das Chaos.

III. Die *Kugel:* „Globulus“ heißt „der kleine Globus“ und ist eine Kugel ganz besonderer Art. Diese Kugel ist nicht vollkommen und rund wie Mathematik die Kugel beschreibt. Unsere Kugel hat eine „Delle“, eine Unvollkommenheit, so wie alle unsere irdische Wirklichkeit ihre Unvollkommenheit hat, auch unser Erdball, auch jeder von uns. Das individuelle Gesetz dieser Kugel heißt: Ich rolle auf meiner eigenen Bahn! Wenn nun du, lieber Spieler, mich zum Mittelpunkt rollen möchtest, dann nimm bitte all dein Fingerspitzengefühl und all deinen Verstand und all deine Geduld zusammen und erprobe und überlege und übe, wie du mich am besten dorthin auf den Weg kugelst.

IV. Das *Ziel:* Die Kugel soll innerhalb des Kreises aus der Bewegung zu Ruhe kommen.

V. Die *Regel:* Jeder Spieler hat hintereinander 4 Würfe. Wir stellen uns verschiedene Aufgaben:

1. Wer kommt dem Mittelpunkt am nächsten?
2. Wer erzielt die höchste Punktzahl aus der Summe seiner vier Würfe?
3. Wer erreicht in 4 Würfen das von Cusanus gesetzte Maß von 34?

Die Kreise haben verschiedene Werte und Bedeutungen. Sie versinnbildlichen Stufen des Weges, des Erkenntnisweges. Erkenntnis war zu Zeit der Wende vom Mittelalter zur Neuzeit etwas unbeschreiblich Erstrebenswertes. Man kann Cusanus den ersten abendländischen Erkenntnistheoretiker nennen, und sein Erkenntnisdrang gründet sich fest im Glauben an Christus.

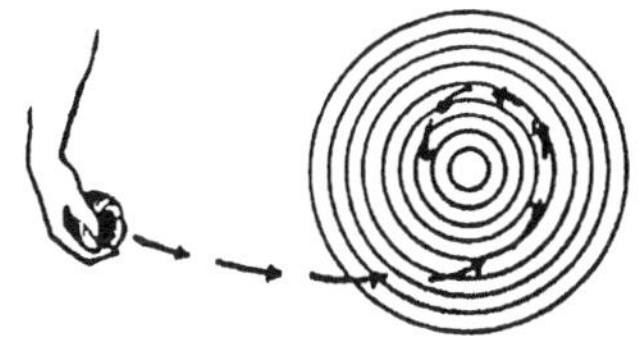

Wert und Bedeutung der Kreise sind folgende:

der äußere Kreis stellt dar	das Chaos (confusum chaos)
der zweite	die Kraft der **Elemente** (virtus elementativa)
der dritte	die Kraft des **Gesteine** (virtus mineralis)
der vierte	die Kraft des **Wachstums** (virtus vegetativa)
der fünfte	die Kraft der **sinnlichen Wahrnehmung** (virtus sensitiva)
der sechste	die Kraft der **Vorstellung** und **Fantasie** (virtus imaginativa seu fantastica)
der siebte	die **Logische**- oder **Verstandeskraft** (virtus logistica seu rationalis)
der achte	die Kraft der **Einsicht** (virtus intelligentialis)
der neunte	die Kraft des **geistigen Schauens** (virtus intellectibilis)
der Mittelpunkt	die Kraft der **Gegenwart Christi** (virtus virtutum)

Cusanus selbst hat im Anschluß an dieses Spiel mit seinen Schülern philosophiert und Glaubensfragen erörtert. Dies Spiel kann zu wesentlichen Fragen hinführen und Groß und Klein ein gutes Gefühl von Geborgenheit erlebbar machen.

Hier gebe ich Ihnen noch (...) weitere Spiel-Vorschläge. Für „Mathematiker“: Addiere die zweite erkugelte Zahl zur ersten, multipliziere die Summe mit der dritten, dividiere durch die vierte, subtrahiere die fünfte Zahl. Wer erreicht die 10?

Das Spiel macht Vergnügte nachdenklich und ernste Menschen heiter. Wollen Sie es spielen?

DRK Sozialwerk Bernkastel-Wittlich GmbH, 54461 Bernkastel-Kues.

M 14

Mandala von Wolfram Fischer, in: Mandalas zum Ausmalen 1, Malblock, Blatt 1–32, © Verlag am Eschbach / noah-verlag, 1996[7].

Quelle unbekannt.

M 15

Der Mensch als Kompendium des Universums (zu den Visionen der Hildegard von Bingen), unbekannter Maler, um 1165, Lucca, Biblioteca Statale, mit Erlaubnis des Ministeriums für Beni Culterali e Ambientali.

M 16

Ich suchte Geborgenheit –
man gab mir einen Gameboy.

Ich suchte meine Eltern –
man setzte mich vor die Glotze.

Ich suchte Verständnis –
man forderte pausenlos Leistung.

Ich suchte Nähe –
man gab mir Geld.

Ich suchte Liebe –
ich fand Sex.

Ich stellte Fragen –
man gab keine Antworten.

Ich machte mir Gedanken –
man nahm mich nicht ernst.

Ich fing an zu zweifeln –
man lächelte überlegen.

Ich suchte ...
man ließ mich allein.

Ich fand einen Weg –
vielleicht meinen Weg ...
Jetzt sagen sie ständig:
Was soll der Unsinn?
Ich sehe schwarz für dich!
Du lernst es nie!

Aus: Dietmar Rost / Joseph Machalke, Zeit zum Leben (GTB 836), Gütersloher Verlagshaus, Gütersloh 1995.

M 17

Ich mache mich auf,
um die Mitte zu finden,
das Ziel meines Lebens.
Wenn ich es sehen kann,
ist der Weg dahin gerade und leicht.
Aber auf Umwege wird mein Schritt geführt.
Mein Gott,
wie viele Biegungen liegen noch vor mir?
Manchmal glaube ich, am Ziel zu sein.
Dann wieder stehe ich fast am Anfang.
Zögernd taste ich mich voran.
Ich erfahre:
Jede Umkehr bringt mich Dir näher,
kein Schritt ist vergeblich
vor Dir.
Ehe ich es verstehe,
liegt die neue Spur für mein Leben
vor mir.

Quelle unbekannt.

2 Amos – mit anderen Augen sehen lernen

1. Theologische und didaktische Aspekte

Die meisten der zur Zeit vorliegenden Schulbücher stellen in ihren Amos-Kapiteln die Kult- und Sozialkritik des Propheten in den Mittelpunkt. Aus damit gewonnenen Unterrichtserfahrungen ergibt sich oft, daß sich die Sch. mit den Anklagen des Amos zumindest äußerlich relativ leicht identifizieren können, daß aber ihr Interesse an einem näheren Verständnis des für sie meist zwischen Aberglaube und fundamentalistischem Für-wahr-Halten eingeordneten Phänomens der Prophetie durch die oft gebrauchten Definitionstexte oder künstlerische Darstellungen nicht befriedigt wird. Dem versucht der vorliegende Entwurf Rechnung zu tragen, indem die Visionen des Amos zum einen narrativ in eine fiktive Ursprungssituation eingefügt werden, die sich den Sch. nach und nach erschließt, zum anderen alltagsnahe Erfahrungen mit veränderten Sichtweisen der Wirklichkeit mit ihnen kontrastiert werden.

Im Rahmen der Religionsgeschichte können Visionen und Auditionen als *eines* der das alltägliche Bewußtsein durchbrechenden Grundphänomene menschlichen Erlebens angesehen werden, die den davon Betroffenen und seine Umwelt dazu nötigen, von Offenbarung, Wort Gottes und von der Hintergründigkeit der Welt zu sprechen. Im Rahmen der biblischen Tradition sind sie verknüpft mit dem Phänomen der israelitischen Prophetie, die im Verlaufe eines komplizierten, auch heute noch nicht vollständig erhellten Prozesses aus der altorientalischen Mantik (Wahrsagekunst) herauswuchs. Seit den ersten Königen (Saul, David) berichtet die Bibel von Propheten, die in verschiedenen Funktionen auftreten. Amos ist der erste der sogenannten Schriftpropheten, deren Worte innerhalb des AT gesammelt und überliefert sind. Das im wesentlichen als Sammlung von Prophetensprüchen konzipierte Buch erlaubt es nicht, eine unumstrittene Biographie oder Botschaft des Amos zu ermitteln, gleichwohl werden die Umrisse von Person und Wirken hinreichend deutlich.

Der Kleinviehzüchter Amos stammt aus der 18 km südlich von Jerusalem gelegenen judäischen Garnisonsstadt Tekoa, etwa 30 km von der Grenze zwischen den beiden Teilen des früheren davidischen Großreichs, Israel und Juda, entfernt. Als Hirte betrieb Amos Schafzucht; außerdem besaß er Maulbeerfeigenbäume (1,1; 7,14). Aufgrund seiner umfassenden Bildung und seiner vielschichtigen Sachkenntnis auf mehreren Ebenen legt sich die Vermutung nahe, ihn als nicht unbedeutende Persönlichkeit seines Ortes zu sehen. Seine Berufung zum Propheten – die persönliche Begegnung mit Gott – verändert sein Leben grundlegend (7,15). Sein öffentliches Auftreten 760 v. Chr. während der Regierung Jerobeams II. geschieht zu einer Zeit der politischen, wirtschaftlichen und kulturellen Blüte Israels und wird keinesfalls länger als ein Jahr gedauert haben. Das Reich war in den alten Grenzen – wie zur Zeit König Davids – wiederhergestellt; Syrien, das Aramäerreich im Nordosten, mußte sich gegen die Übermacht der Assyrer behaupten und konnte daher keinen militärischen Druck mehr auf Israel ausüben. Intensive diplomatische Kontakte und Handelsbeziehungen zu den Nachbarvölkern hatten das Land wirtschaftlich und sozial aufsteigen lassen.

Daß Israel seinen äußeren Frieden nur einem zeitweiligen militärischen Patt verdankte, das die seit der Jahrtausendwende andauernde assyrische Expansion unterbrach, sahen in Israel vermutlich nur wenige. Auch die negativen Begleiterscheinungen des wirtschaftlichen Aufschwungs konnten leicht übersehen werden. Gemessen am vorstaatlichen Ideal einer Gesellschaft gleicher, freier Bauern, die das ihnen von Jahwe geliehene Land bearbeiteten, hatte das Gewinnstreben der städtischen Kaufleute und der Aufbau einer immer effizienteren königlichen Steuerverwaltung zwar immensen Reichtum in den Städten und Staatsdomänen akkumuliert, gleichzeitig aber eine breite Schicht landarmer, überschuldeter Kleinbauern hinterlassen, die oft in sklavenähnlichen Verhältnissen lebten und zu immer größeren Abgaben an Getreide, Wein oder eigenem Land gepreßt wurden. Korruption und Rechtsbeugung verstärkten die Herausbildung der sozialen Unterschiede (4,1; 5,7–12; 6,1–7). Der religiöse Kult an den israelitischen Heiligtümern Bet-El und Gilgal stand im Dienst der Oberschicht. Prunkvolle Opferfeste mochten Ausdruck ehrlichen Dankes über wirtschaftliche und politische Erfolge sein, die Erinnerung an die ursprünglich mit diesen Stätten verbundene Landgabe Gottes und die aus ihr erwachsene Verpflichtung gegenüber den Kleinbauern wurde von den vom König eingesetzten Priestern nicht mehr gepflegt.

Die Kritik dieser Zustände bildet das Zentrum der Prophetensprüche des Amos. Schonungslos deckt er die Praktiken der Oberschicht auf, die zu Unterdrückung und Schuldsklaverei der Armen geführt haben. Amos bezieht den religiösen Kult in seine Anklage ein und weist auf die Diskrepanz zwischen äußerlichen Opferritualen und der Vernachlässigung von Recht und Gerechtigkeit im Lande hin (4,4; 5,21–24). Dabei läßt sich aus den überlieferten Sprüchen nicht eindeutig ermitteln, ob Amos das Streben nach Reichtum, die königliche Verwaltung und den staatlichen Kult generell ablehnt oder nur ihren Mißbrauch durch Korruption, Rechtsbeugung und Vernachlässigung der Interessen der Armen geißelt. In visionären Bildern von Heuschreckenplage, Feuer, Bleilot, reifem Obst und dem einstürzenden Tempel sieht Amos die drohende Vernichtung Israels durch Jahwe als Folge des Abfalls von seinen Weisungen voraus (7,1–9; 8,1–13; 9,1–4). Israel wird es nicht besser gehen als den heidnischen Nachbarvölkern, Jahwe wird ein Volk gegen Israel aufstehen lassen (6,14), die Oberschicht wird in die Verbannung getrieben werden (4,2f; 6,7). Ob die Visionen der Ausgangspunkt der Wandlung des Amos vom Viehzüchter zum Propheten waren und sich ihm ihr Sinn durch genauere Wahrnehmung der Hintergründe des israelitischen Wirtschaftsaufschwungs in nachlaufender Einsicht erschloß oder gründliche Beobachtung des sozialen, wirtschaftlichen und kulturellen Lebens den Erfahrungshintergrund darstellte, aus dem heraus die Visionen entstanden, muß angesichts der Quellenlage unentschieden bleiben. Auch die Frage, ob Amos als kassandraartige Gestalt unabwendbares Unheil predigte oder mit seinen Prophezeiungen auf Umkehr hinzielte, ist in der Forschung noch offen.

Nach höchstens einjähriger Wirkungszeit wird Amos nach einer Auseinandersetzung mit Amazja, dem Priester von Bet-El aus Israel ausgewiesen (7,10–17). Die Überlieferungsgeschichte der Prophetensprüche, die dann zur Abfassung des Buches Amos führte, ist weitgehend unbekannt. Die spätere biblische Tradition hat in der Zerstörung Israels durch die Assyrer 722 v. Chr. die Erfüllung der Zukunftserwartungen des Amos gesehen und die von ihm entworfene Sichtweise von Jahwes Wirken in der Weltgeschichte aufgenommen und weiter gestaltet.

Das aufgrund dieser Überlegungen ausgewählte Material ist als Alternative und Ergänzung zum Schulbuch, nicht als vollständige Amos-Einheit gedacht.

Die Fantasiereise (**M 1**) kann erste Informationen über Person und Umwelt des Amos liefern und gleichzeitig die Aufmerksamkeit der Sch. auf das Phänomen der inneren Bilder lenken. Die Darstellung der Visionen des Amos als ekstatisches Phänomen am *Anfang* seines Wirkens muß, wie oben dargestellt, angesichts der Quellenlage einen mehr oder weniger großen fiktiven Anteil haben. **M 2 – M 7** liefern Hintergrundmaterial über die vordergründige soziale und politische Situation Israels zur Zeit des Amos und zur Ekstase. Sie sollen es den Sch. ermöglichen, sich ansatzweise in die Lage des Propheten hineinzuversetzen. **M 8 – M 9** zeigen dann, wie der Rückgriff auf vorgegebene Tradition Amos befähigt, die Visionen und Auditionen als Wort Gottes zu verstehen und dadurch die hintergründigen Schattenseiten der israelitischen Wirklichkeit zu erkennen. In der Unterrichtsdiskussion muß an dieser Stelle darauf hingewiesen werden, daß weder der im Tiefsten unerklärliche Charakter der Visionen noch der Rückgriff auf die Tradition Amos vom Wagnis des Glaubens befreien können, dem er mit seinem weiteren Leben entsprechen muß. **M 10 – M 14** liefern Anregungen für eigene spielerische und ernsthaftere Erfahrungen mit einer anderen Sichtweise der Wirklichkeit. Sie erheben nicht den Anspruch, die Prophetie des Amos zu aktualisieren, sondern sollen vielmehr zu einem kontroversen Vergleich anregen, in dem die Zeitgebundenheit und die jeweiligen Möglichkeiten alternativer Sichtweisen der Wirklichkeit ausgelotet werden können.

2. Intentionen

Die Sch. sollen

- Grundkenntnisse über Leben und Botschaft Amos' vor seinem zeitgeschichtlichen Hintergrund gewinnen,
- ausgehend von eigenen Erfahrungen Visionen und Auditionen als ekstatische Phänomene verstehen,
- erkennen, daß Visionen und Auditionen eine neue Sichtweise der Realität eröffnen können,
- erkennen, daß die Interpretation einer Vision als „Wort Gottes“ immer ein existentielles Wagnis darstellt,
- spielerisch Erfahrungen im Umgang mit neuer Wahrnehmung der Wirklichkeit machen.

3. Literatur zur Vorbereitung

- Donner, Herbert: Geschichte des Volkes Israel und seiner Nachbarn in Grundzügen / Teil 2. Vandenhoeck & Ruprecht, Göttingen 1986, S. 281–284.
- Goodman, Felicitas D.: Die andere Wirklichkeit/Über das Religiöse in den Kulturen der Welt. Trickster, München 1994, S. 48–60.
- Grom, Bernhard: Religionspsychologie. Kösel/Vandenhoeck & Ruprecht, München/Göttingen 1992, S. 292–329.
- Grosch, Hein: Der Prophet Amos. Gütersloher Verlagshaus Gerd Mohn, Gütersloh 1969.
- Halbfas, Hubertus: Das dritte Auge. Patmos, Düsseldorf 1982.
- Jeremias, Jörg: Grundtendenzen gegenwärtiger Prophetenforschung, in: EvErz 1 (1984).
- Koch, Klaus: Die Propheten I/Assyrische Zeit. W. Kohlhammer, Stuttgart 1987², S. 48–89.
- von Rad, Gerhard: Die Botschaft der Prophe-

ten. Gütersloher Verlagshaus Gerd Mohn, Gütersloh 1977³, S. 100–107.
- Smend, Rudolph: Die Entstehung des Alten Testaments. W. Kohlhammer, Stuttgart 1981², S. 173–176.
- Thomas, Klaus: Religiöse Träume und andere Bilderlebnisse. F. Steinkopf, Stuttgart/Hamburg 1994.
- Wyss, Dieter: Psychologie und Religion/Untersuchungen zur Ursprünglichkeit religiösen Erlebens. Königshausen und Neumann, Würzburg 1991.

4. Unterrichtsideen / Verlaufsplanung

A. Die Vision des Amos

⇨ Fantasiereise (**M 1**)

⇨ Austausch über die eigenen Gefühle und inneren Bilder während der Fantasiereise; erste Deutung und Sammlung von Fragen zur Visionserzählung

B. Die Welt, in der Amos lebt

⇨ Projektion von Karte (**M 2b**) und Amosfigur (**M 2a**) auf eine Wandzeitung

⇨ arbeitsteilige Gruppenarbeit; die Ergebnisse der einzelnen Gruppen werden auf die Wandzeitung übertragen. Binnendifferenzierung erforderlich (Gr 1 [leicht] – Gr 5 [schwer] s. Kopiervorlage **M 2c**)

⇨ Sch. sehen die Ergebnisse der anderen Gruppen an. Sie versuchen, die Vision des Amos mit den neuen Kenntnissen zu deuten und äußern Vermutungen, was Amos nun tut. (Doppelstunde; die Gruppenergebnisse sollten später immer wieder als Impuls oder Korrektiv herangezogen werden)

C. Amos sieht mit anderen Augen

⇨ Geschichte Aufbruch ins Nordreich (**M 8**)
Sch. überlegen, wie Amos dazu kommt, sich als Prophet zu sehen, und suchen Beispiele für die sich aus dieser Rolle ergebende neue Sichtweise auf die Märkte Israels.

⇨ Rollenspiele (**M 9**)
Sch. lesen die Szenen im Überblick und inszenieren sie in Gruppen (Alternativen: Zeichnen, Umsetzung in einen schriftlichen Dialog). Sie überlegen sich, wie Amos auf das Gesehene reagieren könnte.

D. Mit anderen Augen sehen lernen

⇨ Sch. versuchen, die in **M 11** verborgenen Tiere zu erkennen und nennen Voraussetzungen dafür (Konzentration, inneres Umschalten, Betrachtung aus verschiedenen Perspektiven ...).

⇨ Sch. betrachten die Bildbeispiele in **M 12** mit dem gemeinsamen Symbol der Weltkugel. Leitfragen dazu: Wie bekommt der Betrachter der drei Bilder „andere Augen" für die Weltwirklichkeit? Was sieht er dadurch besser/schlechter? Welche Konsequenzen ergeben sich – wie kann man sie beurteilen?

⇨ Sch. tauschen Erfahrungen vom Sonntagsfrühstück mit Ei aus und betrachten anschließend **M 10**. Leitfragen dazu: Warum werden Tiere so gehalten? Wer ist schuld? Wie sieht Gott das Ganze?

Von allen Medien her ist ein Vergleich mit Amos möglich.

Alternative Medien/Methoden

⇨ Betrachtung eines Bildes aus „Das magische Auge" o.ä.

⇨ Kontemplativer Spaziergang (betont langsam, schweigend). Was verändert sich im Vergleich zum normalen Gehen?

⇨ L. liest Stig Dagermann: Ein Kind töten (leicht zugänglich in: Halbfas, Hubertus u. Ursula [Hg]: Das Menschenhaus. Patmos, Düsseldorf 1972, 67–70), und Sch. vergleichen mit dem (fiktiven) Polizeibericht **M 13**.

⇨ Sch. betrachten die Karikatur **M 14** und ermitteln, wer verrückt ist. (Kann auch als Motivationsmedium in c) verwendet werden: Amos – ein Verrückter?)

5. Das Thema in Schulbüchern und Unterrichtsmaterialien

- Halbfas, Hubertus: Religionsbuch für das siebte und achte Schuljahr. Patmos, Düsseldorf 1990, S. 33–42.
- Kalmbach, Wolfgang u.a.: Baupläne Religion 7. Calwer, Stuttgart 1993, S. 107–122.
- Kraft, Gerhard / Schmidt, Heinz (Hg.): Das neue Kursbuch Religion 7/8. Calwer, Stuttgart 1986, S. 1–12.
- Kwiran, Manfred / Röller, Dirk (Hg.): Glauben und Leben – Gymnasium – 7./8. Schuljahr. Schroedel, Hannover 1989, S. 89–106.
- Materialdienst des VKR-Niedersachsen 2/93: Propheten. Verlag Beate Christmann, Ilsede 1993.
- Schmidt, Heinz / Thierfelder, Jörg: 27 Unterrichtseinheiten für den Religionsunterricht im 7./8. Schuljahr. Calwer, Stuttgart 1978.
- Schwieger, Michael (Hg.): LebensZeichen, Bd. 2 (7/8). Vandenhoeck & Ruprecht, Göttingen 1990, S. 23-41.
- Veit, Reinhard (Hg.): Glauben heute. Schroedel, Hannover 1990, S. 5–18.

6. Materialien und Medien

- Laubi, Werner: Geschichten zur Bibel, Bd. 2 (Elia, Amos, Jesaja). Kaufmann, Lahr 1983.
- Schmidt, Hans-Werner: Begegnungen mit der Bibel – Geschichten und Gestalten des Alten und Neuen Testaments (Serie). 4 Cassetten à 3 Folgen zu je 15–20 Min., f., Kurzspielfilme. 5. Folge: Amos und die Priester.

M 1

Fantasiereise in die Welt des Amos

Vorbereitung:
Du schließt die Augen und sitzt bequem auf deinem Stuhl ... Du bist ganz ruhig, du konzentrierst dich auf deine Fußsohlen und spürst die Fläche, die auf dem Boden liegt ... Du spürst, wie die Schwerkraft dich auf den Sitz des Stuhles herunterzieht ... Du stellst dir eine Daunenfeder vor, die vor deinem Gesicht vorbeischwebt. Du atmest ein und ziehst sie dabei an, die Härchen bewegen sich im Luftzug ... Du atmest aus, und die Feder schwebt langsam davon ... Immer wieder wiederholst du das Spiel mit der Feder ... ein ... und aus ... und ein ... und aus ... Du bemerkst, wie still es geworden ist. Versuche zu hören, welche Geräusche von außen noch in die Klasse hineindringen.

Hinreise:
Du verläßt die Gegenwart und bewegst dich in Gedanken zurück in die Vergangenheit. Dein letzter Geburtstag taucht auf, du schwebst über dem Geschehen wie ein unsichtbarer Beobachter ... Die Reise beschleunigt sich, nur noch Farben strömen an dir vorbei. Ab und zu kannst du für einen kurzen Moment etwas erkennen: altertümliche Autos ... goldgelbe, sonnenüberströmte Felder, auf denen Ackergäule den Pflug ziehen ... graue Stadtmauern, vor denen ein Scheiterhaufen brennt. Immer schneller geht die Reise: riesige Wälder und dunkle Moore wechseln sich ab, du folgst einem Aquädukt, das dich in eine Stadt mit einem fremdartigen Tempel führt. Schneeweiße Säulen umgeben den Tempel, vor dem sich buntgekleidete Menschen drängen. Du erkennst, daß die meisten barfuß sind, dann verschwindet die Szene und du reist noch weiter in die Vergangenheit zurück. Ein strahlendblaues Meer gleitet unter dir hinweg, aus dem hin und wieder kleine Felseninseln auftauchen ... Das Meer wird abgelöst von einer Steinwüste, aus der ab und zu kleine grüne Flekken aus Palmen und anderen, fremdartigen Bäumen auftauchen. Jetzt verlangsamt sich die Fahrt: du schwebst über einer kleinen Siedlung ... würfelförmige Häuser aus braunen Lehmziegeln, umgeben von einer kleinen Stadtmauer, staubige Pfade, die sich zwischen kleinen Plantagen von Oliven und Feigenbäumen verlieren. Der felsige Boden ist von einer dünnen Decke aus hellgrünen Gräsern und Kräutern bedeckt. Die Luft ist klar, es muß vor kurzem geregnet haben. Aber jetzt wölbt sich ein wolkenloser, blauer Himmel über den Hügeln, der Lehmziegelsiedlung und den Baumgruppen. Nur im Westen ist ein schmaler Streifen Abendrot zu sehen.
Dort, wo die Plantagen aufhören und das Grasland beginnt, entdeckst du eine Herde von Schafen. Vereinzelt stehen die Tiere herum und rupfen mit ihren Mäulern am Gras. Ganz ruhig ist es, nur ab und zu ein entferntes Blöken. In der Nähe der Schafherde brennt ein kleines Feuer. Die Flammen flackern und tanzen, der Schein des Feuers fällt auf einen am Boden liegenden Mann.

Und hier beginnt die Geschichte, die ich erzählen möchte:

Die Vision des Amos

Amos starrt in die Flammen. Den langsam sich schwärzenden Himmel, auf dem mehr und mehr Sterne funkeln, die Schemen der Bäume und die Silhouetten der Schafe sieht er nicht mehr. Fast scheint es, als wenn er träumt: weit aufgerissen sind seine Augen, sein Blick geht durch die Flammen hindurch und verliert sich im Dunkel. Aber träumen ist nicht der richtige Ausdruck, denn Amos ist hellwach. Er lauscht. Alle Hirten lauschen, wenn die Dämmerung hereinbricht, denn hinter dem vertrauten Blöken der weidenden Schafe gibt es eine Welt von fremden, unheimlichen Geräuschen. Das Knacken von vertrockneten Zweigen. Das tiefe Grollen der Berglöwen, die jederzeit dort auftauchen können, wo der Schein des Feuers von der Dunkelheit verschluckt wird. Der Wind, der über die weite, felsige Ebene fegt.

Gestern erst hat der Löwe wieder ein Schaf bei einem Bauern des Dorfes geholt, geht es Amos durch den Sinn. Während er in die Dunkelheit hineinlauscht, läßt Amos seine Gedanken treiben. Daß die Stimme Gottes wie Donnern oder Löwengebrüll sein soll, hat ihm der Vater oft erzählt und auch in den Liedern, die am Tempel in Jerusalem gesungen werden, ist davon die Rede. Ein langsam anschwellendes Grollen wie bei einem jungen Löwen sei es, wenn das Heer der Assyrer über die Ebene heranbrause, das Stampfen der Pferdehufe und das Sausen der Räder ihrer Streitwagen. Den alten Hauptmann in der kleinen Garnison von Tekoa muß dieses Geräusch sehr beeindruckt haben, denn immer wieder hat er Amos davon erzählt. Dabei hat er es selbst nie gehört. Nun ja, die Soldaten erzählen oft von alten Schlachten. Brutal waren die Assyrer, als sie Israel angriffen. Wie lange ist das schon her? Und der Hauptmann, wann ist der eigentlich gestorben ... Israel. Amos denkt an die vielen kurzen Besuche zurück, die er auf den Märkten des Nachbarlandes gemacht hat. Wählerisch sind die Leute dort, nur die beste Wolle wollten sie ihm abkaufen. Und was es auf den Märkten alles gab! In Samaria, der Hauptstadt sogar Elfenbein (!) und purpurfarbene Hemden. Und Leute, die sich das kaufen konnten. Die Frauen rochen so gut nach diesem parfümierten Öl. Hatte er in seiner Hauptstadt, Jerusalem, je etwas Vergleichbares gesehen?

Immer noch starrt Amos in die Flammen. Plötzlich merkt er, wie sein Atem immer schneller wird. Schweißperlen treten auf seine Stirn. Noch etwas ist ihm eingefallen, was er in Israel gesehen hat, aber er kann den Gedanken nicht festhalten. War da nicht ein dumpfes Grollen zu hören? Ein Bild erscheint vor Amos' innerem Auge, erst schemenhaft, dann immer klarer. Ein grauenhaft schwarzer Himmel. Sattes, junges Grün darunter: Gerstenfelder und Weinberge. Das Dunkel fällt auf die Felder und Weinberge hinunter. Ein Sirren, das anschwillt bis zu einem ohrenbetäubenden Donner. Jetzt erkennt Amos, was es ist: Wanderheuschrecken. Aber so ein riesenhafter Schwarm? Als kleiner Junge hat Amos oft Heuschrecken gefangen. Wie merkwürdig der Kopf ausgesehen hat und wie fest sich der Panzer anfühlte. Er hatte sich gefragt, wie Heuschrecken fressen. Jetzt sieht er die gefräßigen Mäuler bei der Arbeit. „Gott, vergib doch! Was soll aus Israel werden, es ist ja so klein", bricht es aus Amos hervor. Und mit diesen Worten verschwindet das Bild und das Grauen, das Amos gepackt hat. Sein Atem wird ruhiger. Alles scheint wieder zu sein wie vorher: das Feuer, die Schafe, noch immer ist es nicht ganz dunkel. Aber mit einer merkwürdigen Gewißheit spürt Amos, daß er ein anderer geworden ist.

Rückreise (kann analog zur Hinreise weiter ausgestaltet werden):
Du bereitest dich jetzt darauf vor, die Welt des Amos wieder zu verlassen und in die Gegenwart zurückzukehren ... Die Felswüste verschwindet ... das blaue Meer zieht noch einmal unter dir hinweg ... jetzt siehst du Wälder und Moore, aus denen rote Dächer emporwachsen. Sie sehen immer vertrauter aus. Du reckst dich noch einmal und öffnest die Augen.

M 2a

Amos

Kees de Kort, in: Jona, Bibelbilderbuch 2, Deutsche Bibelgesellschaft, Stuttgart,

M 2b

Juda und Israel zur Zeit des Amos

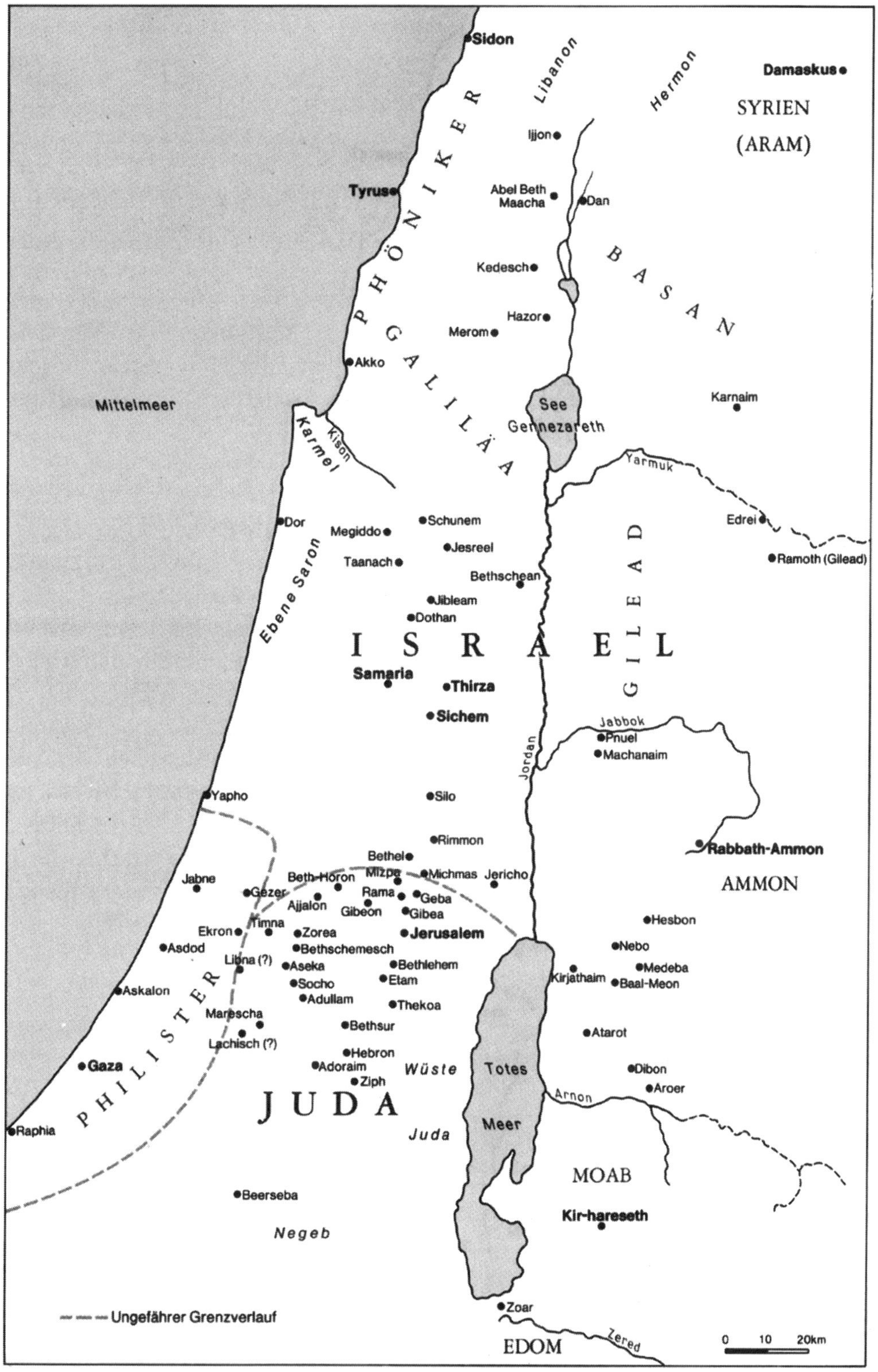

Aus: Herbert Donner, Geschichte des Volkes Israel und seiner Nachbarn in Grundzügen, Teil 2, Vandenhoeck & Ruprecht, Göttingen 1986, S. 285.

M 2c

Aufgaben zur Gruppenarbeit: Die Welt, in der Amos lebt

Gruppe 1:
Übertragt die Karte und die Amos-Figur auf die Wandkarte! Gestaltet sie mit Buntstiften weiter aus!

Gruppe 2:
1) Schaut euch M4 an, und erläutert nachher den Übrigen möglichst viele Details über die Kriegsführung zur Zeit des Amos!
2) Lest zusätzlich M3! Schreibt auf einem Blatt eine zu M3 und M4 passende Geschichte unter der Überschrift: Der alte Hauptmann von Thekoa erzählt Amos von seinen Kriegserlebnissen! Klebt das fertige Blatt auf die Wandzeitung!

Gruppe 3:
1) Lest M5! Schreibt auf einem Blatt einen dazu passenden Bericht unter der Überschrift: Was Amos bei seinen Besuchen in Israel sieht und hört! Klebt das fertige Blatt auf die Wandzeitung!
2) Lest M6!
Ein Einwohner von Samaria möchte zeigen, wie erfolgreich er ist. Mit welchen Gegenständen aus den in M6 genannten Rohstoffen könnte er bei seinen Mitbürgern Eindruck schinden?Verfaßt dazu eine Wunschliste unter der Überschrift: Was das Herz begehrt!

Bsp.: Luxussofa und -stühle aus Zedernholz mit Elfenbeineinlage
Zinnbecher (statt Tonbecher) fürs Trinkgelage

Gruppe 4:
1) Lest M5 und M6! Schreibt auf einem Blatt auf, mit welchen Berufen und Methoden man in Israel reich werden kann, und klebt es auf die Wandzeitung! Überschrift: Reichwerden ist keine Hexerei
2) Zeichnet in die von Gruppe 1 gezeichnete Karte die in M6 genannten Handelswege ein! Schreibt an jeden Handelsweg, welche Güter auf ihm transportiert werden! (Nehmt evt. M2 zuhilfe!)

Gruppe 5:
1) Lest M7 und vergleicht diese Information mit dem Bericht über Amos Vision aus der Fantasiereise der letzten Stunde!
Schreibt auf einem Blatt auf, was aus heutiger Sicht wohl in Amos vorgegangen ist, und klebt es zur Amosfigur auf die Wandkarte!
2) Diskutiert in der Gruppe, welche besondere Stimmung auf einem Kirchentag, in der Disco, im Rausch, am Lagerfeuer, in der Zeit zwischen Zu-Bett-Gehen und Einschlafen, beim Geistesblitz kurz vor Ende der Mathearbeit da ist. Welche Gemeinsamkeiten und Unterschiede zum Erlebnis des Amos gibt es jeweils?

M 3

Zeittafel

926 Das Reich König Salomos zerfällt in 2 Teile: Israel (Nordreich; Hauptstadt: Samaria) und Juda (Südreich; Hauptstadt: Jerusalem)

858–824 Salmanassar von Assyrien. Er besiegt das gemeinsame Heer von Israel und den Aramäern von Damaskus unter so großen Verlusten, daß er den Sieg nicht ausnutzen kann.

838–782 Die einstigen Verbündeten Israel und Aram führen einen äußerst brutalen Krieg gegeneinander, sobald die assyrische Bedrohung vorbei ist. Vom israelitischen Heer bleiben 10000 Mann und 10 Streitwagen übrig.

787–747 Jerobeam II. von Israel. Er erobert die Gebiete zurück, die die Israeliten an die Aramäer verloren haben. Dabei hilft ihm, daß die Assyrer von Norden her erneut angreifen und die Aramäer in die Zange nehmen. Nach schnell errungenen Siegen erlebt Israel eine Zeit des Friedens und des Wohlstands.

M 5

Israel zur Zeit des Amos

Nach den Kriegen gegen die Aramäer von Damaskus erlebt Israel eine Zeit des Friedens und des Aufschwungs. Die im Krieg zerstörten Städte werden wieder aufgebaut, wer zu Geld kommt, kann sein Haus vergrößern und neu einrichten. Über den Handelsweg zwischen Ägypten und dem Zweistromland von Assyrien, der durch Israels Hauptstadt Samaria verläuft, und von den Häfen der Phönizier am Mittelmeer kann alles geliefert werden, was das Herz begehrt. Auch auf den kleineren Märkten in den Dörfern tauchen Neuigkeiten wie Elfenbeinkämme, Kleider in schönen Farben und Duftsalben auf, wie sie früher nur Könige und Fürsten besessen hatten.

Die Bauern Israels verkaufen ihre Ernte auf dem Markt, einen Teil ihres Ertrages an Wein, Öl, Getreide, Wolle oder Jungtieren müssen sie jedoch als Steuer an den König abliefern. Damit dabei alles mit rechten Dingen zugeht, gibt es in jeder Stadt vom König eingesetzte Aufseher, die die Steuerabgabe überwachen.

Der Königshof in Samaria besitzt eigene Güter, die nur für die Versorgung des Palastes zuständig sind. Dort arbeiten Bauern, die sonst kein eigenes Land mehr besitzen.

Die Händler in den Städten sind über Angebot und Nachfrage nach den verschiedenen Gütern so gut informiert, wie die Eselskarawanen vorwärtskommen: andere Nachrichtenverbindungen gibt es nicht. Mit einem guten Riecher für das, was gerade „angesagt" ist, kann man beim Handel großen Gewinn machen. Hat man Pech, frißt der Zoll, den man in jeder Stadt bezahlen muß, alles Geld auf.

Die Wallfahrten und Opferfeste zum Tempel in Bet El, etwa 50 km südlich von Samaria, sind gut besucht. Hier kann man Gott für gute Ernte oder Gewinne danken und um seinen Segen für die Zukunft bitten.

M 4

Krieg

Aus: Othmar Keel, Die Welt der altorientalischen Bildsymbolik und das Alte Testament, © Benziger Verlag, Zürich 1982.

M 6

Israel und Juda sind über Karawanenstraßen gut mit den reicheren Nachbarländern verbunden. Der Haupthandelsweg, der Ägypten mit Assyrien verbindet, verläuft über Gaza, Askalon, Samaria, das Nordufer des Sees Gennezareth und Damaskus. Eine zweite wichtige Straße führt vom Roten Meer im Süden über Beerseba, Jerusalem, Bethel und Samaria zu den Häfen der Phönizier: Tyrus und Sidon. Die Phönizier sind *das* Seefahrervolk zur Zeit des Amos; sie befahren mit ihren Schiffen das gesamte Mittelmeer und schicken Expeditionen bis nach Großbritannien und Westafrika.

Die einzelnen Länder haben folgendes zu bieten:

Ägypten:	Schmuck, Luxusgüter aller Art, Streitwagen,
Spanien:	Eisen, Edelsteine
Arabien:	Gold, Gewürze
Indien:	Elfenbein, Gewürze
Britannien:	Zinn
Phönizien:	Zedernholz, Glas, Purpurfarbstoff (teurer als Gold, wird aus Meeresschnecken in Tyrus gewonnen)
Israel:	Wein, Wolle, Öl (gibt es in vielen Ländern am Mittelmeer)

M 8

Aufbruch ins Nordreich

Die Heuschreckenvision läßt Amos nicht mehr los. Er hat versucht, sie als Alptraum anzusehen. Früher, als Kind, war er oft mitten in der Nacht schreiend aufgewacht und weinend zu seiner Mutter gegangen. Aber das Bild vom Heuschreckenschwarm läßt sich nicht abschütteln. Andere Bilder kommen dazu: Feuer, das sogar das Meer verbrennt. Eine Lehmziegelmauer, die immer schiefer wird, je länger man sie mit dem Lot prüft. Der Obstkorb in der dunklen Zimmerecke wirkt so unheimlich und die Feigen darin riechen so merkwürdig süß wie verfault. „Herbst, Ende“, denkt Amos. Aber es ist mehr eine Stimmung. „Was ist nur los mit mir?“ Manchmal fällt Amos ein, was ihm der Vater über Abraham, Mose und die Propheten erzählt hat. Menschen, die überzeugt davon waren, daß Gott sie träumen ließ, um ihnen etwas zu sagen. Sie hatten sich darauf verlassen und die Geschichte des Volkes Israel hatte ihnen recht gegeben. Ein armseliger Haufen Nomaden waren sie gewesen, aber dank Abraham waren sie ins Unbekannte gezogen, dank Mose waren sie den mächtigen Ägyptern entkommen, die sie als Fronarbeiter für ihre prachtvollen Bauten ausnutzen wollten. Nun besaßen sie ein eigenes Land, in dem Gerechtigkeit herrschte und Frieden, so wie Gott es wollte. Und die Propheten hatte Gott geschickt, damit sie das Unrecht aufdecken sollten, was doch manchmal im Land passierte. Amos wird unsicher. Sollten seine Visionen von Gott kommen? Aber warum? „Sie müssen etwas mit dem Nachbarland Israel zu tun haben“, denkt Amos. Aber sie passen nicht zu dem, was ich auf den Märkten dort gesehen habe. Den Menschen dort geht es gut, sehr gut sogar. Die verkraften sogar eine von Heuschrekken zerstörte Ernte, soviele Vorräte haben sie gesammelt.

Plötzlich fällt Amos etwas ein. Der Sklavenmarkt! Bei seinem letzten Besuch war ihm aufgefallen, wieviele Menschen dort ihre Arbeitskraft anpriesen, um bei irgendeinem Großbauern arbeiten zu dürfen. Viel mehr als sonst! Und: War das nicht das Bild gewesen, was er blitzartig am Anfang der Heuschreckenvision gesehen hatte? „Vielleicht ist etwas faul in Israel? Und Gott will dem ein Ende machen?“

Amos Entschluß steht fest: Ruhe wird er nur finden, wenn er nach Israel geht. Anders als bei seinen früheren Besuchen ...

M 7a

Ekstase

Die Ekstase ist einer von vielen möglichen Bewußtseinszuständen des Menschen, wie z. B. Träumen, Wach-Sein, Hellwach-Sein, Tagtraum. Man kann plötzlich und unerwartet in Ekstase fallen, den Zustand aber auch durch Übung gezielt herbeiführen. Als Auslöser können Trommeln, Flackern, rhythmisches Singen u.a. dienen. Die Fähigkeit, leicht in Ekstase zu fallen, ist angeboren wie z. B. Musikalität und hängt eng damit zusammen, wie gut man sich konzentrieren kann. Alle Menschen, die in Ekstase fallen, erleben eine vom alltäglichen Leben weit entfernte Wirklichkeit, die Einzelheiten hängen aber von den Vorerfahrungen und Lebensbedingungen ab. Ein Pygmäe findet sich in Ekstase in einem fremden Urwald wieder, ein Christ in Himmel oder Hölle.

Bei Messungen der Gehirnströme von Menschen in Ekstase, die 1987 durchgeführt wurden, hat man im Vergleich zum alltäglichen Denken außergewöhnliche Spannungsveränderungen und Stromwellen festgestellt. Im Blut konnte man größere Mengen schmerzstillender Stoffe finden, wie sie der Körper sonst nach einem schweren Unfall ausschüttet.

Nach: Felicitas D. Goodman, Die andere Wirklichkeit, München 1994, S. 48–52

M 7b

Immer noch starrt Amos in die Flammen. Plötzlich merkt er, wie sein Atem immer schneller wird. Schweißperlen treten auf seine Stirn. Noch etwas ist ihm eingefallen, was er in Israel gesehen hat, aber er kann den Gedanken nicht festhalten. War da nicht ein dumpfes Grollen zu hören? Ein Bild erscheint vor Amos' innerem Auge, erst schemenhaft, dann immer klarer. Ein grauenhaft schwarzer Himmel. Sattes, junges Grün darunter: Gerstenfelder und Weinberge. Das Dunkel fällt auf die Felder und Weinberge hinunter. Ein Sirren, das anschwillt bis zu einem ohrenbetäubenden Donner. Jetzt erkennt Amos, was es ist: Wanderheuschrecken. Aber so ein riesen-hafter Schwarm? Als kleiner Junge hat Amos oft Heuschrecken gefangen. Wie merkwürdig der Kopf ausgesehen hat und wie fest sich der Panzer anfühlte. Er hatte sich gefragt, wie Heuschrecken fressen. Jetzt sieht er die gefräßigen Mäuler bei der Arbeit. „Gott, vergib doch! Was soll aus Israel werden, es ist ja so klein", bricht es aus Amos hervor. Und mit diesen Worten verschwindet das Bild und das Grauen, das Amos gepackt hat. Sein Atem wird ruhiger. Alles scheint wieder zu sein wie vorher.

M 9

Was Amos in Israel erzählt wird

Omri ist Aufseher des Königs über ein Bauerndorf. Seine Frau möchte ein phönizisches Purpurkleid kaufen. Omri ist zwar reich, aber dafür hat er nicht genug Geld. Er fordert von Rafael 15 Säcke Getreide statt der 10, die Rafael eigentlich an den König abliefern müßte. Rafael bekommt Angst, daß seine Familie nun verhungern könnte, und er beklagt sich bei Omri. Der aber bleibt hart, nimmt die 15 Säcke und kauft vom Erlös der überschüssigen fünf seiner Frau das Purpurkleid.

Rafael beschwert sich bei Gideon, dem Richter seines Dorfes, daß der Aufseher Omri 15 Säcke Getreide von ihm verlangt hat, obwohl der König nur 10 als Steuer fordert. Gideon stellt Omri zur Rede. Der verspricht ihm zwei Sack Getreide, wenn er allen Bauern sagt, daß die Steuer auf 15 Säcke erhöht worden sei. Gideon ist einverstanden. Er weist Rafaels Klage zurück. Gideon und Omri werden jetzt jedes Jahr reicher.

Schlomo ist ein reicher Bauer in Israel, ihm gehört fast das gesamte fruchtbare Land im Umkreis seines Heimatdorfes. Der Bauer Rafael kommt zu ihm und möchte Getreide kaufen, damit seine Familie genug zu essen hat. Schlomo fordert einen hohen Preis für sein Getreide, ist aber bereit, Rafael einen Kredit zu geben. Hinter Rafaels Rücken mischt er Getreideabfälle in die Getreidesäcke, so daß Rafaels Familie schon nach drei Monaten wieder nichts zu essen hat. Rafael bittet Schlomo nochmals um Essen. Diesmal verlangt Schlomo Rafaels gesamten Bauernhof. Rafael hat keine Wahl. Jetzt muß er als Arbeiter auf den Sklavenmarkt gehen, um für etwas Geld auf einem fremden Hof schuften zu dürfen.

Der Aufseher Omri, der Richter Gideon und der Großbauer Schlomo gehen mit ihren Familien zum Opfergottesdienst nach Bet El. Sie opfern jeder ein teures Kalb und danken Gott, daß er ihnen soviel Segen beschert hat. Die übrigen Gottesdienstbesucher sind beeindruckt von der großen Opfergabe und den teuren Kleidern, die alle anhaben. Der Priester stellt die drei als lobendes Beispiel dar.

M 10

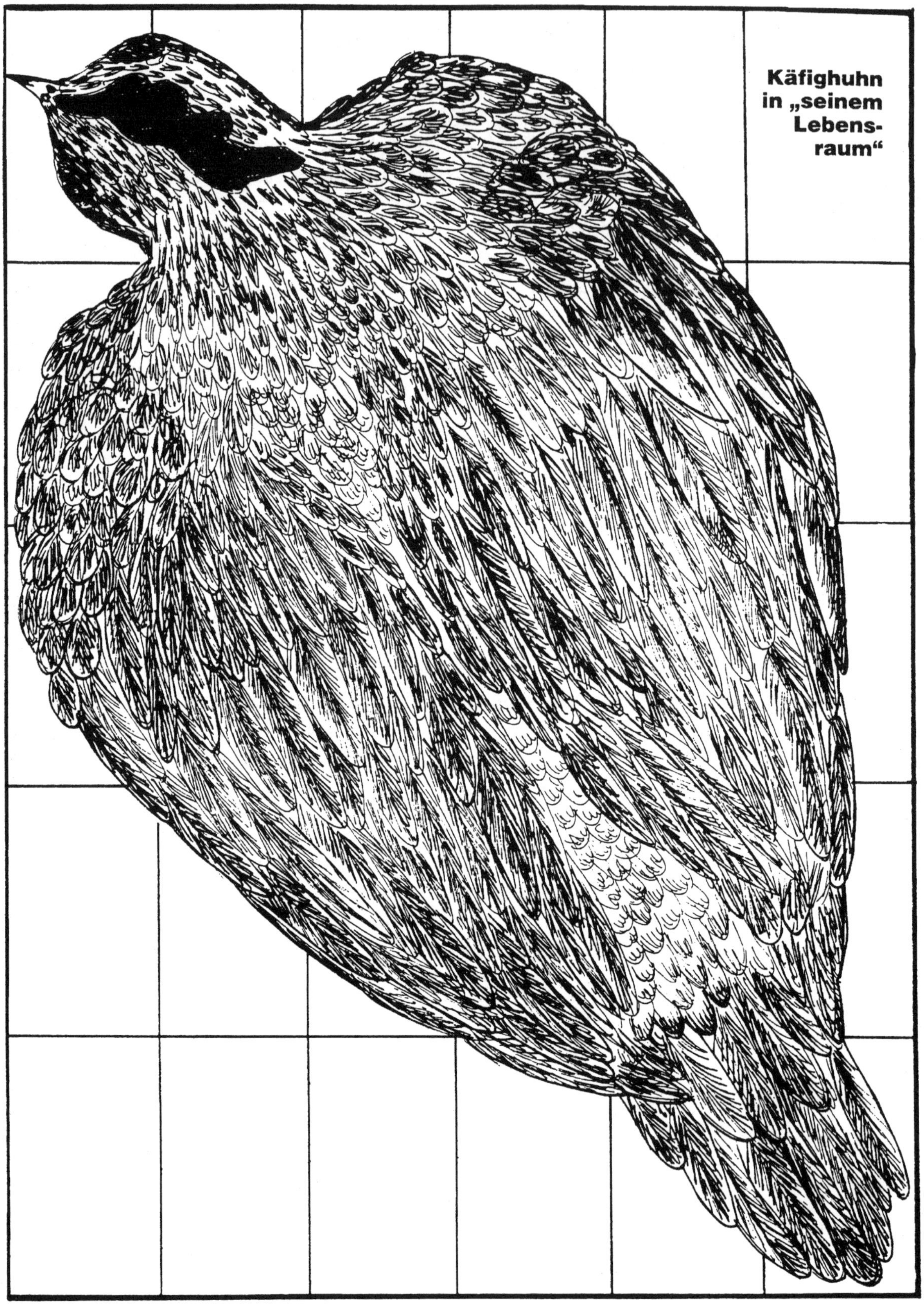

Aus: RU heute 1994, S. 169, geringfügig bearbeitet.

M 11

Aus: W.N. Bolchowitinow, Spaß für freie Stunden. Gemeinschaftsausgabe des Verlags Mir / Verlag für die Frau, Moskau / Leipzig, 1980², Nr. 118, S. 62.

M 12a

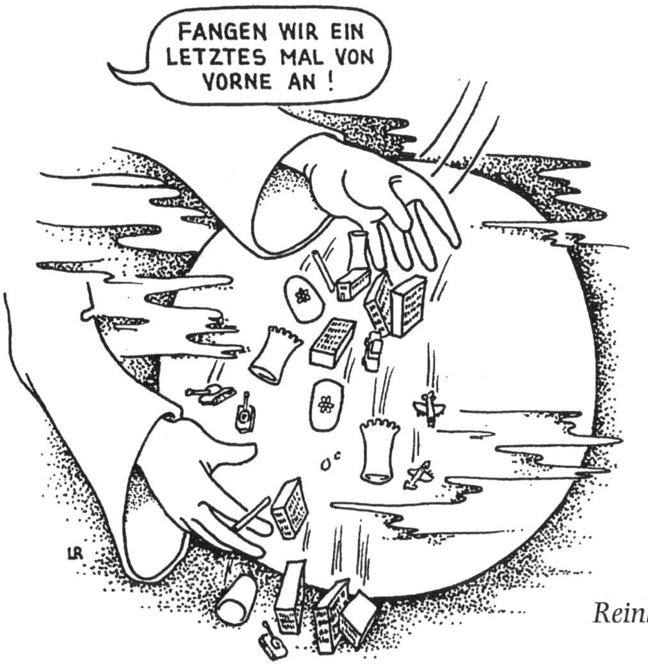

Reinhold Löffler, Dinkelsbühl.

M 12b

Cork, NL-Heerenveen.

M 12c

Umwelt und Entwicklung. Heile Welt nur für die Reichen? Abb.: Gerhard Mester, Wiesbaden.

M 13

Polizeibericht: Kind überfahren

Bei starkem Reiseverkehr zum Pfingstfest kam es im Kreisgebiet zu mehreren Unfällen. Der folgenschwerste ereignete sich am Sonntag gegen 9.15 h. Aus bisher noch nicht geklärter Ursache übersah der Fahrer eines auf der B 215 Richtung Verden fahrenden PKW nahe Hassel ein die Straße überquerendes 8jähriges Kind. Das Kind erlag noch am Unfallort seinen beim Zusammenstoß erlittenen schweren Verletzungen, die 3 Insassen des PKW wurden nur leicht verletzt.

Aufgaben:

Vergleiche die Sichtweise des Erzählers von „Ein Kind töten" mit der Sichtweise der Polizei! Wodurch sind die unterschiedlichen Sichtweisen bestimmt?

„Der Erzähler sieht mit den Augen Gottes!" Nimm Stellung zu dieser Meinung!

M 14

Renate Alt, Freiburg.

Zur Lernerfolgskontrolle – nicht nur als Arbeit! **M 15**

Alles klar?

Um herauszubekommen, ob ihr in der Unterrichtseinheit „Amos – mit anderen Augen sehen lernen" alles verstanden habt, füllt bitte die Lücken in folgendem Text aus! Ihr könnt dazu in der Mappe nachschlagen.

Amos lebte vor ...... Jahren in .... Zu dieser Zeit herrschte in Israel auf den ersten Blick Frieden und den Menschen ging es gut. Das konnte ein Besucher an

....

....

....

erkennen.

Amos dagegen machte die Menschen auf verborgenes Unrecht aufmerksam:

....

....

Er sagte, daß Gott mit diesem Unrecht nicht einverstanden war und es geschehen lassen würde, daß

....

....

Damit Amos zum Propheten werden konnte, mußte er bestimmte Begabungen mitbringen

(...).

Ohne die Erzählungen seiner Eltern von Abraham, Mose und früheren Propheten, die auf verschiedene Weise die Stimme Gottes in sich gehört hatten, hätte er seine Visionen vielleicht für

....

gehalten. In ihnen wirklich eine Botschaft Gottes zu sehen, war ein Wagnis, weil

....

....

Visionen sind aber nicht die einzige Möglichkeit, wie Menschen den Willen Gottes erfahren können. Andere Anstöße, etwas mit anderen Augen zu sehen, können z. B. sein:

....

....

....

....

Ob dadurch wirklich Gott spricht, kann man überprüfen, indem

....

....

....

3 Jüdisches Leben – jüdisches Leid

1. Theologische und didaktische Aspekte

Eine verstehende Annäherung an die großen fremden Religionen ist nicht nur aufgrund verheerender geschichtlicher Erfahrungen geboten, sondern ergibt sich notwendig aus einem globalen Denken und einem tatsächlichen multikulturellen Zusammenleben. Religionskonflikte gibt es nach wie vor und wird es wohl auch weiterhin geben. Eine weniger konfliktbeladene und eher tolerante Haltung läßt sich aus Kenntnis des Andersseins gewinnen. Es ist eine schlichte, aber bedeutsame Einsicht, daß Menschen von Dingen, die sie kennen, nicht so leicht verunsichert werden wie von ihnen fremden Verhaltensweisen, Ritualen und Gewohnheiten. Aus der Sicht eines Christen ist es unerläßlich, das Judentum zumindest in seinen Grundzügen kennenzulernen, da es gemeinsame Wurzeln, aber auch wesentliche Unterschiede beider Religionen gibt. Jesus war ein Jude, das Alte Testament als hebräische Bibel ist ein Teil der Heiligen Schrift der Christen, die ersten christlichen Gemeinden entwuchsen jüdischer Glaubens- und Vorstellungswelt. Beide Religionen sind monotheistisch – auf den einen, unerklärlichen und unfaßbaren Gott gerichtet. Die Christen jedoch betrachten Jesus als Erlöser und Befreier, der Gottes Wort offenbart durch sein Leben, Leiden und Wirken über den Tod hinaus.

Die vorliegenden Unterrichtsideen orientieren sich an zwei grundsätzlichen Überlegungen, wie man dieses Thema in der Mittelstufe erarbeiten kann. Traditionell und auf sachliche Auseinandersetzung angelegt ist eine religionskundliche Unterrichtseinheit. Eine Variante dazu soll hier vorgestellt werden. Eine Alternative bzw. Ergänzung zu dieser Vorgehensweise ist die Behandlung einer Ganzschrift. In dem Kurzfach Religion wird von der Lektüre eines Jugendbuches leider häufig abgesehen, weil der Zeitrahmen ungünstige Voraussetzungen schafft. Sachwissen läßt sich dabei ebenfalls nicht in komprimierter Form vermitteln. Die Behandlung eines Jugendbuches im Religionsunterricht ist jedoch in mehrfacher Hinsicht reizvoll und ergiebig. Die Jugendlichen werden zur Lektüre angehalten, es eröffnen sich Möglichkeiten methodischer Vielfalt, und der Gegenstand wird im allgemeinen als „nicht so trokken empfunden“, weil eine Identifikation mit den handelnden Personen eher gegeben ist und persönlicher über das Thema kommuniziert wird.

Jüdisches Schicksal ist von der jüdischen Religion und der jüdischen Geschichte nicht zu trennen. Zur Zeit des Nationalsozialismus gewinnt die Ablehnung der Juden eine Dimension, wie sie nur eine abgrundtiefe Unmenschlichkeit hervorbringen kann. Angesichts des Massenmordes verstellt sich möglicherweise der Blick auf das Ausmaß individuellen Leidens. Es geht hier nicht darum, einer Form von „Betroffenheitskultur“ das Wort zu reden, sondern es geht vielmehr darum, daß oft erst in der Konfrontation mit einem aus der Masse herausgehobenen Menschenschicksal das Leid greifbarer wird. Diese Wahrnehmung kann über Empathie und Reflexion das Anstreben einer Verhaltensmaxime der Menschlichkeit und Toleranz fördern .

Das Jugendbuch „Der gelbe Vogel" von Myron Levoy wurde in diesem Zusammenhang als geeignete Lektüre ausgewählt, weil sich die Schüler hier mit den leidvollen Erfahrungen einer Jugendlichen auseinandersetzen müssen, die durch die politischen Verhältnisse zur Zeit des Nationalsozialismus aus der Normalität herausgerissen wird. In dieser Unterrichtseinheit sollen die Lebensumstände des zwölfjährigen Mädchens Naomi, das die Ermordung seines Vaters durch die Gestapo miterleben mußte und eine massive psychische Störung erleidet, betrachtet werden. Myron Levoy beschreibt die furchtbare Auswirkung dieses Erlebnisses auf das Mädchen, aber auch den Versuch eines jüdischen Jungen aus der Nachbarschaft, über echte und tiefe Beziehung Verletzungen und Verstörung zu überwinden. Dumpfes und intolerantes Machtgehabe gepaart mit Gewaltbereitschaft durch einen weiteren Jungen führen schließlich zur Katastrophe. Naomi wird von ihrer Vergangenheit eingeholt und zerbricht daran.

Zum Verständnis einer fremden Religion gehört die Kenntnis und inhaltliche Füllung einiger wesentlicher Begriffe. In diesem Zusammenhang muß erschlossen werden, daß im engeren Sinne als Jude gilt, wer eine jüdische Mutter hat und sich dem Volk Israel zugehörig fühlt. Wesentlich ist dabei zu klären, daß Gott eben mit diesem Volk einen Bund geschlossen hat (Ex 19,2). Dieser Bund Gottes mit dem Volk Israel bestimmt das religiöse Selbstverständnis im Judentum und spiegelt sich in den Festen, die immer auch Erinnerung an die eigene Geschichte mit Gott bedeuten. Die Messiaserwartung zeigt die Hoffnung auf den Heilsbringer der Endzeit. Jüdische Symbole (Davidsstern, Menora, Tafeln) verweisen ebenfalls auf die eigene Geschichte und gehören konstitutiv zur gemeindlichen Verbundenheit dazu. Im unterrichtlichen Zusammenhang in der Mittelstufe ist es sinnvoll, die fremde Religion auch im Kontext der Erfahrungen Jugendlicher zu behandeln. Jüdische Rituale und Begriffe lassen sich beispielhaft an dem Fest *Bar Mizwa* aufzeigen (Verhalten in der Synagoge, Kipa, Tallit, Thorarollen, Verlauf eines Festgottesdienstes usw.). Das Nachspielen jüdischer Feste oder Rituale ist keine geeignete Vorgehensweise, um den Schülern das Judentum näherzubringen, da es sich nicht um authentische Situationen handelt. Damit wird zwar eine lebendige Unterrichtsgestaltung angestrebt, die aber echtes religiöses Empfinden nicht vermitteln kann und es dabei zudem verletzt. Man stelle sich vor, die Feier des christlichen Abendmahles würde im jüdischen Religionsunterricht nachgespielt. Dieser Wechsel der Perspektive verdeutlicht meines Erachtens die grundsätzliche Problematik. Eine authentische Begegnung mit der fremden Religion eröffnet jedoch der Besuch eines jüdischen Gottesdienstes oder das Anschauen geeigneter Filme. Dazu gehören natürlich auch die vielen Formen einer Spurensuche vor Ort. Die oben genannten Schwerpunkte bezeichnen *eine* Möglichkeit, eine geschlossene religionskundliche Einheit zu gestalten, können aber auch der Vorbereitung zur Beschäftigung mit einem individuellen jüdischen Schicksal zur Zeit des Zweiten Weltkrieges dienen.

Schwierig ist es, beide Einheiten unmittelbar zu verbinden, da der Zeitaufwand recht hoch ist. Für eine Projektwoche wäre das Vorhaben gut geeignet – bei entsprechender Vorankündigung der Lektüre. In einem solchen Rahmen ließe sich auch mit szenischen Umsetzungen besonders ertragreich arbeiten. Sinnvoll ist es auch, am Anfang des Schuljahres die religionskundliche Einheit zu machen und am Ende des Schuljahres das Jugendbuch zu behandeln.

2. Intentionen

Die Sch. sollen

religionskundlicher Teil

- die Problematik des Zugangs zu einer fremden Religion erfassen,
- Sachkenntnisse über das Judentum erwerben,
- Befremden gegenüber unbekannten Ritualen, Glaubensinhalten und daraus resultierender Lebensweise abbauen lernen – auch im Vergleich mit nach außen ungewöhnlich erscheinenden Inhalten und Formen der eigenen Religion.

Jugendbuch

- Bereitschaft zu tolerantem Denken und Handeln weiterentwickeln,
- selbstkritisch mit Vorurteilen umgehen lernen,
- die psychische Zerstörung der Hauptfigur in ihren Ursachen und Auswirkungen wahrnehmen,
- Mechanismen der Verfolgung durchschauen und hinterfragen,
- Kenntnisse über das Judentum im Horizont eines individuellen Schicksals reflektieren,
- Bedingungen für Vertrauen und Freundschaft überdenken,
- Glauben als Grundlage für verantwortliches Handeln und Fürsorge wahrnehmen.

3. Literatur zur Vorbereitung

- Antes, Peter u.a. (Hg.): Lesehefte Ethik, Judentum. Klett, Stuttgart 1994.
- Büchner, Frauke: Der Jude Jesus. Vandenhoeck & Ruprecht, Göttingen 1993.
- Dahrendorf, Malte / Shavit, Zohar (Hg.): Die Darstellung des Dritten Reiches im Kinder- und Jugendbuch (Jugend und Medien, Band 15, Hg. Winfred Kaminski), Frankfurt am Main 1988.
- Freimark, Peter u.a.: Große fremde Religionen, Sek. II. Schroedel, Hannover 1986.
- Grill, Ingrid: Das Judentum. Vandenhoeck & Ruprecht, Göttingen 1992.
- Halbfas, Hubertus: Religionen der Welt. Glaube – Geschichte – Gegenwart. Judentum. Patmos, Düsseldorf 1994.
- Schoeps, Julius H. (Hg.): Neues Lexikon des Judentums, Gütersloh/München 1992.
- Stefan, H.-J.: Begegnung mit dem Judentum, in: Zeitschrift für Religionsunterricht und Lebenskunde, Zürich/ Köln 1982, S. 18, 19.

4. Unterrichtsideen / Verlaufsplanung

A. Jüdisches Leben – religionskundlich

a) Kennenlernen einer anderen Religion

⇨ *Rollenspiel:* Gesprächssituation zwischen einem Christen und einem Nichtchristen: Der Nichtchrist fragt: Was bedeutet eigentlich Christentum? Im Plenum werden die vorgetragenen Problemkreise reflektiert und bewertet, und zwar besonders in Hinblick auf die Frage: Was bedeutet das hier Erfahrene für die eigene Einschätzung einer mir fremden Religion ? Was verwundert?

b) Merkmale des Judentums

⇨ *Begriffe klären:* Jude, Israel, Monotheismus, Bund mit dem Volk Israel, Schriften, Messias (LebensZeichen 5/6, Bibel, Lexikonarbeit in der Schulbibliothek)

⇨ *Symbole kennenlernen:* Davidsstern, Menora, Tafeln. Die Sch. zeichnen die Symbole (Tafel/Heft). Bedeutung der 10 Gebote im Kontext eigener Lebensführung betrachten. (LebensZeichen 5/6, Bibel: Ex 20, 2–17 verkürzt herausschreiben)

⇨ *Feste:* Über die Festsymbole Erschließung der Bedeutung. (LebensZeichen 5/6, S. 244–248, Film, Jüdischen Kalender mitbringen)

⇨ *Bar Mizwa:* Die Erlebnisse von Friedrich (**M 1**) werden mündlich zusammengetragen; unbekannte Begriffe sollen unterstrichen und erörtert werden. Welche Fragen drängen sich Friedrichs Freund auf ? Hier kann ein fiktives Gespräch zwischen Friedrich und seinem Freund entworfen werden. Vergleiche zur Konfirmation können angestellt werden (Stichwort: Übergangsritual). (Auszug aus „Damals war es Friedrich“ von H. P. Richter , S. 78f) Weitere Materialien in diesem Zusammenhang: Entdeckungen machen 7/8 ; Film „David und die Synagoge“.

c) Spurensuche

⇨ *Umgebung:* Durch Einzelaufträge oder in Gruppenarbeit kann die unmittelbare Lebenswelt der Sch. nach Spuren jüdischen Lebens befragt werden. Unterrichtsgänge sind in diesem Zusammenhang sinnvoll und spannend. Finden sich in meiner Umgebung Synagoge, Gedenktafeln, Denkmäler, Friedhof, Tauchbad, eine jüdische Abteilung im Heimatmuseum o.a.? Stadtführungen mit dem Schwerpunkt „jüdische Geschichte“ sind lohnend. Möglicherweise können Zeitzeugen eingeladen bzw. besucht und interviewt werden. Alte Bildbände über die Stadt geben Auskunft über jüdische Viertel, vielleicht auch über jüdische Prominenz. Mittels Archivaufzeichnungen lassen sich Lebenswege rekonstruieren (z.B. von Universitätsprofessoren). Institutionen christlich – jüdischer Zusammenarbeit können ausfindig gemacht und besucht werden. Zu überprüfen ist, ob es in der näheren Umgebung Konzentrationslager oder Außenstellen davon gegeben hat. Alte Zeitungsberichte über die Zerstörung jüdischen Gemeindelebens, der Synagogen und der Geschäfte können gesammelt werden. Besonders das Bildmaterial ist für Wandplakate und andere Dokumentationen gut geeignet. Fotografien sind sinnvolle Ergänzungen schriftlicher Schülerdokumentationen

⇨ *Gottesdienst:* Wenn es möglich ist, sollte ein jüdischer Gottesdienst besucht, wenigstens aber eine Synagoge besichtigt werden.

⇨ *Einladung:* Ein Vertreter des Judentums sollte in den Unterricht eingeladen werden, ein vorbereitetes Gespräch eröffnet authentisch vorgetragene Zugänge zu Besonderheiten der Religion.

B. Jugendbuch: „Der gelbe Vogel" von Myron Levoy

Grundsätzlich gibt es verschiedene Möglichkeiten, eine Ganzschrift im Religionsunterricht zu lesen. Welchen Zugang man wählt, hängt von dem Zeitrahmen und der methodischen Schwerpunktsetzung ab. Man kann im Unterricht dem gemeinsamen Lesen viel Raum lassen, indem der Text kapitelweise erschlossen wird. Auswahlkapitel können in Gruppen gelesen werden, die dann eine Zusammenfassung erarbeiten und Diskussionsangebote machen. Die Sch. können aber auch eigene thematische Schwerpunkte erläuternd vorstellen. Die hier vorgestellte Verlaufsplanung setzt voraus, daß die Sch. das Buch vor Beginn der Einheit ganz gelesen haben.

a) Einstieg

⇨ *Leseeindrücke:*
Zu Beginn der Erarbeitung einer Lektüre sollte Raum sein für spontane Äußerungen. Die Sch. sind dann ganz unmerklich mitten im Thema, und L. erhält Anhaltspunkte, um das Schülerinteresse gezielt in die Unterrichtsplanung einzubeziehen. Die thematischen Schwerpunkte, die hier genannt werden, sollten an der Tafel gesammelt werden, um gemeinsam konkrete Erarbeitungsvorschläge zu erörtern. In dieser Phase können die Sch. in einem freien Gespräch ihr Vorwissen zum Nationalsozialismus und seinen Folgen einbringen.

b) Die Frage nach Gott

⇨ *Gottesverständnis:*
S. 13–19. In der Familie Silverman wird über das eigene Gottesverständnis gesprochen. Zitate: 1. „...einmal, zweimal in unserm Leben ..." (S.18); 2. „Ich weiß, ich habe gesagt, eines Tages passiert vielleicht eine seltsame Sache. Daß Gott dich findet" (S.18). Diese Passagen ermöglichen ein erstes Gespräch über die Haltung Alans und seines Vaters. Anhand der Reaktionen Alans können eigene Zweifel, vielleicht aber auch Gewißheiten benannt werden.

⇨ *Theodizeefrage:*
Im Unterrichtsgespräch sollte hier die Theodizeeproblematik aufgegriffen werden, die Alan anspricht, gleichzeitig kann demgegenüber die Überzeugung des Vaters, daß es Wege von und zu Gott gibt, diskutiert werden. Diese Frage wird ganz am Schluß der Beschäftigung mit dem Buch wieder aufzugreifen sein, als Alans Vater seinem verbitterten Sohn erklärt, Naomi sei in Gottes Hand (S.154).

⇨ *Hausaufgabe:*
Tagebucheintragung oder Brief an einen Freund aus Alans Perspektive: Versetze dich in Alans Lage. Was schreibt er? (S. 20ff)

c) Verantwortung

⇨ *Verantwortung übernehmen:*
Besprechung der Hausaufgabe: Die Sch. stellen einander in Gruppen zu viert die Hausaufgabe vor und wählen eine davon aus, um sie im Plenum vorzulesen. Die Auswahl soll begründet werden. Anhand der eigenen Überlegungen werden anschließend Bezüge zu Kapitel 3 hergestellt und problematisiert. Zitat: „Weil sie uns braucht. Klar? Du weißt, daß sie uns braucht" (S. 24). Die Funktion der Puppe kann bereits an dieser Stelle auch vorausschauend betrachtet werden.

⇨ *Probleme sehen und überwinden:*
Zitat: „Aber was macht man mit einem Mädchen ?" (S.20, Ergänzungen S.27,28). Alans Schwierigkeiten, sich als Junge behaupten zu müssen, werden im Gespräch ansatzweise behandelt. Ein Rollenspiel wird angeschlossen. Aufgabe: In Gruppen wird ein Gespräch unter Jungen über Mädchen bzw. unter Mädchen über Jungen geführt. Die Gespräche werden vorgeführt und diskutiert. Ein Rückbezug auf Alans Überlegungen wird hergestellt.

⇨ *Vertrauen erwerben:*
Wie gelingt es Alan, eine Beziehung zu Naomi aufzubauen? Die Funktion beider Puppen als Medium soll näher untersucht werden. Die Sch. dokumentieren den Fortschritt des Kom-

munikationsvorgangs in einer stichwortartigen Aufstellung, die per Folie oder als Tafelbild präsentiert werden kann. Partner- oder Gruppenarbeit ist sinnvoll. Wodurch wird schließlich eine unmittelbare Begegnung zwischen Alan und Naomi möglich? Auf diese Frage soll sich die Erarbeitung zuspitzen. Alan erkennt, daß die Puppen für Naomi eine Rückzugsmöglichkeit aus der Realität darstellen: „Sie mußte die Puppe aufgeben. Sie mußte ein richtiges Mädchen werden" (S. 80). Die Basis für sein weiteres Handeln ist seine aufrichtige Sympathie zu Naomi (S. 93).

d) Schuld

⇨ *Schuldgefühle*:
Naomi bekennt: „Ich habe meinen Vater getötet" (S. 117). Ihre Empfindungen werden nacherzählend rekonstruiert. Die Sch. beziehen Stellung zu Naomis Selbstbezichtigung. Das Thema Schuld wird vertiefend betrachtet, indem folgende Schreibaufgabe gestellt wird: Schuldgefühle – was geht in mir vor, welche Anlässe dazu gibt es in meinem Leben? Nach einer längeren Stillarbeitsphase werden die Überlegungen vorgetragen. Es könnte hier auch eine Begriffsmeditation mittels eines Wandplakates erfolgen. Einen assoziativen Einstieg ermöglicht ein Cluster an der Tafel. Die Sch. würden dann Stichworte zu dem Begriff Schuld an der Tafel sammeln, um dann in einem Gespräch die Problematik zu vertiefen. Berichte eigener Erfahrungen sind wünschenswert.

e) Gott gibt Halt

⇨ *Segen bzw. Gebet*:
Alan reagiert auf Naomis Verzweiflung, indem er sich an eine Segensformel erinnert: „... der Herr segne dich und beschütze dich ..." (S. 118). Leitfrage: Warum spricht Alan in Gedanken diesen Segen? Segen: Welche Bedeutung hat das Wort? Im Unterrichtsgespräch werden diese Fragen ausführlich betrachtet, das Einbringen eigener Erfahrungen in Situationen der Hilflosigkeit und des Mitgefühls soll hier viel Raum haben. Das könnte auch in Form einer Schreibphase erfolgen. Anschließend wird die Bibel hinzugezogen und die Textstelle Num 6, 24 – 26 gelesen. Die Sch. werden aufgefordert, den Inhalt und die Bedeutung des Segens zu reflektieren und einen Rückbezug zu Alan und Naomi herzustellen: Alans Gefühl der Ohnmacht wandelt sich in Zuversicht im inneren Sprechen des Segens, der Gottes Zuwendung und Schutz besagt. Zitat: „Du bist ... du bist in Sicherheit, Naomi" (S. 118).
Tafelanschrieb: Segen des Aaron, Num 6,24–26 : Ein auf Aaron und seine Söhne zurückgeführter priesterlicher Segen, der noch heute den protestantischen Gottesdienst abschließt. Die Segensformel kann ins Heft übernommen werden.

f) Vertrauen und Freundschaft

⇨ *Vertrauensbruch*:
Alans Freund Shaun fühlt sich übergangen, weil Alan ihm nichts über seine Beziehung zu Naomi gesagt hat (Textstelle S. 122 ff.). Das Gespräch zwischen Alan und Shaun kann nacherzählt, aber auch nachgespielt werden, was durch die emotionsgeladene Stimmung für die Sch. reizvoll ist, zumal die meisten ähnliche Situationen kennen. Nach einer kurzen ersten Auseinandersetzung mit der Problematik wird eine schriftliche Aufgabe gestellt: Welche Bedeutung hat Vertrauen für eine Freundschaft? Die Ergebnisse werden vorgetragen und diskutiert. Anschließend erfolgt ein Vergleich der Beziehung Alans zu Shaun und Alans zu Naomi im Unterrichtsgespräch (Textstelle S. 137–140).

⇨ *Freund des Herzens* (S. 139):
Hausaufgabe: Was ist ein „Freund des Herzens"? Es soll ein Gedicht oder eine Tagebucheintragung oder ein Text in beliebiger Form verfaßt werden. Es kann hier auch ein Bild oder eine Collage angefertigt werden. Die Besprechung der Produktionen erfolgt im Plenum – möglichst im Sitzkreis und mit viel Zeit und Geduld.

g) Vorurteile

⇨ *Gefahr durch Vorurteile*:
Joe Condellos Überfall (ab S. 140 ff.) wird näher untersucht. Condellos Verhalten und sein Charakter stehen im Zentrum des Interesses. Ergebnisse dazu werden stichwortartig an der Tafel festgehalten. Daran anschließend wird die Frage aufgeworfen : Was sind eigentlich Vorurteile ? In Gruppenarbeit soll eine Szene oder ein Dialog entworfen werden, in der oder in dem die Problematik verdeutlicht wird. Die Bewertung der Erarbeitungen geht über in eine offene Diskussionsphase, in der eigene Erfahrungen berichtet werden sollen. Vorurteile und ihre Konsequenzen werden erörtert, wobei auch Entstehungsmechanismen berücksichtigt werden müssen. Aktuelle Bezüge gehören unbedingt in diesen Zusammenhang. Dazu kann man die Sch. Zeitungsmeldungen sammeln lassen.

h) Solidarität – Kampf gegen Unrecht

⇨ *Freunde halten zusammen*:
Shaun und Alan sind verläßliche Freunde, das hilft ihnen, den Schwierigkeiten von außen entgegenzutreten. Dennoch können sie Naomi nicht schützen. Folgende Fragen werden arbeitsteilig in Gruppen betrachtet:
1) Warum sind Shaun und Alan wieder Freunde ? 2) Was ist Condellos Schuld? 3) Was bedeutet das Erlebnis für Naomi? Die Ergebnissse werden vorgetragen und diskutiert, wobei die zweite Frage ein besonderes Gewicht hat. Hier muß die Schuldfrage auf dem Hintergrund des Nationalsozialismus erneut aufgegriffen werden. Zitat: „Es war alles Condellos Schuld. Nein, nein, Condello war nicht schuld. Hitler war schuld. Vielleicht beide. Ja, beide" (S.146).
Hausaufgabe: Wie könnte die Geschichte weitergehen? Schreibt einen anderen Schluß bzw. schreibt die Geschichte weiter.

i) Abschluß

⇨ *Schlußvarianten:*
Vortrag und abschließende Bewertung. In diesem Zusammenhang kann erneut die Theodizeefrage aufgegriffen werden. Kontrastiv werden Alans Gefühl der Ohnmacht und Enttäuschung und die Position seines Vaters betrachtet (S. 154: „Du bist nicht Gott.").
Die Unterrichtsreihe wird rückblickend bewertet. Konstruktive Kritik ist erwünscht.

Es gibt eine Bühnenfassung des Jugendbuches von Rudolf Herfurtner mit dem Titel „Geheime Freunde". Unter glücklichen Umständen läßt sich möglicherweise ein Theaterbesuch in die Unterrichtseinheit integrieren. Aber auch Textauszüge aus dieser szenischen Umsetzung können sicher den Unterricht bereichern (siehe Medien).

5. Das Thema in Schulbüchern und Unterrichtsmaterialien

- Besser-Scholz, Birgit (Hg.): LebensZeichen, Band 3, 9. und 10. Schuljahr. Vandenhoeck & Ruprecht, Göttingen 1992, S. 73–94.
- Goldmann, Christoph: Das Judentum und seine Lebenszeichen, in: LebensZeichen, Band 1, 5. und 6. Schuljahr. Vandenhoeck & Ruprecht, Göttingen 1988, S. 220–250.
- Kluge, Jürgen (Hg.), Entdeckungen machen 7/8. Cornelsen–Schwann, Düsseldorf 1988, S. 95–106.
- Kraft, Gerhard / Schmidt, Heinz (Hg.): Das neue Kursbuch Religion 7/8. Calwer Verlag, Stuttgart 1986, S. 102–114.
- Kwiran, Manfred / Röller, Dirk (Hg.): Glauben und Leben – Gymnasium – 7. und 8. Schuljahr. Schroedel, Hannover 1989, S. 153–165.

6. Materialien und Medien

- Medienkoffer zum Thema Judentum.
- Film: David und die Synagoge.
- Film: Fest und Feier im Judentum (Beschneidung, Bar Mizwa, Hochzeit). Calwer Verlag. Stuttgart, Originaltitel: Wie Juden leben, Film von J. Arendt u. N. Jariv, NDR 1982.
- Theater: Geheime Freunde von Rudolf Herfurtner, Deutsches Theater in Göttingen 1993/94/95.
- Foliensammlung und Erläuterungen: Then, Reinhold: Das Judentum. Religionspädagogisches Seminar der Diözese Regensburg, 1994[2]. (Diese gute Sammlung ist preiswert zu beziehen unter folgender Anschrift: Religionspädagogisches Seminar der Diözese Regensburg, Niedermünstergasse 2, 93043 Regensburg, Tel.: 0941/5699–238.)

Jugendbücher in diesem Zusammenhang:

- Frank, Anne: Tagebuch. Fassung v. Otto. H. Frank und Mirjam Pressler, Frankfurt/M. 1992.
- Asscher-Pinkhof, Clara: Sternkinder, Hamburg 1986.
- Auerbacher, Inge: Ich bin ein Stern, Weinheim 1992[5].
- Dick, Lutz von: Der Attentäter, Reinbek 1988.
- Diekmann, Miep /Hilarová, Dagmar: Ich habe keinen Namen, Würzburg 1987[2].
- Gies, Miep: Meine Zeit mit Anne Frank, Bern 1987.
- Kerr, Judith: Als Hitler das rosa Kaninchen stahl, Ravensburg 1990[19].
- Michels, Tilde: Freundschaft auf immer und ewig, Zürich 1990[2].
- Ossowski, Leonie: Stern ohne Himmel, Weinheim 1986.
- Perel, Sally: Ich war der Hitlerjunge Salomon, Berlin 1992.
- Richter, Hans Peter: Damals war es Friedrich, München 1992[29] (Bedenkenswerte Vorbehalte gegenüber diesem Buch finden sich bei Dahrendorf/Shavit.).

- Weitere interessante Titel zum Thema finden sich in: Stiftung Lesen (Hg.) 7: Jugendbücher zum Thema: Nationalsozialismus, Primarstufe/Sekundarstufe, Mainz 1993, ISSN 0178-0662.
- Jugendbücher zum Thema, hg. von der Stiftung Lesen, Fischtorplatz 23, 55116 Mainz .

Das Fest

M 1

Ich war mitgegangen, obwohl mich Vater erst vor einer Woche gebeten hatte: „Zeig dich nicht mehr so oft mit Schneiders Sohn auf der Straße; ich habe sonst Schwierigkeiten." Nun standen wir im großen Raum der Synagoge, Herr Schneider, Friedrich und ich. Friedrich und sein Vater trugen ihre besten Anzüge; ich daneben hatte nur meine Alltagskleidung an.

Allmählich füllte sich auch die Sitzbank vor der unsrigen. Männer, die Hüte auf dem Kopf, schüttelten uns die Hände und wünschten uns „Schabbes". Besonders aber für Friedrich fanden sie alle ein freundliches Wort oder klopften ihm auf die Schulter.

Nach und nach hoben alle Anwesenden die Sitzbretter ihrer Bank hoch. Darunter befanden sich kleine Fächer.

Friedrich entnahm seinem Fach einen großen weißen Schal, ein Gebetbuch und sein Gebetskäppchen. Dafür verstaute er seine Mütze im Fach. Den Schal mit den langen Fransen berührte er mit den Lippen und legte ihn um.

„Mein Tallith, mein Gebetsmantel!" flüsterte er mir zu.

Ein Mann mit Schnitthut, dessen langer schwarzer Mantel bis zu den Füßen reichte, stieg die Stufen einer Vertiefung mitten im Raum hinab. Er trat an ein teppichbedecktes Betpult, blätterte ein dickes Buch von hinten auf und begann sofort, in singendem Tonfall ein Gebet zu sprechen. „Unser Rabbiner!" unterrichtete mich Friedrich leise. Dann schlug er sein Gebetbuch auf und betete ebenfalls hebräisch. Manchmal unterbrach er den Gesang des Rabbiners durch einen Zwischenruf, ein andermal stimmte er anscheinend ein ganz anderes Gebet an.

Ich staunte. Woher konnte Friedrich so gut Hebräisch? Er hatte mir nie etwas davon verraten. Er kam mir vor wie einer von den vielen Erwachsenen ringsumher. Hin und wieder schaute Friedrich von seinem Gebetbuch auf und nickte mir zu.

Der Rabbiner betete nach Osten gewandt. Vor der Ostwand, die mit einem roten Vorhang verhängt war, machte er immerfort kleine Verbeugungen, so daß es aussah, als ob er vor- und zurückwippe.

Dieser Vorhang war mit goldenen hebräischen Schriftzeichen bestickt. Sonst gab es im ganzen Raum kein Bild, keinen Schmuck, nur große vielarmige Leuchter mit Kerzen. Von einem seitlichen Rang her schauten die Frauen dem Gottesdienst unten im Raum zu.

Während ich noch das Innere der Synagoge betrachtete, vereinigten sich die Stimmen der Gemeinde mit der des Rabbiners.

Der Gesang wurde lauter und einheitlicher.

Der Rabbiner schritt gemessen zum Vorhang hin.

Ein Synagogendiener zog den roten Samt beiseite.

Darunter erschien eine kleine Tür in der Wand.

Der Rabbiner öffnete die Tür. Er gab den Blick in die Lade frei.

„Die Thora!" erklärte mir Friedrich.

Die Thora war in einen Umhang gehüllt, mit einer silbernen Krone und einem silbernen Schild verziert.

Der Rabbiner hob sie aus der Lade. In feierlichem Umzug trug er die schweren Rollen durch den ganzen Raum. Überall, wo er vorüberkam, verließen die Gläubigen ihre Plätze. Sie führten ihren Tallith an die Thora und dann zu den Lippen.

„Jetzt kommt die Überraschung!" verriet mir Friedrich. Er schien sehr aufgeregt.

Herr Schneider zog ihn beruhigend an sich. Er klopfte ihm auf die Schulter und strich ihm über das Haar.

Am Betpult nahm man der Thora die Krone, den Schild und den Umhang ab. Die mächtige handgeschriebene Pergamentrolle wurde auf das Pult gelegt. Nacheinander lud der Rabbiner sieben Männer aus der Gemeinde an sein Pult. Als letzten rief er Friedrich auf.

Herr Schneider legte Friedrich beide Hände auf die Schultern. Stolz blickte er seinem Sohn in die Augen, dann schickte er ihn zum Rabbiner.

Auch der Rabbiner begrüßte Friedrich viel feierlicher als die übrigen Männer.

„Er ist zum erstenmal in seinem Leben zum Wochenabschnitt aufgerufen!" sagte Herr Schneider stolz zu mir. „Nachher darf er auch noch den Propheten-Abschnitt lesen."

Wie die andern berührte auch Friedrich die Thorastelle, die der Rabbiner ihm wies, mit dem Tallith und küßte den Tallith. Dann sang er die Einleitung. Aber während bei den andern der Vorbeter den eigentlichen Thora-Abschnitt gesungen hatte, übernahm Friedrich den silbernen Stift, führte ihn von rechts nach links die Zeilen entlang und sang seinen Thora-Abschnitt allein.

Nachdem Friedrich seinen Thora-Abschnitt rasch und sicher gesungen hatte, berührte er die letzte Stelle wieder mit seinem Tallith und den Tallith mit dem Munde.

Während die Thorarollen wieder mit ihrem

Schmuck versehen wurden, las er aus einem dicken Buch den Propheten-Abschnitt. Dann kehrte er zu uns an seinen Platz zurück. Wie zu Beginn übernahm der Rabbiner wieder die Thorarolle und zog mit ihr durch den Raum. Und wieder drängten sich die Gläubigen zu dem Heiligtum hin.

Der Rabbiner hob die Rolle in die Lade, betete noch vor der Lade und verschloß dann die kleine Tür.

Danach trat der Rabbiner vor die Gemeinde und hielt eine kleine Predigt. Zum erstenmal, seit ich in der Synagoge war, redete er deutsch. Diese Predigt galt nur Friedrich; sie zeichnete ihn vor allen Anwesenden aus.

Immer wieder schauten einzelne Männer zu Friedrich hin. Sie nickten ihm lachend und glückwünschend zu.

„Heute, eine Woche nach deinem dreizehnten Geburtstag", sagte der Rabbiner, „bist du zum erstenmal in deinem Leben aufgerufen worden, vor der Gemeinde einen Abschnitt aus der Thora zu verlesen. Für jeden Juden ist es eine ganz besondere Ehre, die Heilige Schrift verkünden zu dürfen. Der Tag aber, an dem dies zum erstenmal geschieht, ist ein besonderer Tag. Damit beginnt ein neuer Abschnitt deines Lebens. Fortan bist du allein vor dem Herrn für dein Tun verantwortlich. Bis heute hat dein Vater diese Verantwortung getragen, aber von heute an stehst du als gleichwertiges Mitglied der Gemeinde unter uns. Bedenke das!

Befolge die Gebote des Herrn! Niemand kann dir die Schuld abnehmen, wenn du gegen sie verstößt.

In einer schweren Zeit nimmst du eine schwere Pflicht auf dich. Wir sind von Gott auserwählt, dereinst vom Messias in unsere Heimat zurückgeführt zu werden und das Königtum des Messias aufrichten zu helfen. Aber Gott hat uns auch das schwere Schicksal auferlegt, bis zu jenem Tage verfolgt und gepeinigt zu werden.

Immer wieder müssen wir uns daran erinnern, daß der Herr uns dieses Schicksal bestimmt hat. Wir dürfen und können ihm nicht ausweichen, selbst dann nicht, wenn wir glauben, darunter zusammenbrechen zu müssen. Bedenket, die heilige Thora fordert ..." und der Rabbiner beendete seine Predigt mit einem Satz in hebräischer Sprache.

Bald danach schloß der Gottesdienst mit einem gemeinsamen Lied.

Ich wartete mit Friedrich und seinem Vater vor der Synagoge. Wie gern hätte ich gefragt! Aber es ergab sich keine Gelegenheit. Alle Männer aus der Synagoge kamen zu uns und beglückwünschten Friedrich. Man konnte ihm den Stolz vom Gesicht ablesen.

Als auch die Frauen die Synagoge verlassen hatten, gingen wir in einem Schwarm von Verwandten und Bekannten nach Hause.

Frau Schneider war schon vorausgelaufen. Sie empfing uns an der Wohnungstür und geleitete alle in das Wohnzimmer. Dort hatte sie ein feierliches Sabbathmal hergerichtet. Es gab von allem.

Bevor aber das Festmahl begonnen hatte, hielt Friedrich eine Rede, wie ein erwachsener Redner sie hält. „Lieber Vater, liebe Mutter, liebe Verwandte", fing er an. „Der Herr hat uns befohlen, wir sollen Vater und Mutter ehren, damit wir lange in seinem Lande leben, das er uns geschenkt hat. Er möge mir verzeihen, wenn ich seinem Gebot bisher nicht genügend gefolgt bin.

Dreizehn Jahre, durch gute und schlimme Zeiten, liebe Eltern, habt ihr mich aufgezogen und geführt im Gebot des Herrn. Euch und allen, die euch beigestanden haben, verdanke ich es, daß ich heute in die Gemeinde aufgenommen worden bin. Durch mein Denken und Handeln will ich mich dieser Ehre und Pflicht würdig erweisen.

Möge euch, liebe Eltern und Verwandte, der Herr einhundertundzwanzig Jahre eines gesunden und frohen Lebens schenken, damit ich die Zeit finde, den Dank abzutragen, den ich euch schulde ..."

Frau Schneider weinte.

Herr Schneider blickte vor sich auf den Boden. Zerstreut kramte er in seiner Jackentasche.

Als Friedrich endete, klatschten ihm alle Beifall.

Sein Vater überreichte ihm eine Armbanduhr. Auch die anderen Gäste brachten Geschenke.

„Du", fragte ich Friedrich leise, „woher kannst du das alles, das Hebräische und die Rede?"

Friedrich lächelte stolz: „Gelernt! Meinen Thora-Abschnitt und die Rede habe ich fast drei Monate üben müssen."

Ich staunte.

Friedrich genoß meine Verwunderung. „Soll ich dir sagen, was Friedrich auf Hebräisch heißt?" fragte er mich.

Ich nickte.

„Salomon!" verriet Friedrich lachend.

Während wir aßen, klingelte es.

„Wer wird denn jetzt noch kommen?" fragte Frau Schneider erschreckt. Sie ging zur Tür und öffnete.

Lehrer Neudorf trat ein. Er wünschte Friedrich zu seinem Festtag alles Gute. Dann schenkte er ihm einen Füllfederhalter. In der Kappe war Friedrichs Name mit Goldbuchstaben eingeschnitten.

Aus: Hans Peter Richter, Damals war es Friedrich, dtv junior, München 1996[35], S. 79–84, © L. Richter-Stiehl.

4 Barfuß auf den Spuren Christi: Franziskus von Assisi

1. Theologische und didaktische Aspekte

Heilige im evangelischen Religionsunterricht zu thematisieren, stellt in vielfacher Hinsicht eine große Herausforderung an L. und Sch. dar. Kirchengeschichtliche Themen erfreuen sich selten großer Beliebtheit, und Heiliges und Heilige spielen in der zunehmend säkularisierten Lebenswelt der Sch. kaum eine Rolle. Zudem haben im protestantischen Umfeld Heilige auch in der Vergangenheit kaum einen nennenswerten Platz im religiösen Leben gefunden. Im Gegenteil – sie wurden theologisch zuweilen sogar heftig bekämpft, da die katholische Vorstellung vom heilswirksamen „Gnadenschatz der Kirche" und die damit verbundene „personale Verehrung" im Widerspruch zu den unumstößlichen Eckpunkten protestantischer Theologie „sola fide", „sola gratia" und „sola scriptura" stehen. Luther selbst verehrte Franziskus von Assisi in kritischer Distanz: Er bewunderte ihn besonders wegen der konsequenten Ausrichtung seiner Lebensgestaltung auf das Evangelium und auf die radikale Nachfolge Christi („Der heilige Franziskus, ein bewundernswerter und geistgewaltiger Mann, sagte äußerst weise, seine Regel sei das Evangelium Jesu Christi" WA 8, 579; Reblin 19). Er verurteilte jedoch sein ungebrochenes Verhältnis zur Amtskirche und zum Mönchtum, sein Selbstbewußtsein und die persönliche Verehrung als „zweiter Christus".

Für den Protestantismus positiv neu entdeckt wurde Franziskus nach einer Phase der völligen Ablehnung als „Irrlehrer" (Matthias Flavius) und „Feind" in der Orthodoxie oder als „Armer Irrer" in der Aufklärung erst wieder in der Zeit der Romantik und des Idealismus. Neue Aktualität und Wertschätzung genießt der heilige Franziskus auch bei den protestantischen Theologen des 20. Jhs. (Sölle u.a.). Auf katholischer Seite spielt er in der Ende der 60er Jahre in Südamerika aufkommenden „Theologie der Befreiung" eine bedeutende Rolle, der Papst ernennt ihn 1980 zum „Umweltschutzpatron" und beruft 1986 das Weltgebetstreffen für den Frieden in Assisi ein. Franziskus´ Wirken und seine Aktualität gehen dabei weniger von einer durchdachten, philosophisch untermauerten und ausgefeilten theologischen Lehre aus. Sein theologisches Denken bewegt sich überwiegend im traditionellen Rahmen, theologischen Studien steht er eher distanziert, fast hilflos gegenüber (er selbst nennt sich „Bruder Einfalt"). Selbst mit der von ihm konsequent praktizierten Ablehnung jeglichen materiellen Besitzes steht Franziskus in der Tradition der für seine Zeit neuen Radikalität, die das Ideal der „imitatio vitae pauperis Iesu" seit dem 11. Jh. vertritt (z.B. Petrus Damiani). Diese aufkommenden Armuts- und Humiliatenbewegungen sind als Reaktion auf die Ausweitung der strukturellen Armut besonders in den Städten zu sehen (bedingt durch die zunehmende soziale Kluft zwischen den neuen Armen, meist schutzlose Gelegenheits- und Wanderarbeiter, und den neu aufkommenden Reichen, meist Mitglieder des städtischen Bürgertums, die aus der sich neu entwikkelnden Manufaktur und der sich damit durchsetzenden Geldwirtschaft profitierten). Während die Kirche die Armutsbewegung der Katharer und Waldenser als „Ketzer" unterdrückte und verfolgte (1184 Exkommunizierung, ab 1209 Inquisition), sah Franziskus seine charismatische Sendung von Anfang an nicht außerhalb des kirchlichen Rahmens. Er versuchte deshalb schon früh (1209), die Legitimierung seines Anliegens vom Papst zu erhalten, der mit der Gründung eines regulierten und unter päpstlicher Aufsicht stehenden Bettelordens die abtrünnigen Katharer und Waldenser in einer „Gegenbewegung" zu kanalisieren versuchte. Trotzdem ist der von Franziskus gegangene Weg radikal neu, auch wenn er an der Kirche, ihrer starren hierarchischen Ordnung, den von ihr vertretenen Dogmen und dem Primat des Papstes festhält. Noch radikaler als die Armutsbewegung lehnte er jeglichen materiellen Besitz (er lief barfuß und bekleidete sich lediglich mit einer geflickten Kutte) und eine klosterähnliche feste Niederlassung ab. Einzigartig und bestimmend für seine bis in die Gegenwart reichende Wirkung dürften daneben seine tiefe innere Frömmigkeit, die ihm u.a. ein unbeschwertes und souveränes Auftreten gegenüber den „Fürsten der Welt" ermöglichte und seine solidarische Haltung bzw. bedingungslose Hinwendung zu den Bedürftigen und Kranken sein. Dazu kommen sein demütiger Respekt vor der Schöpfung Gottes, die nicht nur die uneingeschränkte Liebe zum (Mit-)Menschen, sondern zu allem Kreatürlichen und zur Natur einschließt, und seine kämpferische Sehnsucht nach Frieden. Bewundernswert ist nicht zuletzt die Kraft, mit der er die aus seinem radikal wörtlichen Schriftverständnis hervorgehende Nachfolge Christi *lebte*, ohne dabei ein Märtyrer zu sein. Franziskus wird so für viele heutige Christen zu einem „Gefährte(n) bei der Suche nach einer besseren, menschlicheren, Gott gemäßeren Welt" (Reblin 313).

Für die Sch. stellen auf den ersten Blick besonders die große zeitliche Distanz und die „abgehobene, weltentrückte" Stellung als Heiliger eine Schwierigkeit der persönlichen Aneignung dar. Dieser „Graben" sollte jedoch keineswegs durch eine vorschnelle Aktualisierung (wie sie tendenziell in dem Buch von Luise Rinser vorliegt) zugeschüttet werden, da damit immer die Gefahr einer verzerrenden Reduzierung verbunden ist. Eine Chance besteht vielmehr darin, über die bewegte Biographie den Sch. Franziskus nahezubringen: Was ist das für ein Mensch, der als Jugendlicher und junger Erwachsener „in Saus und Braus" lebt, dem eine erfolgversprechende Karriere und eine sorgenfreie Zukunft in wohlhabender und angenehmer Lebensweise offensteht, der jedoch freiwillig plötzlich einen völligen Lebenswandel vollzieht und als Ärmster unter den Armen ohne Besitz und festen Wohnsitz, barfuß, in Lumpen notdürftig gekleidet, sein Leben ganz seinen Mitmenschen und Gott widmet. Es gilt, die Neugier zu wecken, mehr über diese befremdende und unbegreifliche Person zu erfahren (detailliertere biographische Informationen werden in **M 16** gegeben, die zur Vorbereitung des / der Unterrichtenden, reduziert aber auch als Informationstext für die Lerngruppe dienen kann). Wie aktuell die durch seine Lebensführung offenbar werdende christliche Botschaft ist, ergibt sich bei genauerer Betrachtung von selbst. In kaum einer anderen Person der Kirchengeschichte werden die Grundprinzipien des konziliaren Prozesses „Gerechtigkeit, Frieden und Bewahrung der Schöpfung" so fokussiert und „biographisch" veranschaulicht. Der Erfolg dieses Ansatzes wird wesentlich davon abhängen, ob es gelingt, die Gratwanderung zwischen möglicher Identifikation (Konflikt mit den Eltern, idealistische Vorstellungen, Suche nach einem anderen Lebensstil, Liebe zu Tieren usw.) und distanzschaffender Ablehnung („Heiliger", weltfremder Utopist, unbequemes Leben in Verzicht und völliger persönlicher Rücknahme) erfolgreich durchzuhalten. Dies heißt nicht, daß über Franziskus´ Lebensweise und Ansichten nicht auch Befremden geäußert oder sogar (zunächst) gelacht werden darf: Der Gedanke, freiwillig und dabei noch glücklich in absoluter Armut zu leben, auch zerstörerisches Feuer mit „Bruder" und eine nervende Mücke mit „Schwester" anzureden, wirkt besonders in unserer stark auf Konsum ausgerichteten und anthropozentrisch denkenden Umwelt geradezu absurd. Franziskus' Aufrichtigkeit und die konsequente Lebensführung machen jedoch auch solche Gedanken auf den zweiten Blick reizvoll. Denn seine tiefe Frömmigkeit läßt ihn auch und gerade in dieser asketischen Lebensweise glücklich und durchaus auch lebensfroh erscheinen (vgl. den „Sonnengesang"). Franziskus ist ein Gegenbild, ein „Antityp" dessen, was in der heutigen Gesellschaft überwiegend als erstrebenswert vorzufinden ist. Lassen wir uns aber auf ihn ein, kann durch ihn unser vorherrschendes Denken in Frage gestellt werden: kritisches Nachdenken über „Haben und Sein", über unseren Umgang mit der Natur und Kreatur und unsere Haltung zu unseren Mitmenschen kann dadurch provoziert werden. Auch wenn durch die Begegnung mit Franziskus von Assisi keine Patentrezepte für die soziale Frage oder für den Umweltschutz geliefert werden können, so ist bereits dieses Nachdenken darüber (vorerst) Ziel genug.

2. Intentionen

Die Sch. sollen
- sich möglichst vorurteilsfrei auf die Begegnung mit einer außergewöhnlichen Persönlichkeit einlassen und Toleranz gegenüber einer ihnen fremden Lebensweise und -auffassung (ein)üben,
- wichtige Stationen im Leben des Franziskus von Assisi im Verlauf der UE kennenlernen und selbst zu einem Lebenslauf zusammenstellen,
- Einblicke in die historischen, religiösen und kulturellen Hintergründe (Mönchtum und Rittertum) der Lebenszeit des Franziskus' gewinnen,
- den radikalen Wandel seines Lebensstiles in jungen Jahren (vom verschwenderischen reichen Kaufmannssohn zum freiwillig mittellosen Außenseiter) als Folge einer tiefen religiösen Erkenntnis mit dem Wunsch nach radikaler Nachfolge Christi deuten lernen,
- die wesentlichen Kernpunkte franziskanischen Lebens aus dem Glauben heraus erarbeiten: radikale Armut verbunden mit dem bedingungslosen Dienst am Nächsten („Gerechtigkeit"), „Frieden" als Folge konsequent christlicher Lebenshaltung – auch im interreligiösen Sinn – und "Bewahrung der Schöpfung" im gleichberechtigten Einklang von Mensch, Kreatur und Natur,
- im Kontrast zur Lebensführung des Franziskus die eigene oder vorherrschende Lebensgestaltung kritisch hinterfragen lernen,
- ansatzweise eine eigene Stellung in der Beurteilung der franziskanischen Lebens- und Glaubensprinzipien beziehen und zu einer Einschätzung der Bedeutung des „Heiligen Franziskus von Assisi" für die Gegenwart kommen.

3. Literatur zur Vorbereitung

- Dieterich, Veit-Jakobus: Franz von Assisi. Rowohlts Monographien, Rowohlt Taschenbuchverlag, Reinbek 1995.
- Feld, Helmut: Franziskus von Assisi und seine Bewegung. Wissenschaftliche Buchgesellschaft, Darmstadt 1994.
- Goez, Werner: Artikel Franciscus von Assisi, in: Theologische Realenzyklopädie (TRE) Bd.11. Walter de Gruyter Verlag, Berlin/New York 1983, S. 299–307.
- Green, Julien: Bruder Franz, Freiburg, Basel, Wien 1984.
- Grundmann, Herbert: Artikel Franziskus von Assisi, in: Die Religion in Geschichte und Ge-

genwart (RGG) Bd. 2. J.C.B. Mohr (Paul Siebeck) (UTB), Tübingen 1986[3], Sp. 1057f.
- Hardick, Lothar / Grau, Engelbert (Hg.): Die Schriften des heiligen Franziskus von Assisi, (Franzikanische Quellenschriften Bd.1). Dietrich-Coelde-Verlag, Werl 1987[5].
- Holl, Adolf: Der letzte Christ. Franz von Assisi. Ullstein Tb, Frankfurt M. /Berlin /Wien 1982.
- Manselli, Raoul: Franziskus. Der solidarische Bruder, Zürich/Einsiedeln/Köln 1984.
- Moeller, Bernd: Geschichte des Christentums in Grundzügen. Vandenhoeck & Ruprecht, Göttingen 1979[2], S. 161–199.
- Reblin, Klaus: Freund und Feind. Franziskus von Assisi im Spiegel der protestantischen Theologiegeschichte. Vandenhoeck & Ruprecht, Göttingen 1988.
- Religionsunterricht an höheren Schulen, Sonderheft zu Franz von Assisi, Heft 4/ 1981.

4. Unterrichtsideen / Verlaufsplanung

A. Erste Begegnungen

⇨ *Erstes Kennenlernen:* Gedicht von Ulrich Schaffer „Kurzbiographie“ (**M 1**): (Das Thema Franziskus von Assisi sollte noch nicht genannt sein!!) Vorlesen des Gedichtes durch die L.; anschließende „Spontanphase“ unter folgender Fragestellung: „Was für einen Menschen stellt ihr euch vor? Was würdet ihr denken, wenn euch dieser Mensch begegnete?“
Erarbeitung: Austeilen des Textes mit folgenden Arbeitsaufträgen:
1) Lies das Gedicht (mehrfach) gründlich durch.
2a) Unterstreiche Schlüsselbegriffe (Begriffe, die besonders wichtig / informativ sind).
b) Kennzeichne solche Stellen, die dir unklar sind.
3) Versuche, das Gedicht zu gliedern.

Auswertung und Erarbeitung (im Plenum); Mögliches Ergebnis (evtl. in vereinfachter Form als Tafelanschrieb geeignet):
Z.1–4: Informationen über die äußere Erscheinung und das Auftreten: Schlüsselbegriffe: „leichten schrittes“ → Unbeschwertheit; Vorsicht; Rücksichtnahme; (evtl. können zur Veranschaulichung verschiedene „Schrittweisen“ vorgemacht werden); „barfuß“ → Schutzlosigkeit; Armut; Respekt vor allem „Heiligen“;
Z.5–20: Innere Einstellung und Haltung: Schlüsselbegriffe: „heilig“: „gras“, „wind“, „sand“ → eher positive Naturerscheinungen; „blitz“ → auch zerstörerische Naturerscheinungen; „freude“ / „unglück“ → positive und negative Ereignisse; „lächeln des kindes“ → Ehrfurcht vor dem (auch schwachen) Leben; „der mann der für ihn starb“ → Jesus Christus, Glaube; „er selbst “ → Heiliger, der wie Jesus lebte; „heilig und wert“ → Anerkennung der Besonderheit jedes Dinges;
Z. 21–26: Meinung anderer über ihn / Wirkung auf andere: Schlüsselbegriffe: „viele geschichten“ →Bekanntheit bereits zu Lebzeiten; „meistens ein lächeln“ → fehlende Akzeptanz bei vielen; Unglaublichkeit; „barfuß bis zum letzten tag“ → Unabhängigkeit von der Meinung anderer, Aufrichtigkeit;
Weitere vertiefende Fragen: „Was erfahren wir tatsächlich über die Person?“ „Wird die Überschrift dem Gedicht gerecht?“ Weshalb wählte der Dichter die Kleinschreibung?“ „Welche Informationen fehlen?“ „Wie wirkt diese Person auf euch?“

⇨ *Sich-Annähern:* Verschiedene Wahrnehmungsübungen zum Stichwort „barfuß“.
Hier kann nach „Herzenslust“ experimentiert werden (je nach eigenen Vorlieben, Gruppenzusammensetzung und nach äußeren Möglichkeiten): Barfuß über verschiedene Bodenbelege gehen (Teppich, Fliesen, Beton, Gras, Sand, Steine, Wasser usw.); Eine Traumreise (Barfuß-Erlebnisse) erzählen und die Sch.

„nach-erleben" lassen; „Bar-Fußspuren" aus Papier im Klassenraum legen und nachgehen lassen; Auf vorgefertigten großen Arbeitsbogen (in der Mitte ein Fußabdruck oder die Aufschrift „barfuß") sollen in Gruppentischen Assoziationsketten gebildet werden).

⇨ *Visuelle Begegnung:* Wie sieht dieser Mensch aus?
Zwei verschiedene Bilder (**M 2**) werden zunächst arbeitsteilig erschlossen (das Arbeitsblatt wird in der Mitte zerschnitten, so daß je die Hälfte der Lerngruppe schriftlich eine Beschreibung („Gesucht wird ...") eines der beiden Bilder gibt, ohne das andere Porträt gesehen zu haben. Nach der Stillarbeitsphase werden jetzt die Beschreibungen vorgelesen (Proteste, Korrekturen aufgrund der unterschiedlichen Bilder werden sich sehr schnell ergeben). Durch Aufklappen des Arbeitsblattes kann das „Rätsel gelöst werden". An der Tafel können die Ergebnisse aus den Beschreibungen gesichert werden:

Fresko von Cimabue (um 1278) in der Unterkirche San Francesco zu Assisi	Fresco. Subiaco, Sacro Speco (älteste erhaltene Darstellung des Franziskus)
– längliche, keilförmige Kopfform	– längliche, keilförmige Kopfform
– große, leicht abstehende Ohren	– große, leicht abstehende Ohren
– lange, schmale Nase	– lange, schmale Nase
– ernster (trauriger) Blick	– linke Gesichtshäfte eher traurig, leidend; rechte eher fröhlich, tatkräftig
– Vollbart	– Vollbart
– fest geschlossener Mund	– fest geschlossener Mund
– Mönchsgewand;	– Mönchsgewand mit Kapuze
– Tonsur (Zeichen für Gehorsam und Dienst bei Mönchen)	– Gürtelstrick im Zeichen des „Tau"(griech. Buchstabe; letzter Buchstabe des hebräischen Alphabets; Franziskus benutzte das Tau häufig als Zeichen der Buße, des Segens (als „Schutzsiegel", Offb 7,3) und der Erwählung, (Ez 9); Wurde zum franziskanischen Kreuzzeichen als Zeichen des Segens, Friedens)
– (goldener) Heiligenschein (Zeichen für Ewigkeit)	– linke Hand „Friedensgruß": „Friede diesem Haus"
– Löcher auf dem Handrücken (Erinnerung an Wundmale Christi)	– barfuß (!)
– Buch fest in den Armen (Bibel?)	– Inschrift „Franziskus"
– (blauer) Hintergrund: Zeichen für göttlichen Urgrund	

Als weiterer Kontrapunkt kann die Beschreibung Franziskus' nach der Vita des Thomas von Celano (**M 3**) vorgelesen werden. Weiterführende Fragen dazu: „Wie lassen sich die Abweichungen in den Bildern erklären?"(evtl. L.-Information: es gibt kein authentisches Bild über das Aussehen des Franziskus). „Welches der Bilder entspricht am ehesten euren Erwartungen nach der im Gedicht beschriebenen Person?"

B. „Auf der Suche" – Wie aus einem ‚Möchtegernritter' ein Heiliger wird

⇨ „Gerichtstag in Assisi" (**M 4a**): Die Leseszene eignet sich hervorragend für eine Teil-Inszenierung. Die Leserollen werden an verschiedene Sch. vergeben und nur an sie der Text verteilt. Der Raum sollte nach Möglichkeit so umgestaltet werden, daß in der Mitte ein großer freier „Markt"-Platz entsteht. Über die Projektion der Folie (**M 4b**) auf eine freie Wand des Raumes könnte auch äußerlich der historische Situationsrahmen vergegenwärtigt werden. Vor diesem Hintergrund können evtl. drei Tische im Halbkreis aufgestellt werden, wobei der Bischof seinen Platz am mittleren, Pietro Bernardone, Franziskus´ Vater, und dessen Anwalt auf der einen, Franziskus / Giovanni Bernardone auf der anderen Seite einnehmen könnten. Ihnen gegenüber können Stühle in Reihen oder im Halbkreis aufgestellt werden, wo sich die „Bürger von Assisi", Franziskus' Jugendfreunde usw. setzen könnten. In der Zeit des Umbaus könnten die Sch., die einen Sprechpart übernommen haben, ihre Rolle mit Textmarkern markieren und still für sich lesen üben. Das eigentliche „Spiel" sollte von L. eingeleitet werden (z.B. „Wir befinden uns in Assisi und heute ist „Gerichtstag"). Es empfiehlt sich, die Sprechszene mit einem Kassettenrecorder aufzunehmen (macht die Ernsthaftigkeit deutlich und sorgt für allgemeine Ruhe). Im Anschluß an das Lesen mit verteilten Rollen folgt eine Spontanphase: „Um was geht es bei diesem Gerichtstag?" „Welche Person / Rolle war euch sympathisch / unsympathisch?" Evtl. nochmaliges Hören der Leseszene über den Kasettenrecorder. Weiterführende Fragen: „Worin besteht der Konflikt?" (Argumente der Anklage / Argumente Franziskus´). Vertiefung / Erarbeitung in arbeitsteiliger Stillarbeit bzw. als HA. (erst jetzt erhalten alle Sch. den Text): „Unterstreicht Textabschnitte, in denen Informationen über das Leben und die Lebenseinstellung von Vater bzw. Sohn gegeben werden". Sammeln und Auswertung der Ergebnisse / bzw. HA. an der Tafel (evtl. in der nächsten Stunde):

Vater Pietro di Bernardone	Sohn Francesko (Franziskus)
	Früher:
– reicher, erfolgreicher Tuchhändler – fleißig – angesehener, ehrlicher Bürger – fromm, gibt Almosen in der Kirche – will Franziskus als Geschäftsnachfolger erziehen	– verwöhnte Kindheit – führt wildes, verschwenderisches Leben – zieht mit Zechkumpanen durch die Stadt – singt Lieder für schöne Frauen („Playboy") – will Ritter werden, zieht in den Krieg, wird verletzt, zweifelt
	Jetzt:
– hält seinen Sohn nach dessen „Bekehrung" für verrückt und versucht, ihn zur Besinnung zu bringen – will ihn enterben, da Franziskus „unverbesserlich" ist	– göttliche Stimmen bewirken innere Wende – verschenkt sein Geld und Besitz an Arme – wendet sich Bedürftigen zu – nutzt väterl. Besitz für Aufbau der Kirche – löst familiäre Bindung auf, jetzt: „Vater, im Himmel" – will selbst als Bettler leben und Christus dienen – verzichtet auf sein Erbe

HA: „Schreibt aus der Sicht eines Zuhörers / einer Zuhörerin auf dem Gerichtstag an den Vater Pietro oder an Franziskus einen Brief, in dem ihr eure Meinung darlegt“. Auch als Stillarbeit in der Stunde möglich. Alternativ dazu als Gruppenarbeit: Denkt euch ein Rollenspiel aus, wie verschiedene Personen / Beteiligte nach dem Gerichtstag über das Erlebte reden / berichten (z.B. Gespräch zwischen Pietro Bernadone und seiner Frau; Rinaldo trifft sich am Abend mit seinen Freunden; Zwei Verehrerinnen Francescos unterhalten sich usw.).

⇨ „Zwei mögliche Wege“: „Ritterleben – Klosterleben“ zur Zeit des Franziskus
Anhand von Texten und Bildern (für das Rittertum vgl. **M 5a** und **b**, für das Mönchtum soll hier nur auf vorhandenes Material in den gängigen Religionsbüchern verwiesen werden) sollen sich die Sch. in Arbeitsgruppen über das Leben der Ritter (Beschreibung der Bilder aus der Manessischen Handschrift, Informations- und Quellentexte über Rittertum und Klosterleben) informieren und das Leben und die Lebensziele von Rittern und Mönchen herausarbeiten. Die Ergebnisse können an der Tafel bzw. auf einer Wandzeitung festgehalten werden. Ist eine Schülerbibliothek vorhanden oder kann umfangreicheres Informationsmaterial zur Verfügung gestellt werden, dann ist diese Sequenz auch sehr gut geeignet für Freiarbeit (vgl. Literatur / Medien unter 6).

C. „Der neue Weg“: Leben in der Nachfolge Christi

a. „Gerechtigkeit“

⇨ „Bedingungslose Annahme“: „Franziskus und der Aussätzige“ Holzschnitt von Paul Reding (**M 6**). Projektion des Holzschnittes bzw. Verteilen als Kopie. Gemeinsames Betrachten und Beschreiben des Bildes. (Im Vordergrund zwei Männer, wobei einer zusammengekauert auf dem Boden sitzt, schwach, hilflos und gebrechlich wirkt, dessen Gliedmaßen an Händen und Füßen verstümmelt sind und dessen ganzer Körper mit Aussatz bedeckt ist, der hilfesuchend seinen Blick auf den zweiten Mann richtet. Dieser zweite Mann (Franziskus) ist mit einem fließenden Gewand gekleidet, barfuß; er beugt sich zuwendend über den Kranken, nimmt ihn in seine Arme; seine Hände sind feingliedrig, zart und hell, wie auch Teile des Aussätzigen (die durch Zuwendung lindernde Kraft der Hände geht auf seinen Körper über); das Auge des Helfenden ist groß (es sieht das Elend), der Mund ist geöffnet (auch Worte sind Zuwendung); die beiden Männer bilden ein kreisförmiges In-/Miteinander, ihre Gesichter sind zu erkennen und klar dargestellt; die Männer im Hintergrund stehen starr und ohne Beziehung nebeneinander, sie haben keine erkennbaren Gesichtzüge („ihr Gesicht verloren“), sind selbst völlig schwarz, in weiter Entfernung zu den beiden Männern im Vordergrund, getrennt durch einen „Lichtbalken“). Vertiefung / Persönliche Aneignung in einer Stillarbeit: „Suche dir eine Person auf dem Bild aus, und formuliere deren Gedanken in Ich-Form.“ Vorlesen und Austausch. Vertiefung / Konkretisierung: „Warum wendet sich Franziskus dem Aussätzigen zu, obwohl er wußte, welcher Gefahr er sich selbst damit aussetzte?“ Evtl. Vorlesen des Zitates aus seinem Testament:
„Der Herr verlieh mir, Bruder Franz, den Anfang des neuen Weges auf folgende Weise: Als ich noch in Sünden lebte, kam es mir sehr bitter an, Aussätzige zu sehen. Aber der Herr selbst führte mich unter sie, und ich erwies ihnen Barmherzigkeit. Als ich von ihnen ging, ward mir dasjenige, was mir vorher bitter vorgekommen war, in Süßigkeit für den Geschmack des Leibes und der Seele verwandelt. Nachher zögerte ich noch ein wenig, dann verließ ich die Welt.“
Deutlich werden sollten im UG folgende Inhalte: Nachfolge, Selbstverzicht, Leidensbereitschaft, Zusammenhang von Glaube und Handeln, aber auch Verständnis für die nicht helfenden „Menschen im Hintergrund“. Evtl. Aktualisierung: „Wem würde sich Franziskus heute zuwenden?“

⇨ „Armut“ – „Gewinn durch Verzicht“: Vergleich der beiden Gedichte von Wilhelm

Willms (**M 7**). Zunächst Lesen des Gedichtes über Jesus und den Reichen (kann auch mit verteilten Rollen vorgelesen werden (Sprecher, Jesus, junger Mann). Im Anschluß daran das Gedicht über Franziskus. Vergleich der Gedichte (Franziskus tut das, was Jesus von dem jungen Mann als letzte Konsequenz verlangt, er erfüllt den „Anspruch“ Jesu. Damit wird zugleich der im ersten Gedicht verheißene „Zuspruch“ wahr für ihn und durch ihn für seine Mitmenschen). Vertiefung und Problematisierung: Evtl. mit dem Zitat des Franziskanerdichters Fra Jacopone da Todi (13. Jh.): „Armut ist nichts haben und somit nichts wollen und alles besitzen im Geist der Freiheit.“ Weiterführende Fragen: „Inwiefern kann Armut Reichtum bedeuten („dann wirst du einen neuen Schatz gewinnen“)?“ „Wie hat Franziskus diesen Weg verwirklicht?“ (Rückblicke auf das Einstiegsgedicht „barfuß“ und auf die Gerichtsszene). HA: „Schreibt ein fiktives Gespräch zwischen Franziskus´ alten Zechkumpanen auf: Was denken sie über Franziskus' neue Lebensweise?“

b. „Frieden“

⇨ „Unter den Menschen“: „Begegnung mit dem Sultan“: Vorlesen: Auszug aus dem Jugendbuch „Feuer von Assisi“ (**M 8**).
Auswertende Fragen: „Mit welcher Absicht sucht Franziskus das Gespräch mit dem Sultan? Hat er Erfolg? Was unterscheidet ihn von den Kreuzfahrern?

⇨ „Unter Mensch und Tier“: „Der Wolf von Gubbio“: Verteilen des Textblattes (**M 9a**). Betrachten der Bilder und kurze Beschreibung (Aufbau einer Erwartungshaltung vor dem Lesen). Lesen der Legende. Spontane Reaktionen; weiterführende Fragen: „Welche Haltung hat Franziskus gegenüber dem Wolf / den Tieren?“ Problematisierung: Textcharakter: Legende. Mögliche Umsetzung: „Schreibt die Legende um, indem ihr dieses Ereignis aus der Sicht eines Reporters einer Zeitung berichtet (über mehrere Tage), oder spielt eine Szene, in der ein Reporter die Bürger von Gubbio zu den ‚sagenhaften' Vorfällen interviewt.“ Alternativ zu dieser eigenen kreativen Umsetzung könnte auch ein Vorlesen der Predigt an Hund und Katze aus Luise Rinsers Buch „Bruder Feuer“ S.39/40 erfolgen.
Alternative zur Legende „Der Wolf von Gubbio“: Betrachten und Beschreiben des Fresco Maestro di San Francesco „Franziskus predigt den Vögeln“ und Vorlesen der Vogelpredigt. Aktueller Bezug: Zeitungsausschnitt (**M 9b**). Gespräch über die Beziehung zu eigenen Tieren.

c. „Bewahrung der Schöpfung“

⇨ „Der Sonnengesang des Franziskus“: Einstieg: Betrachtung des Bildes von R.P. Litzenburger *(im Folienband zu diesem Band)*. Beschreibung (kniende Person mit erhobenem Kopf, Arme ausgebreitet, als wollten sie die Sonne umarmen, glutrote Sonne, Rot geht in die Person über; „Gebet an die Sonne“). „Stellt euch vor, diese Person sei Franziskus: Was könnte er in dieser Situation denken?“ Verteilen des Textes (**M 10**); abschnittweises Lesen, wobei jeweils ein Sch. eine Strophe vorliest. Erarbeitung: 1) „Unterstreiche, wen Franz als Bruder / Schwester anredet.“ 2) „Welche Strophe könntest du am ehesten / am wenigsten nachsprechen?“. Problematisierung der 9. Strophe „Bruder Tod“. Betrachten des Bildes auf dem Textblatt. L.-Information: „Franziskus dichtete diese Strophe erst nachträglich zu diesem Lied kurz vor seinem Tod.“ „Wie sieht Franziskus für sich den Tod?“ „Worauf gründet sich seine Vorstellung?“ Abschluß / Ausklang: Singen des Liedes „Laudato si“ (Neues Gesangbuch Nr. 515 / Kursbuch 7/8 S. 26).
Mögliche Weiterführungen: Ausgestaltung des Sonnengesangs in einer Collage / in einer textlichen Ausgestaltung einer Strophe oder pantomimischen Darstellung. Eigenes Loblied auf die Schöpfung „dichten“.
Alternative: Dia-Meditation (vgl. unter 6).

⇨ Rückblick und Zusammenfassung: Das Leben des Franziskus
Die Sch. sollen zunächst aus dem Verlauf der UE heraus selbst wichtige Stationen im Leben des Franziskus nennen und als Stichworte auf

Folienschnipsel schreiben. Vorlesen des Textes von D. Steinwede (**M 11**). Einbau der neuen Informationen; Erstellen eines Lebenslaufes, (**M 12** mit Karten als geographische Übersichtshilfe; Jahreszahlen werden von L. diktiert, vgl. **M 16**) evtl. als Wandplakat. Singen des Liedes „Herr, komm schnell" (**M 13**).

D. Franziskus heute

⇨ *Kritische Reflexion:* „Heiliger Franziskus" Gedicht von D. Sölle (**M 14**) (aus didaktischen Gründen um den stark an den zeitgeschichtlichen politischen Kontext gebundenen Anfang gekürzt und ohne den Titel: „Die zweifel des lehrers" abgedruckt). Das Gedicht sollte von drei Sch. vorgelesen werden, wobei der /die erste Sch. die Strophen 1 und 5, ein(e) weitere(r) Sch. die Strophen 2 und 4 und ein(e) dritte(r) Sch. die Strophe 3 lesen. Spontane Äußerungen nach dem Vorlesen mit „verteilten Rollen": Welche Stimmung(en) löst das Gedicht bei euch aus? (Farben, Töne ...); Erarbeitung des Aufbaus, der Struktur (Warum wurden die Strophen so verteilt vorgelesen?, Wiederholung „Heiliger Franziskus bitt für uns ...": evtl. L.-Information: Anklang an das Ave Maria: „Heilige Maria, Mutter Gottes, bitte für uns ..."); Äußere Gestaltung (Kleinschreibung, Satzzeichen fehlen); Auftrag zur inhaltlichen Annäherung/Vertiefung: „Setzt bitte die fehlenden Satzzeichen!" „Gebt dem Gedicht eine passende Überschrift!"; Welche Bezüge zum Leben des Franziskus gibt es? Welche Bedeutung hat Franziskus für die Dichterin? Wie beurteilt ihr selbst nach dieser Unterrichtseinheit Franziskus? Mögliche Fortführung: Eigene Antwort auf das Gedicht schreiben.

⇨ *Persönliche Auseinandersetzung:* Interviews mit verschiedenen Personen erstellen (nach der Idee des Buches von Luise Rinser). Meinungen über Franz aus der Sicht von Obdachlosen, Aidskranken, Jugendlichen, erfolgreichen Managern, Umweltschützern, Mitgliedern der Friedensbewegung usw.

⇨ *„Begegnung":* Gespräch mit Franziskanern / Klarissen; Besuch eines Franziskanerklosters in der Nähe; Suche nach franziskanischen Spuren (z.B. „Barfüßerstraße" o.ä.) in der eigenen / nächsten Stadt.

⇨ *Lernerfolgskontrolle:* Stationen Franziskus´ Leben in Bildern sortieren und dazu biographisch einordnen (**M 15**). Bei der Rückgabe und Besprechung der Arbeit sollten die Bilder als Farbfolie (vgl. Folienband) über Overheadprojektor gezeigt, ausführlich beschrieben und besprochen werden. Auf diese Weise wird eine bloße „Funktionalisierung" der künstlerisch wertvollen Bilder verhindert und zugleich ein schöner Abschluß der Einheit ermöglicht.
Zusammenstellen der im Verlauf der UE verwendeten und selbst erstellten Texte, Bilder, Collagen zu einer „Franziskus-Ausstellung". Wie müßte / könnte eine Schulordnung einer Franziskaner-Schule aussehen? (Ein Beispiel ist dem Buch „barfuß" zu entnehmen).

5. Das Thema in Schulbüchern und Unterrichtsmaterialien

- Halbfas, Hubertus: Religionsbuch für das 5./ 6. Schuljahr. Patmos Verlag, Düsseldorf 1989, S. 135f.
- Ders.: Religionsbuch für das 7./8. Schuljahr. Patmos Verlag, Düsseldorf 1996[5], S. 129–135.
- Fabricius, Volker / Heller, Hans (Hg.): Das Leben suchen 7/8 (RS/Gy). Diesterweg, Frankfurt/M. o.J., S. 119ff.
- LebensZeichen. Bd. 2 (7./8. Schuljahr), Unterrichtseinheit: „Armut gegen Macht – Gerechtigkeit für Armut". Vandenhoeck & Ruprecht, Göttingen 1992, S. 145–147.
- Das Neue Kursbuch Religion 7/8. Arbeits-

buch für den Religionsunterricht im 7./8. Schuljahr, Unterrichtseinheit : „Einfach leben: Franz von Assisi“. Calwer / Diesterweg Verlag, Stuttgart / Frankfurt/M. 1986, S. 13–26.
- Schmidt, Heinz / Thierfelder, Jörg: 27 Unterrichtseinheiten für den Religionsunterricht im 7./8. Schuljahr. Calwer, Stuttgart 1978.
- Zweitausend Jahre Christentum. Bd.1: Von der verfolgten Kirche bis zur Reformation. Kapitel 10: „Stadtentwicklung und Armutsideal“. Vandenhoeck & Ruprecht, Göttingen 1984, S. 144–165.

6. Materialien und Medien

- Barfuß. Franziskus von Assisi Lesebuch. Zusammengestellt und herausgegeben von der Arbeitsgruppe INFAG-pädagogisch, Dietrich-Coelde-Verlag (Postfach 2060, 59441 Werl, Tel. 02922 / 4011 oder 4012), Werl 1994[3]. (Eine hervorragende Zusammenstellung und eine wahre Fundgrube für interessante Materialien!)
- Bollinger, Max: Franz von Assisi. Herder, Freiburg 1996.
- Brochard, Philipp: So lebten sie in den Burgen des Mittelalters. Tessloff, Nürnberg 1987.
- Franz von Assisi. Die Demut Gottes. Meditationen, Lieder, Gebete. Ausgewählt, übersetzt, kommentiert und eingeleitet von Anton Totzetter und Elisabeth Hug. Benzinger Verlag, Zürich, Einsiedeln, Köln 1978[2].
- Franziskus von Assisi. Dem Ganzen hingegeben. Hg. von Editions du Signe, 1994. Zu beziehen über das Provinzialat der thüringischen Franziskanerprovinz, Am Frauenberg 1, 36039 Fulda (Tel. 0661/ 10950).
- Lang, Justin: Franziskus von Assisi. (Comic). Hg. von Editions du Signe, 1991. Bezug über das Provinzialat der thüringischen Franziskanerprovinz (s.o.).
- Miquel, Pierre: So lebten sie zur Zeit der Ritter. Tessloff, Nürnberg 1993.
- O'Dell, Scott: Das Feuer von Assisi (Jugendbuch). dtv, München 1993[4].
- Rinser, Luise: Bruder Franz (Jugendbuch). Fischer Tb-Verlag, Frankfurt/M. 1982.
- Tarnowski, Wolfgang: Ritter. Was ist was, Bd. 88. Tessloff, Nürnberg 1990.
- Dia-Reihen: 1) Klosterleben im Mittelalter (12 Dias) FWU 1984, 2) Das Kloster (15 Dias) FWU 1956, 3) Der Sonnengesang, FWU 1992.
- Filme /Videos: 1) Francesco Bernardone. Dokumentar- und Kurzspielfilm von Alfred Victor Jungraithmayr, Deutschland 1976 (30 min). 2) Mönche und Klöster: II. Leben im mittelalterlichen Kloster. Dokumentarfilm von U. Meyer-Burow / G. Plaetschke, Deutschland 1992 (16 min). (Über Bildstellen bzw. Medienzentralen anfordern)

M 1

kurzbiographie

wo er auch auftrat
ein mann des leichten schrittes
verbrannte er sich die füsse
denn er ging immer barfuss

längst
hatte er seine schuhe ausgezogen
weil alles für ihn heilig war:
das gras im wind
der sand zwischen den zehen
der blitz
die freude die verborgen blieb
das unglück zur rechten zeit
heilig das lächeln des kindes
heilig der mann der für ihn starb
heilig er selbst
im leben für diesen mann

heilig und wert
nichts mit nichts zu vergleichen
sondern die vollkommenheit des werden
in allem zu sehen

schon vor seinem tod
waren viele geschichten über ihn im umlauf
die bei erzählern und hörern
meistens ein lächeln hervorriefen

er aber ging barfuß
bis zum letzten tag

M 2a

Archiv Gerstenberg, Wietze.

M 2b

Aus: barfuß. Franziskus von Assisi. Lesebuch, Dietrich-Coelde-Verlag, Werl 1994[3], S. 175.

M 3

Franziskus war ein redegewandter Mann mit fröhlichem Gesicht und gütigen Gesichtszügen, frei von Feigheit, ohne jede Überheblichkeit. Von mittlerer Größe, eher klein als groß, hatte er einen mittelgroßen runden Kopf, ein etwas längliches und gedehntes Gesicht, eine ebene und niedrige Stirn, nicht sonderlich große, dunkle, unverdorbene Augen, dunkles Haar, gerade Augenbrauen, eine gleichmäßige, feine gerade Nase, aufwärts gerichtete, aber kleine Ohren, flache Schläfen, eine gewinnende, feurige und scharfe Sprache, dichte, gleichmäßige und weiße Zähne, schmale und zarte Lippen, einen dunklen, nicht vollen Bart, einen schlanken Hals, gerade Schultern, kurze Arme, zarte Hände, lange Finger, etwas vorstehende Nägel, dünne Beine, sehr kleine Füße, eine zarte Haut, war sehr mager, trug ein rauhes Gewand, gönnte sich nur sehr kurzen Schlaf, besaß eine überaus freigebige Hand.

Thomas von Celano, Erste Lebensbeschreibung, S. 83.

M 6

Paul Reding, Franziskus und der Aussätzige, © VG Bild-Kunst, Bonn 1996.

Gerichtstag in Assisi

M 4a

Personen:
Bischof Guido II. von Assisi
Pietro di Bernardone, Vater des Francesco
Francesco (Franziskus)
Simonetta, die Magd der Bernardones
Rinaldo, ein alter Zechkumpan Francescos
Zwei junge Frauen und ein alter Mann aus Assisi unter den Zuschauern
Sprecher

Sprecher: Wir befinden uns im Jahr 1206 n. Chr.. Es ist Spätsommer und entsprechend angenehm warm. Hier auf dem Marktplatz von Assisi haben sich heute ungewöhnlich viele Menschen eingefunden, denn gleich soll ein Gerichtstag unter Vorsitz des Bischofs Guido II. abgehalten werden. Ein ungewöhnlicher Fall soll verhandelt werden, der die Bürger natürlich neugierig macht.

Bischof Guido: Bürger von Assisi, Gläubige vor dem Herrn. Gott möge uns allen beistehen, auch in diesem nicht alltäglichen Prozeß ein gerechtes Urteil zu finden. Pietro di Bernardone, ihr führt hier vor den Bürgern und vor Gott die Klage gegen euren eigenen Sohn, der Francesco genannt wird und mir wohl bekannt ist. Was ist der Grund für eure Klage?

Pietro di Bernardone: Hochverehrter Herr Bischof, ihr müßt mir glauben, daß mir die Entscheidung nicht leicht gefallen ist, hier vor euch mein Anliegen vorzubringen. In aller Bescheidenheit kann ich von mir behaupten, ein angesehener und nicht nur wegen meines beträchtlichen Vermögens von allen geschätzter Bürger Assisis zu sein. Alle wissen, wie sehr ich mich über die Geburt meines Sohnes vor fünfundzwanzig Jahren gefreut habe. Ich kam gerade von einer längeren Geschäftsreise aus Frankreich zurück, und wohl auch deshalb haben wir unseren Sohn immer liebevoll „Francesco" genannt. Alles tat ich, um ihm ein sorgenfreies und unbeschwertes Leben zu bereiten. Er erhielt eine gute Ausbildung, lernte Latein, wenn auch nur mit mäßigem Erfolg, zur Freude seiner Mutter auch recht gut Französisch, aber auch Rechnen und Buchhaltung, kurz: alles, was er brauchte, um später meinen gutgehenden Tuchhandel übernehmen zu können.

Bischof: Pietro di Bernardone, ich bitte euch, die Anklagepunkte zu nennen.

Pietro di Bernardone: Verzeiht, meine Gefühle für meinen Sohn sind noch immer nicht ganz erloschen. Behütet wuchs er heran, alle Wünsche haben wir ihm erfüllt. Als junger Mann durfte er mit seinen Kumpanen auch in ausgelassenen Festen sein Leben genießen. Wir sahen es ihm großzügig nach, daß er im jugendlichen Überschwang auch etwas zu verschwenderisch und leichtfertig mit dem Geld umging, um seine Freunde auf Feiern auszuhalten. Arbeitete er doch tagsüber hart und durchaus erfolgreich in meinem Geschäft mit. Deswegen war ich auch zuerst dagegen, als er mit in den Krieg gegen Perugia zog, um dort vielleicht die Ritterwürde zu erlangen. Schließlich gab ich nach, irgendwie war ich sogar stolz auf ihn. Verwundet geriet er in Perugia in Gefangenschaft. Wir machten uns große Sorgen um ihn. Doch obwohl er auch noch zu Hause lange sehr krank war, wollte er bald darauf mit anderen Adligen nach Apulien in den Krieg ziehen, um dort endlich sein Ziel, Ritter zu werden, zu erreichen. Francesco kehrte jedoch schon nach kurzer Zeit zurück – er sagte mir nie den Grund. Irgendwie war er jedoch verändert.

Rinaldo: Das stimmt. Auch wir waren überrascht, unseren Freund so schnell wiederzusehen. Doch uns war es sehr recht. Francesco war in unserem Kreis sehr beliebt, weil er sehr spendabel und äußerst witzig war. Immer war er zu neuen Unternehmungen bereit, zog als unser „Anführer" mit uns nachts laut musizierend und singend durch die Gassen Assisis. Zugegeben, manche von uns haben ihn auch ausgenutzt, lächelten über seinen Tick, immer besonders auffällig und modern gekleidet zu sein, aber das spielte keine große Rolle.

Eine junge Frau halblaut zu ihrer Freundin: Wie oft hat er unter meinem Fenster die schönsten Lieder nur für mich gesungen. Wie ich ihn bewunderte in seiner Kleidung, sein gutes Aussehen, seine zarte Stimme..

Bischof: Bürger von Assisi, ich bitte um Ruhe in diesem wichtigen Fall. Fahrt fort, Rinaldo.

Rinaldo: Natürlich fragten wir ihn, warum er zurückgekehrt sei. Er erzählte uns etwas von einer Vision oder so etwas Ähnlichem. Er habe in Spoleto auf dem Weg nach Apulien eine Stimme gehört: „Wer kann mehr für dich tun, der Herr oder der Knecht? Warum läßt du den Herrn um des Knechts willen zurück?" Daraufhin sei er umgekehrt. Uns erschien das zwar alles etwas merkwürdig, aber zunächst schenkten wir dem keine große Bedeutung. Eines Nachts jedoch auf einer unserer Nachttouren durch die Stadt stand er plötzlich regungslos und wie abwesend unter uns. Erst reagierte er gar nicht auf unsere Fragen, was mit ihm los sei. Ich scherzte noch und spottete: Na, Francesco, du denkst wohl an deine neue Auserwählte. Darauf brach er sein Schweigen und merkwürdig regungslos sagte er:"Ihr habt recht, denn ich habe daran gedacht, eine vornehmere, reichere und schönere Braut zu nehmen, als ihr je gesehen habt." Alle brachen natürlich in spöttisches Gelächter aus. Danach haben wir ihn jedoch nicht mehr unter uns gesehen. Er treibt sich jetzt in zerlumpten Kleidern bei den Armen und Bettlern herum, schenkt denen sein Geld und bettelt jetzt sogar selbst. Wie abstoßend!

Francesco: Es ist richtig, was Rinaldo, mein alter Freund, erzählt. Tatsächlich wurde mir in dieser Nacht etwas klar, als ich plötzlich von einem übergroßen Glücksgefühl erfüllt wurde und wie betäubt war. Meine Braut soll die wahre Religion, die Armut, sein. Ich spürte schon lange die Zeichen Gottes, aber mehr als zwei Jahre brauchte ich, bis mir völlig klar wurde, was ich wirklich tun sollte. Letzte Gewißheit bekam ich, als ich mich in die kleine, am Berghang unterhalb Assisis gelegene, halb zerfallene Kirche San Damiano begab. Als ich vor dem Bild des Gekreuzigten betete, hörte ich wieder eine göttliche Stimme zu mir sprechen: „Francesco, geh und baue mein Haus wieder auf, das, wie du siehst, ganz und gar in Verfall gerät." Sofort habe ich mein gesamtes Geld, das ich bei mir hatte, dem Priester gegeben, damit wenigstens immer eine Öllampe vor dem Gekreuzigten brennen konnte.

Pietro di Bernardone: Wenn es nur das gewesen wäre, kein Problem. Ich selbst bin doch auch gottesfürchtig, gebe gern Almosen an Arme und spende der Kirche. Zunächst dachte ich, daß es nur eine vorübergehende Marotte sei. Ich ließ ihn sogar eine Pilgerfahrt nach Rom machen, wo er als Bettler herumgelaufen sein soll, wie mir berichtet wurde.

Bischof: Nun, das alles ist rechtlich nicht verwerflich. Pietro di Bernardone, den Grund für die Klage. Kommt zur Sache.

Pietro di Bernardone: Entschuldigt, euer Hochwürden. Kurz nach dieser „Vision", wie Francesco seine Spinnerei nannte, belud er sein Pferd mit kostbaren Stoffen, um nach Foligno auf den Markt zu reiten. Tatsächlich machte er dort ein gutes Geschäft. Er verkaufte alle Waren und dazu noch sein Pferd. Das Geld aber brachte er dann dem armen Priester von San Damiano. Der – ein anständiger Kerl, Gott sei´s gedankt – nahm das Geld nicht an. Was machte aber Francesco? Er legte das Geld, ein kleines Vermögen, in die Fensternische und blieb bei dem Priester, ohne sich zu Hause zu melden. Wir machten uns natürlich Sorgen, suchten den Jungen. Endlich hörten wir von seinem Verbleiben in San Damiano. Also machten wir uns auf, ihn zu holen. Als wir dort ankamen, war er verschwunden. Vier Wochen hörten wir nichts von ihm. Wir rechneten schon mit dem Schlimmsten. So, jetzt, erzähl´ du weiter, Simonetta, die du das Vertrauen und die Güte deines Herrn mißbraucht hast.

Simonetta: Ich kenne Francesco seit seiner Geburt, habe immer für ihn gesorgt. Er sprach mich auf einem abgelegenen Weg an, sagte, er könne nicht nach Hause gehen, er müsse sich vor seinem Vater verstecken. Was sollte ich tun? Ich brachte ihm täglich das Nötigste in sein Versteck, redete auf ihn ein, zurückzukehren, schilderte ihm die Sorgen seiner Eltern. Tatsächlich ging er nach Wochen zurück, in völlig zerlumpter Kleidung, ungepflegt. Ganz Assisi hat über ihn gelacht, als sie ihn so in den Straßen sahen. Einige bewarfen ihn sogar mit Steinen und Dreck. Doch er ließ alles schweigsam über sich ergehen und dankte sogar noch Gott für die Schmach!

Pietro di Bernardone: Sowie ich davon hörte, habe ich ihn mir geschnappt und mit Gewalt nach Hause geschleppt. Ich sperrte ihn ein, versuchte zunächst, in Ruhe mit ihm zu reden, dann mit Prügeln, ihn von dem eingeschlagenen Weg abzubringen. Als ich wegen einer dringenden Angelegenheit verreisen mußte, versuchte meine Frau, Francesco umzustimmen. Weichherzig, wie sie ist, ließ sie ihn jedoch frei. Jetzt wurde mir klar, daß Francesco endgültig nicht mehr zu retten war! Deshalb wandte ich mich an euch, hochehrwürdiger Bischof. Francesco hat nicht nur Geld unterschlagen, sondern auch seine Eltern schamlos zum Gespött ganz Assisis gemacht. Mit seinem Verhalten mißachtet er, der ganz von Gott erfüllt sein will, das göttliche Gebot: „Du sollst deinen Vater und deine Mutter ehren". Dazu muß ich befürchten, daß er uns um unser gesamtes Vermögen bringt, wenn ich nicht mehr lebe. Deshalb mußte ich schon allein aus Pflicht gegenüber meinem zweiten Sohn, Angelo, gegen Francesco klagen.

Bischof: Francesco, was sagt ihr zu den Vorwürfen eures Vaters und den Aussagen der Zeugen?

Francesco: Alles hat sich so zugetragen, wie sie es sagen. Lange war ich auf der Suche. Ich probierte vieles aus, lebte in Saus und Braus. Erst durch die Stimmen begann ich mein Leben zu ändern, oder besser gesagt, wirklich zu leben. Es war nie meine Absicht, meine Eltern zu verletzen, aber ich fühle mich allein Gott verpflichtet. Das Geld liegt immer noch in der Fensternische von San Damiano. Doch jetzt hört alle her und begreift! Bis jetzt habe ich Pietro di Bernardone meinen Vater genannt. Doch weil ich mir vorgenommen habe, Gott zu dienen, gebe ich ihm das Geld zurück, dessentwegen er sich aufgeregt hat, und alle Kleider, die ich aus seinem Besitz hatte, und ich will von jetzt an sagen: Vater unser, der du bist im Himmel, nicht: Vater Pietro di Bernardone.

Zwei Frauen (kreischend): Seht! Er zieht sich vor allen Leuten aus! Jetzt ist er völlig verrückt.

Rinaldo: Er war schon immer anders als wir, aber das hätte ich nicht von ihm erwartet!

Ein alter Mann: Der arme Vater! Was für eine Schande! Doch was macht denn der ehrwürdige Bischof jetzt? Er nimmt diesen Irren in seine Arme und hüllt ihn in seinen Mantel! Was für ein Urteil!

Sprecher: Unter der allgemeinen Unruhe bei den Zuschauern führt der Bischof Francesco, in seinen Mantel gehüllt, vom Platz.

M 4b

Toni Schneiders, Lindau.

M 5a

Die Ritter

Die Blütezeit des Rittertums fiel in die Zeit zwischen 1180 und 1250 (Zeit der Kreuzzüge). In dieser Zeit genossen die Ritter eine nahezu uneingeschränkt hohe Achtung, denn sie hatten die Aufgabe, die weltliche Ordnung zu schützen.

Um ein Ritter werden zu können, mußte man eine sehr gründliche und langjährige Ausbildung und Erziehung durchlaufen. Oft begann sie bereits im Alter von sieben Jahren mit der Ausbildung zum *Pagen*. Unter Anleitung des Vaters oder eines anderen männlichen Erziehers lernte der Page erste ritterliche Grundfertigkeiten (Reiten, Schwimmen, Bogenschießen). Als Vierzehnjähriger mußte der Page das Elternhaus verlassen, um als *Knappe* bei einem anderen Ritter ausgebildet zu werden. Neben den verschiedenen Kampftechniken (Treffsicherheit beim Anrennen mit der Lanze, Kampf mit dem Schwert, der Streitaxt) standen jedoch auch die Einweisung in die sogenannten *ritterlichen Tugenden* auf dem Lernprogramm, die das eigentliche Ideal und Ziel des Rittertums dieser Zeit darstellten. Zu diesen Tugenden gehörten die Treue, der Gehorsam und der Respekt gegenüber dem Lehnsherrn, die Tapferkeit im Krieg oder auf den Turnieren, die Achtung des christlichen Glaubens und der Lehren der Kirche, der Schutz christlicher Heiligtümer, Priester, Mönche, Nonnen, aber auch der Wehrlosen und Schwachen sowie die Freigebigkeit und der Beistand für Arme und Kranke. Zu den ritterlichen Idealen gehörten aber auch höfliches, wohlerzogenes Benehmen, ein ehrerbietiges Verhalten gegenüber Frauen und das Werben um ihre Gunst (sogenannter *Minnedienst*). Beherrschte ein Knappe nach einer meist langjährigen Ausbildungszeit alle Kampftechniken und erwies er sich in seinem Verhalten als würdig, konnte er durch den feierlichen Akt der *Schwertleite* zum Ritter ernannt werden. Die Schwertleite, in der dem Knappen die ritterlichen Waffen überreicht wurden, konnte auf dem Schlachtfeld oder in einer umfangreichen religiösen Zeremonie in der Kirche erfolgen, wo der Priester zum Abschluß dem Schwert und dem Ritter den kirchlichen Segen erteilte. Die Ernennung zum Ritter konnte auch durch den sogenannten Ritterschlag vollzogen werden (dem knienden Knappen wurde dabei entweder mit der Handkante auf den Nacken oder mit dem Schwert auf die linke Schulter geschlagen).

Im Frieden verbrachten die Ritter ihre Zeit mit Jagen, Reiten, ritterlichen Kampfübungen, Feiern von Festen auf Burgen und Schlössern und nicht zuletzt auch mit dem Dichten und Singen kunstvoller Minnelieder für die Angebetete. Ihre Kampfeskraft erprobten sie auf großen Turnieren. Dort konnten die Ritter und Knappen vor begeistertem (auch weiblichem) Publikum ihre Geschicklichkeit und ihren Mut unter Beweis stellen. Gekämpft wurde in einem Massenkampf zwischen zwei gleichgroßen und gleichstarken Gruppen in einem abgesteckten „Schlachtfeld". In diesem sogenannten *Buhurt* wurde erbittert um Ehre und Ruhm gestritten. Obwohl nur stumpfe Waffen zugelassen waren, gab es häufig Verletzte und auch Tote. Eine weitere, ganz andere Form des Turnierkampfes war der *Tjost*. Im Zweikampf wurde mit der stumpfen Lanze erst zu Pferde, dann auch zu Fuß mit dem Schwert gekämpft. In der Spätzeit des Rittertums war das „welsche Gestech" eine sehr beliebte Turnierart. Die Teilnehmer galoppierten zu beiden Seiten eines Holzzaunes aufeinander zu mit dem Ziel, den Gegner mit der Lanze aus dem Sattel zu stoßen.

Noch größeren Ruhm und größere Ehre als durch Turniererfolge konnte sich der Ritter jedoch mit der Teilnahme und dem Einsatz seines Lebens im kriegerischen Gefecht besonders auf den Kreuzzügen erwerben. Als „Streiter Christi" genossen die Kreuzritter höchste Anerkennung.

Zusammenfassung auf der Grundlage der Sachinformationen aus: Wolfgang Tarnowski, Ritter. Was ist was. Bd. 88, Tessloff Verlag, Nürnberg 1990.

M 5b

Arbeitsblatt zum Informationstext „Die Ritter“

1. Bitte erläutere folgende Begriffe aus dem Text mit eigenen Worten:

Page:

Knappe:

Ritterliche Tugenden:

Minnedienst:

Schwertleite:

Buhurt:

Tjost:

---

2. Beschreibe bitte stichwortartig die beiden zeitgenössischen Darstellungen aus der „Manessischen Liederhandschrift“ unter Berücksichtigung des Informationstextes. (Achte genau auf die Situation, die Personen, die Kleidung, die Waffen und weitere Details.)

Codex Manesse, Universitätsbibliothek Heidelberg.

M 7

als jesus durch das land zog
kam ein junger mann zu ihm
fiel vor ihm
auf die knie
und sagte

sie
sagen sie guter mann
was muß ich tun
um das leben zu gewinnen
das ewige

jesus antwortete ihm
junger mann
nenn mich nicht gut
keiner ist gut
als nur gott
all unsere quellen
entspringen in ihm
die gebote kennst du?

ja
sagte der junge mann

du sollst nicht töten
nicht ehebrechen
nicht stehlen
nicht lügen
nicht betrügen
den nachbarn
den kollegen
nicht verleumden
du sollst vater und mutter
in ehren halten

das alles habe ich gehalten
von meiner kindheit an

da schaute jesus
ihn liebevoll an
den jungen mann
und sagte

eins fehlt dir noch
geh
verkaufe alles was du hast
und verteile es an die armen
dann wirst du einen neuen schatz
gewinnen

im himmel
dann komm zurück
und folge mir

franz von assisi
ein junger mann
ein reicher junger mann
ein sehr reicher junger mann
ein einziger sohn
eines textilunternehmens
ein playboy
in assisi
ein troubadour

er erkrankt
vielleicht am reichtum
wer weiß
er lebt in einer reichen zeit

er erkrankt
so gewinnt er zeit
er hat zeit
er denkt nach
er ent-deckt –
wie columbus amerika –
er ent-deckt
das neue testament
das evangelium
von jesus von nazaret

franz probiert
das evangelium
er probiert
das evangelium wie einen rock
ob es paßt
ob es ihm paßt
er probiert aus
ob es stimmt
ob es trägt
das evangelium

er probiert ob es wahr ist
er ahnt
daß es für ihn wahr sein könnte
er macht es wahr
er macht die nackte wahrheit wahr
er macht die wahr-sage
des evangeliums
wahr

Texte aus: Wilhelm Willms, Franz von Assisi, © Verlag Butzon & Bercker, Kevelaer; Abb. aus: Franziskus von Assisi – dem Ganzen hingegeben, Provinzialat der Thüringischen Franziskanerprovinz, Fulda.

Das Feuer von Assisi

M 8

Ricca di Montanaro, verwöhnte Kaufmannstochter aus Assisi, ist unsterblich in den reichen Francesco Bernardone verliebt. Mit den Waffen einer Frau versucht sie, den umschwärmten Mann für sich zu gewinnen. Plötzlich – unfaßbar für Ricca – wandelt sich Francesco vom Lebemann zum asketischen Mönch. Doch Ricca, inzwischen zur Kopistin und Kalligraphin ausgebildet, hofft immer noch, seine Aufmerksamkeit auf sich zu lenken. Sie folgt ihm sogar nach Ägypten, wo Francesco, inzwischen längst der heilige Franziskus von Assisi genannt, versucht, Frieden zwischen Moslems und Christen zu stiften ...

XXXI

Er saß auf einem erhöhten Sitz am anderen Ende des Zeltes. Der Gang dorthin war von zwei Reihen Wächtern gesäumt, die purpurrote Gewänder und grüne Turbane trugen und mit juwelenbesetzten Dolchen bewaffnet waren. Der Boden war mit dicken Sihouk-Teppichen ausgelegt, wie sie mein Großvater vom vierten Kreuzzug mitgebracht hatte. Ich versank bis an die Knöchel darin. Sicher verlangte die Höflichkeit, daß ich knickste, wie ich es vor jeder Person von Rang getan hätte. Francesco aber ging vorwärts, bis er, nur noch wenige Schritte vom Sultan entfernt, von den Wachen angehalten wurde. Dann stand er da und starrte ihn an, als wäre er der Satan persönlich. Der Sultan erwiderte Francescos starren Blick, mich aber lächelte er an und zeigte dabei blitzend weiße Zähne. Er war in Seide gehüllt, trug einen prächtigen Turban, und ein breiter Bart fiel in Wellen bis auf seine Brust. Er war ein außerordentlich schöner Mann.

„Sprecht", sagte er und richtete seine schwarzen Augen auf Francesco. „Oder macht einen Laut – quietscht, stöhnt, winselt, gluckst oder lacht. Macht, was immer Ihr wollt, aber zeigt mir, daß Ihr lebendig seid und kein unbehauster Geist, der zu lange in der Sonne unterwegs war."

Francesco war so von gelbem Staub bedeckt, daß er tatsächlich wie ein unbehauster Geist aussah. Seine Augen allerdings waren eine Ausnahme – sie lebten. Sie brannten in ihren Höhlen, als er mich bat, dem Sultan zu sagen, daß wir aus einem Land weit jenseits des Meeres gekommen waren, um eine sündige Seele zu Christus zu bekehren und sie dadurch zu retten.

Der Sultan zeigte sich nicht überrascht, als er erfuhr, daß Francesco um seine Seele besorgt war. Höflich hatte ich das Wort „sündig" ausgelassen.

„Ich dachte, die Sache verhielte sich umgekehrt", sagte er und zeigte wieder seine blendend weißen Zähne. „ich dachte, ihr wäret Boten, die gerne Moslems werden wollen."

Als ich diese Worte übersetzte, erwiderte Francesco mühsam beherrscht in wenig respektvollem Ton: „Moslems werden wir niemals, aber Boten sind wir in der Tat. Boten Gottes, die Eure Seele retten wollen. Wenn Ihr an ihn glaubt, werden wir ihm Eure Seele anvertrauen. Und wir sagen Euch offen, daß Ihr dann, wenn Ihr in Eurem eigenen Glauben sterbt, verloren seid und daß Gott Eure Seele nicht annehmen wird. Das ist der Grund, warum wir gekommen sind. Wenn Ihr uns zuhören und verstehen wollt, dann werden wir Euch und den weisesten Männern Eures Landes zeigen, daß Euer Glaube falsch ist."

Der Sultan hörte erst Francesco, dann mir aufmerksam zu. „Die Christen kenne ich schon", sagte er. „Ich kämpfe seit Jahren gegen sie. Tapfere Feinde, diese Christen. Geschickt mit dem Schwert. Schnell mit der Lanze. Zielsicher mit dem Bogen. Schwer zu töten in ihren eisernen Panzern. Entschlossen und furchtlos. Aber diese Sache mit der Seele verblüfft mich, denn es wäre mir im Traum nicht eingefallen, daß diese christlichen Feinde Seelen haben könnten."

„Wir haben Seelen", sagte Francesco, „und ich werde es beweisen."

Der Sultan sah die Männer an, die ihn umgaben. Sie hatten alle schwarze Bärte und sahen von meinem Platz aus alle gleich aus bis auf einen. Er war der Scharfrichter, wie ich später erfuhr. Er stand direkt hinter dem Sultan und hielt mit beiden Händen einen Krummsäbel quer vor seiner Brust.

„Sprecht", sagte der Sultan. „Meine Ratgeber werden zuhören und mir sagen, was sie denken. Dann werde ich Euch sagen, was sie und ich denken. Seid Ihr damit einverstanden?"

„Durchaus", erwiderte Francesco. „Und wenn wir Euch keine einleuchtenden Argumente liefern, die beweisen, daß wir die Wahrheit sagen, daß – mit anderen Worten – Euer Glaube falsch ist, dann laßt uns enthaupten."

Der Sultan betrachtete mich mit seinen dunklen Augen von Kopf bis Fuß und zwinkerte dann erst mit einem Auge, dann mit dem anderen. „Die junge Dame ist viel zu hübsch, als daß man sie köpfen sollte", bemerkte er. „Wenn Ihr verliert, werde ich sie vielmehr meinem Harem einreihen, der derzeit mager bestückt ist, da zweiunddreißig meiner schönsten Frauen im letzten Jahr der Pest zum Opfer gefallen sind."

Ich merkte, daß er scherzte, aber Francesco war todernst. Als ich daher die Worte des Sultans übersetzte, warnte ich ihn. (...)

Francesco wollte nicht hören. Er wiederholte seine herausfordernden Worte in noch ausdrücklicherem Tonfall. Ich mußte seine Worte beim Übersetzen abmildern, damit sie höflicher klangen.

Der Sultan nahm die Herausforderung an. Er rief über ein Dutzend Priester und Gelehrte an seine Seite, und sie kamen schnell zu einer Entscheidung. Der Sultan sah ernst aus, als er sie bekanntgab, und sprach langsam, als verursache ihm jedes Wort Schmerz.

„Meine Ratgeber", sagte er, „erinnern mich daran, daß ich für die Erfüllung des göttlichen Gesetzes verantwortlich bin und es meine Pflicht ist, es aufrechtzuerhalten. Daher fordern sie mich im Namen Gottes und Mohammeds, der uns sein Gesetz verkündete, auf, Euch sofort zu enthaupten. Wir werden nicht hören, was Ihr zu sagen wünscht. Und wenn noch einmal jemand kommt, der darauf brennt, zu predigen oder gegen das Gesetz zu sprechen, dann verlangt das Gesetz, daß auch er enthauptet wird. Wir ordnen im Namen Gottes an, daß Ihr sogleich enthauptet werdet. Das Gesetz befiehlt es."

Francesco hörte die Worte des Sultans schweigend an, seine Lippen bewegten sich im Gebet. Bruder Illuminato, der unter seiner Staubschicht kreidebleich geworden war, betete ebenfalls. Ich war stumm vor Entsetzen und wußte nichts zu sagen. Der Scharfrichter holte tief Luft und dehnte seine Brust.

Malik al-Kamil hatte seine Augen nachdenklich geschlossen. Ich fragte mich, ob er an seinen großen Ahnherrn Saladin dachte, dessen Sprüche ich gelesen hatte. Vielleicht dachte er daran, daß Saladin einmal einen für seine Weisheit berühmten Juden gefragt hatte, welche der drei Religionen die wahre sei: die jüdische, die islamische oder die christliche. Der Gelehrte hatte ihm als Antwort die Parabel von den drei Ringen erzählt, die einander so ähnlich waren, daß niemand den richtigen von den falschen unterscheiden konnte.

Der Sultan schwieg eine Zeitlang. Er sah hinauf zum im Wind wogenden Seidendach des Zeltes und dann auf Francesco, der noch immer betete.

„Meine Ratgeber haben mich aufgefordert, Euch enthaupten zu lassen, und zwar auf der Stelle", sagte er, „weil das Gesetz es befiehlt. Aber ich werde dieser Aufforderung nicht nachkommen und Euch nicht töten, weil das ein schlechter Lohn dafür wäre, daß Ihr unter Einsatz Eures Lebens hierhergekommen seid, um meine Seele zu retten."

Franceso hörte auf zu beten, als er das hörte. Atemlos dankte er dem Sultan. Ich verstand nicht alle Worte, erfand aber schnell ein paar dazu.

„Francesco Bernardone umarmt Euch als seinen Bruder", sagte ich, „im Namen Gottes, der über alle herrscht."

Ich fuhr fort mit meiner Rede, wurde aber von Francesco unterbrochen, der sich erneut an den Sultan wandte. Diesmal in höflicheren Worten, die mich in höchstes Erstaunen versetzten.

„Es heißt, Ihr wäret die Verkörperung des Bösen", sagte er. „Der Teufel selbst, der Sultan eines Reiches voller satanischer Unholde. Ich bin glücklich, zu sehen, daß diese Behauptungen falsch sind."

Francesco war gerührt von der Menschlichkeit des Sultans, aber es kam noch mehr. Aus dem Geist der Liebe heraus und weil er um die Seele des Sultans fürchtete, machte er ihm jetzt ein Angebot, das so gefährlich war, daß ich versucht war, es zu verschweigen.

Widerwillig übersetzte ich seine Worte: „Der demütige Bote Gottes, Francesco Bernardone, wünscht Euch zu einer Probe herauszufordern. Ihr sollt am Ufer des Flusses ein großes Feuer aufschichten lassen und Hand in Hand mit ihm durch die Flammen und über einen Teppich von glühenden Kohlen gehen."

Der Sultan zuckte bei diesem Gedanken zusammen und zog unwillkürlich die Füße, an denen er Pantoffeln trug, unter sein Gewand. Er war ein intelligenter Mann und berühmt für seine Gelehrsamkeit.

„Ich habe eine lebhafte Abneigung gegen Flammen und glühende Kohlen", antwortete er mit einem Lächeln. „Ich habe sie von meinem Vater geerbt, der sie von seinem Vater erbte. Diese Abneigung geht bis in alte Zeiten zurück, bis zu Yusuf al-Farasi, dem Begründer der Dynastie. Ysuf unterzog sich dieser Probe, um die Hand der Prinzessin Zariti, der Perle Ägyptens, zu gewinnen. Alles, was er davontrug, waren Blasen, wie ich zu meinem Bedauern gestehen muß, denn die Prinzessin heiratete den Diener, der das Feuer aufgeschichtet hatte und den sie heimlich liebte."

Leider mußte ich noch mehr sagen, Ich sagte es furchtsam. „Wenn Francesco Bernardone unversehrt aus den Flammen hervorgeht, werdet Ihr und Euer Volk willig die Herrschaft Christi und die Weisheit Gottes annehmen. Amen."

Der Sultan warf einen Blick auf seine Ratgeber, die unruhig miteinander tuschelten. „Wir werden Gott willig annehmen, weil wir ihn schon angenommen haben. Aber die Sache mit Christus ..."

Francesco holte wie ein Taucher, der gleich ins Wasser springen wird, tief Luft. Voll Zuversicht begann er im Kreis zu tanzen. Ich hatte das schon früher gesehen, aber jetzt war er besessen. Es galt, eine Seele zu retten. Die Seele eines Mannes, der dem Krieg mit einem Wort ein Ende setzen konnte.

„Diese Sache mit Christus will bedacht sein", fuhr Malik al-Kamil fort.

„Jetzt, in diesem Augenblick, ist die Zeit zum Nachdenken gekommen", sagte Francesco. „Der Tod ist in unserer Mitte. Gott allein weiß, wer hinweggerafft wird. Es wäre tragisch, wenn der Vater von Millionen getötet würde, ehe er Christus angenommen hat. Durch die bloße Annahme beschützt er sein Volk und rettet seine unsterbliche Seele."

Der Sultan strich sich mit der Hand über den Bart. Traute er dem Mann nicht, der da vor ihm tanzte, pfeifende Töne von sich gab und seinen schönen Sihouk-Teppich platt stampfte? Eingehend betrachtete er den Ring an seinem Daumen. Dann drehte er sich nach dem Scharfrichter um, der empört vor sich hinmurmelte.

„Ahmed", sagte er, „würdest du bitte deine Enttäuschung für dich behalten? Du bist zu ehrgeizig. In den letzten Tagen hast du ein Dutzend ins Jenseits befördern dürfen."

„Neun waren es", sagte Ahmed mit dünner Stimme. Er war ein schmieriger, kleiner Mann mit dicken Lippen und behaart wie ein Affe. „Wenn man die beiden Frauen nicht mitzählt, Herr."

Der Sultan wandte sich wieder an Francesco. „Ihr sagt, daß Ihr gekommen seid, um meine Seele zu retten. Bitte sagt mir, wie das zu bewerkstelligen ist."

„Durch Taten der Armut, der Liebe und der Keuschheit."

„Armut. Was heißt Armut? Heißt das, daß ich meine Reichtümer verschenken soll, meine Ländereien, Paläste, Bibliotheken, Konkubinen, Sklaven, alles, um ein barfüßiger Mönch zu werden, der um sein Essen bettelt und um einen Platz, wo er sein Haupt niederlegen kann?"

„Das wäre die vollkommene Armut", sagte Francesco.

Der Sultan blinzelte. „Und die vollkommene Liebe. Das klingt wie der Opiumtraum eines wirrköpfigen Poeten. Erzählt mir von der vollkommenen Liebe. Wie kommt sie zustande?"

„Ganz einfach. Indem Ihr Eure Feinde liebt."

„Ha!" erwidert der Sultan, und das brauchte ich nicht zu übersetzen. Sein Gefolge, einschließlich des Scharfrichters, lachte.

„Indem Ihr Eure Feinde liebt", wiederholte Francesco.

„Unmöglich. Außerdem laßt Ihr die Liebe zu den Frauen aus. Warum?"

Francesco sah verlegen aus. Er sah mich an, antwortete aber nicht.

„Euer Schweigen scheint zu bedeuten", sagte der Sultan, „daß ich niemals eine Frau anrühren darf. Ihr wollt einen Eunuchen aus mir machen. Was für ein Unsinn! Sagt mir, wirrköpfiger Poet, was geschähe mit der Welt, wenn jeder Euren Rat beherzigen würde? Aber Ihr braucht mir gar nicht zu antworten. Ich will es Euch sagen. Es wäre das Ende der Welt, und zwar auf der Stelle, noch zu Lebzeiten derer, die jetzt leben."

Zu meiner Freude bemerkte ich, daß Francesco noch immer verlegen aussah.

Drei Diener wedelten mit Palmenfächern über dem Haupt des Sultans. Das Geräusch störte, und der Sultan befahl ihnen, aufzuhören.

„Und sagt mir auch, Dichter mit den lebendigen Augen und den tanzenden Füßen, womit Eure Armut, Eure Liebe und Eure Keuschheit belohnt werden. Ihr müßt irgendeine Art von Himmel haben, irgendwo in den Wolken versteckt."

Francesco war darüber verstimmt, sagte aber ruhig: „Das Paradies ist bevölkert von Engeln und liebenden Geistern."

„Die weder essen noch trinken, noch den Beischlaf pflegen?" wollte der Sultan wissen. „Wie tödlich? Wenn ich an diesen Euren Himmel denke, dreht sich mir der Magen um. Unserer ist viel einladender. Berge von Datteln und Oliven und Granatäpfeln und Ströme von Milch und Seen von Honig."

Francescos Augen leuchteten kurz auf, als er etwas von Essen hörte.

„Außerdem, Dichter, vergeßt nicht die lieblichen, rehäugigen Frauen, die unseren Himmel bewohnen und nach kostbaren Ölen und Salben duften. Sie ähneln in keiner Weise den Frauen, die, wie meine Spione berichten, am Fluß unterhalb von Damietta zu sehen sind: eine Schiffsladung voll schamloser Geschöpfe, unverschleiert, frech, arrogant, unverschämt, mit wackelnden Hüften, schwarz umrandeten Augen und aschgrauem Haar."

Ich übersetzte diese lange Rede, so gut ich konnte. Francesco blieb der Mund offen vor Staunen. Er summte eine Melodie, hielt dann inne und sah dem Sultan ins Gesicht.

„Warum wollt Ihr Euer Leben wiederholen?“ fragte er. „Euren Worten zufolge ist Euer Paradies nur ein Echo Eures jetzigen Lebens. Unser Himmel wiederholt nicht die Dinge, die wir hier auf Erden tun. Er ist eine andere Welt, eine Welt des Geistes, und näher bei Gott.“

„Ich habe viele Stunden mit dem Versuch zugebracht, Gott näherzukommen, aber er entzieht sich mir.“

„Wenn Ihr es versucht habt, dann hat er sich Euch nicht entzogen.“

Der Sultan runzelte die Stirn. „Genug von Gott“, sagte er. „Erzählt mir von Eurem Christus. Soweit ich gehört habe, ist er anders als Mohammed. Weniger elegant und eindrucksvoll. Genaugenommen ein zerlumpter Bettler.“

„Das stimmt. Er trug ein Gewand aus tausend Flikken. Jeder Arme, den er traf, gab ihm einen Flicken für sein Gewand.“

„Und er war nicht so glücklich wie Mohammend. Er sah eher finster aus und hatte ein strenges Gesicht, sagt man.“

„Bedenkt, daß er auf seinen Schultern das Leiden und die Erniedrigung der Menschen trug.“

„Wer hat sie ihm aufgeladen?“

„Gottvater.“

„Warum auf seine Schultern?“

„Um seinen Sohn zu prüfen und uns.“

Der Sultan schob seinen grün-purpurnen Turban zurück. „Mir wird ganz wirr im Kopf“, sagte er. „Ihr tragt ein zerrissenes Gewand, wie ich sehe, und geht barfuß. Ging so Euer Christus herum?“

„Ja.“

„In Armut, die Armut predigend, und soviel ich gehört habe, Liebe, unendliche Liebe für Freund und Feind, für die Vögel des Feldes und die Tiere des Waldes. Bitte erzählt mir von dieser unendlichen Liebe und von der Notwendigkeit der Armut.“

„Sie liegen beide jenseits unserer Möglichkeiten. Vielleicht sind es Ziele, die wir anstreben, aber nicht erreichen können, nicht einmal zu erreichen brauchen, solange wir auf Erden leben. Aber wir versuchen es. Und bei diesem Versuch schütteln wir, so wie Schlangen ihre Haut abstreifen, einen Teil unserer Gier und Lust und Selbstsucht ab.“

Ein unruhiges Flüstern lief durch die Reihen der Priester und Berater. Die Becken, Lauten und Trompeten, die verstummt waren, begannen wieder zu spielen, und ihr Lärm brachte die seidenen Wände des Zeltes zum Vibrieren. Lächelnd klatschte der Sultan in die Hände und pfiff eine Melodie. Es fehlte nur noch, daß er vom Thron aufstand und tanzte.

Plötzlich verschwand das Lächeln von seinem Gesicht. Er raffte sein mit Blumen besticktes Gewand zusammen und sammelte sein Gefolge hinter sich. Ohne ein weiteres Wort an Francesco verließ er das Zelt. Und doch war mir, als ich ihn den Gang entlangschreiten sah, als wären die beiden Männer auf geheimnisvolle Weise Freunde geworden.

Aus: Scott O'Dell, Das Feuer von Assisi, Übersetzung von Christa Broermann, © 1995 der deutschsprachigen Ausgabe: Deutscher Taschenbuch Verlag, München.

Der Wolf von Gubbio

M 9a

Zu der Zeit, als Sankt Franziskus in der Stadt und dem Bezirk Gubbio weilte, erschien dort ein ungeheuer schrecklicher und wilder Wolf, der nicht nur die Tiere, sondern auch die Menschen fraß. Darob lebten alle Bürger in Furcht und Schrecken, denn oftmals lief er durch die Stadt. Alle gingen schließlich nur bewaffnet, wenn sie ihr Haus verließen, gerade, als wenn sie in den Kampf zögen, und doch hätte ein einzelner, wenn er dem Wolf begegnet wäre, sich nicht gegen ihn wehren können. Zuletzt kamen die Leute von Gubbio so weit, daß niemand es wagte, auszugehen.

Der heilige Franziskus aber hatte Mitleid mit den Bewohnern dieser Stadt, und er beschloß, den Wolf auszusuchen, obwohl die Städter es ihm widerrieten. Er machte das Zeichen des Kreuzes, ging mit seinen Gefährten durch die Gefilde, voller Zuversicht auf Gottes Hilfe. Und da die anderen nach einer Weile zögerten, ihn zu begleiten, so ging er allein nach jener Gegend, wo der Wolf hauste. Und siehe! Es geschah vor den Augen vieler Bürger, die gekommen waren, das Wunder zu sehen, daß jener Wolf mit offenem Rachen auf Sankt Franziskus losrannte; doch als er sich ihm näherte, machte Sankt Franziskus über ihm das Zeichen des heiligen Kreuzes, rief ihn zu sich und sprach zu ihm also: „Komm her, Bruder Wolf, ich gebiete dir im Namen Christi, nimmer Böses zu tun, weder mir noch irgendeinem anderen!" O Wunder! Sowie Sankt Franziskus das Zeichen des Kreuzes gemacht hatte, schloß der fürchterliche Wolf den Rachen und hemmte seinen Lauf. Und als er den Befehl vernommen hatte, kam er sanftmütig wie ein Lamm heran und legte sich dem Sankt Franziskus zu Füßen nieder. Da sprach Sankt Franziskus also zu ihm: „Bruder Wolf, du hast allhier viel Böses getan und mancherlei arge Missetat, indem du Gottes Geschöpfe gegen sein Gebot vernichtet und getötet hast, und nicht nur die Tiere hast du ums Leben gebracht und gefressen, du hast auch gewagt, die Menschen zu töten, die im Ebenbilde Gottes geschaffen sind. Deshalb verdienst du den Tod durch den Galgen als ein schuldbeladener Dieb und Mörder. Und alle Welt schreit und murrt wider dich und alle Lande hier sind dir feind. Ich aber, Bruder Wolf, ich will Frieden stiften, zwischen dir und diesen. Du sollst ihnen fürderhin nicht mehr schaden, sie aber werden dir alle deine früheren Missetaten vergeben und weder die Menschen noch die Hunde sollen dich künftig verfolgen!"–

Als der Wolf diese Worte vernommen hatte, wedelte er mit dem Schweif und gab durch seine Blicke, durch Bewegungen und durch Neigen seines Kopfes zu verstehen, daß er einverstanden sei mit dem Vorschlag des heiligen Franziskus und ihn annähme. Und Sankt Franziskus sprach wiederum: „Bruder Wolf, da du eingewilligt hast, diesen Frieden zu schließen und zu halten, so verspreche ich dir, ich will dafür sorgen, daß dir, solange du lebst, diese Männer deine Kost darreichen, daß du künftig nicht mehr Hunger leidest; denn ich weiß wohl, daß du nur, weil du Hunger littest, alles Böse getan hast. Doch da ich diese Gunst dir erwirkte, so will ich, Bruder Wolf, daß du mir versprechest, nimmermehr weder Mensch noch Tier Schaden zu tun – versprichst du mir das?"

Und der Wolf gab durch Neigen des Kopfes deutlich kund, daß er es versprach. Und Sankt Franziskus redete weiter zu ihm also: „Bruder Wolf, ich will dein feierliches Gelöbnis für dieses Versprechen, damit ich dir vertrauen kann!" Und Sankt Franziskus streckte ihm seine Hand entgegen, um sein Gelöbnis zu empfangen, und der Wolf hob seine Tatze und legte sie freundlich in die Hand des heiligen Franziskus und gab, so gut er es vermochte, sein Treuegelöbnis.

Da sprach Sankt Franziskus: „Bruder Wolf, ich befehle dir im Namen Jesu Christi, ohne Zögern mit mir zu kommen. Wir wollen gehen und diesen Frieden im Namen Gottes bekräftigen." Und der Wolf ging mit ihm, gehorsam wie ein sanfte Lamm.

Aus: barfuß, a.a.O., S. 78 (Text); S. 78, 91 (Abb.).

M 9b

„Nicht langweilige Christen werden"

Kindergottesdienst mit Affe, Hund und Katze: Tag des Schutzpatrons der Tiere

Göttingen (kir). Eine helle Kinderstimme fängt sich im Hall des großen Raumes, die Stimme klingt fröhlich und ein bißchen aufgeregt, sie ruft „Kamel". Damit ist keine Herabsetzung eines Spielkameraden gemeint. Es ist die Antwort auf die Frage des Paters Sigmund Pawlitzki nach den Tieren, die die Heiligen Drei Könige bei der Geburt Christi begleiteten.

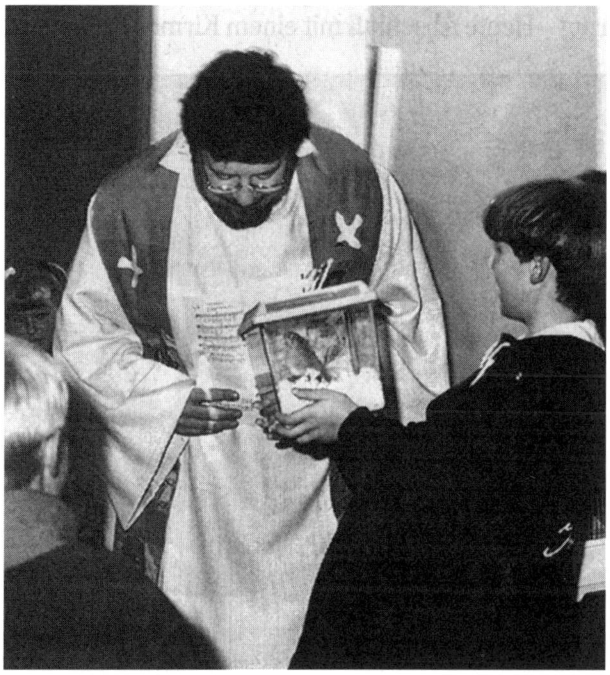

Pater Sigmund Pawlitzki segnete gestern die Tiere. Foto: Heller

Es ist Sonntag vormittag, es ist Kindergottesdienst und unzählige Kinder und Tiere und ein paar Erwachsene tummeln sich in der katholischen Kirche St. Michael in der Kurzen Straße. Kamele sind zwar nicht zu sehen, dafür Hunde, Katzen, Meerschweinchen, Goldhamster, Affen, Schildkröten, sogar eine Ratte krabbelt neugierig auf dem Arm ihrer Besitzerin, eines etwa 14jährigen Mädchens, herum. „Zeig' sie den Erwachsenen", ruft der Pater. Die exotischen Exemplare, darunter Teddys in allen Größen und Arten, präsentieren sich in Stoffform, die heimischen teils als lebendige Ausgabe, teils als Plüschtier. Eine schwarze Katze mit Glöckchen lugt etwas ängstlich aus ihrem Korb heraus. Der Tag des heiligen Franz von Assisi wird gefeiert, des Schutzpatrons der Tiere. „Auf Reichtum zu verzichten und in Armut zu leben", war die Botschaft des Mannes, in dessen Namen sich der Mönchsorden der Franziskaner gebildet hat.

Er predigte den Tieren

Die Menschen mochten zunächst diese Botschaft nicht hören, und so predigte Franz von Assisi den Vögeln auf dem Felde, erzählt Pater Pawlitzki. Daß Gott alle Tiere und Menschen liebt, ist die Botschaft des Paters in diesem Kindergottesdienst. Und so ruft er zwischen Liedern, Gebeten und einer der kindlichen Ungeduld angemessenen kurzen Predigt die Kinder mit ihren Tieren immer wieder zu sich zum Altar.

Er fragt nach den Namen der Tiere, er segnet alle, die sich um ihn scharen. Zwischendurch bellt die Hündin Panja. Vom Pater mit einem Lächeln quittiert und dem Wunsch, „daß wir nicht langweilige Christen werden". Denn auch Franz von Assisi sei „ein lustiger Mensch gewesen".

Es ist denn auch die Heiterkeit, die diesem Kindergottesdienst sein Gepräge gibt. Und es ist die liebevolle Atmosphäre, die sich in kleinen Gesten zeigt. So hebt ein Mann vorsichtig einen kleinen, sichtlich vielgeliebten und gedrückten Teddy vom Boden auf, Lucas (11) läßt auch andere Kinder mit seinem Riesenstoffhund Bollo spielen und das Mädchen Nicole (10) breitet am Ende des Gottesdienstes behutsam die Decke über den Käfig von Goldhamster Billy.

Göttinger Tageblatt 10.10.94.

Sonnengesang M 10

1. Höchster, allmächtiger, guter Herr,
dein sind das Lob, die Herrlichkeit und Ehre
und jeglicher Segen.
Dir allein, Höchster, gebühren sie,
und kein Mensch ist würdig, dich zu nennen.

2. Gelobt seist du, mein Herr,
mit allen deinen Geschöpfen,
besonders dem Herrn Bruder Sonne,
der uns den Tag schenkt und durch den du uns leuchtest.
Und schön ist er und strahlend mit großem Glanz:
von dir, Höchster, ein Sinnbild.

3. Gelobt seist du, mein Herr,
für Schwester Mond und die Sterne.
Am Himmel hast du sie geformt,
klar und kostbar und schön.

4. Gelobt seist du, mein Herr,
für Bruder Wind,
für Luft und Wolken und heiteres und jegliches Wetter,
durch das du deine Geschöpfe am Leben erhältst.

5. Gelobst seist du, mein Herr,
für Schwester Wasser.
Sehr nützlich ist sie
und demütig und kostbar und keusch.

6. Gelobt seist du, mein Herr,
für Bruder Feuer,
durch den du die Nacht erhellst.
Und schön ist er und fröhlich und kraftvoll und stark.

7. Gelobt seist du, mein Herr,
für unsere Schwester Mutter Erde,
die uns erhält und lenkt
und vielfältige Früchte hervorbringt
mit bunten Blumen und Kräutern.

8. Gelobt seist du, mein Herr,
für jene, die verzeihen um deiner Liebe willen
und Krankheit ertragen und Not.
Selig, die ausharren in Frieden,
denn du, Höchster, wirst sie einst krönen.

9. Gelobt seist du, mein Herr,
für unsere Schwester, den leiblichen Tod;
kein lebender Mensch kann ihm entrinnen.
Wehe jenen, die in tödlicher Sünde sterben.
Selig, die er finden wird in deinem heiligsten Willen,
denn der zweite Tod wird ihnen kein Leid antun.

10. Lobt und preist meinen Herrn
und dankt und dient ihm mit großer Demut.

Aus: Walter Nigg, Der Mann aus Assisi, Verlag Herder, Freiburg 1989[17].

Aus: Franziskus von Assisi – dem Ganzen hingegeben, a.a.O., S. 18.

Franziskus M 11

Es ist in der Landschaft Umbrien, in Italien: Auf der Höhe liegt die Stadt Assisi. Hell leuchten die Häuser und Türme der Kirchen.

Es ist das Jahr 1182. In Assisi wird ein Junge geboren. Die Mutter ist Pica Bernadone, eine gute Frau. Der Vater ist der Tuchhändler Pietro Bernadone, ein Mann, der reich ist, der nur ans Geld denkt. Der Junge heißt Giovanni. Doch sie nennen ihn Francesco, Franziskus.

In seiner Jugend ist Franziskus leichtfertig. Er lebt in den Tag hinein. Er treibt sich mit gleichgesinnten Freunden herum. Er gibt viel Geld aus, verschwenderisch, gedankenlos. Er will es allen zuvortun in Scherzen, Späßen und jugendlichen Streichen, in lockeren Reden und Liedern, in Prunk, in aufwendigen Kleidern. Er vergeudet seine Jugend. Aber – er kann auch großzügig schenken.

Franziskus ist 25 Jahre alt. Da gibt es eine kriegerische Auseinandersetzung zwischen der Stadt Assisi und der Stadt Perugia. Franziskus nimmt teil an dem Kampf; er gerät in Gefangenschaft. Lange liegt er im Kerker. Dann kommt er frei.

Franziskus ist krank. Nur langsam wird er wieder gesund. Er ist nachdenklich geworden. War das alles richtig? Mein bisheriges Leben? Nachdenklich geht Franziskus umher in den Straßen von Assisi.

Dann unternimmt er eine Wallfahrt – nach Rom. Dort sieht er einen Bettler auf der Straße. Er tauscht seine Kleider mit ihm. Er kehrt wieder heim. Noch mehr sucht er die Einsamkeit.

Da begegnet ihm ein Aussätziger. Entsetzt weicht Franziskus zurück. Ein stinkender Mensch, über und über von Geschwüren bedeckt. Franziskus ekelt sich.

Dann aber geschieht es: Franziskus nähert sich dem Menschen. Er gibt ihm ein Almosen. Er küßt ihm die schwärenbedeckte Hand.

„Gott hat mich so mein Leben der Buße beginnen lassen. Als ich noch in der Sünde war, erschien es mir unerträglich, Aussätzige auch nur anzublicken. Doch Gott selbst hat mich unter sie geführt. Ich habe ihnen Barmherzigkeit erwiesen. Und das, was mir bitter schien, das machte mich leicht und froh." So schreibt er später.

Und etwas anderes geschieht. Franziskus kommt in eine kleine Kirche, San Damiano. Er will beten. Die Kirche ist sehr alt. Sie droht einzustürzen. Franziskus wirft sich nieder. Vor dem Bild des Gekreuzigten. Er betet. Er schaut auf. Da ist es, als höre er die Worte. „Geh hin und stelle mein Haus wieder her." Zu Tode ist Franziskus erschrokken.

Noch kennen ihn seine Freunde. Noch laden sie ihn ein. Sie feiern ein Fest. Sie tafeln, Franziskus mitten unter ihnen. Aber er ist sehr nachdenklich. Da spottet einer: „Denkst du an deine Braut?" Franziskus schaut ihn an: „Ja, ich will mir eine Frau nehmen: Frau Armut."

Gelächter. Franziskus steht auf, geht hin- aus. Niemals wieder tafelt er mit seinen Freunden.

Jetzt lebt er in Armut. Er kümmert sich nicht mehr ums Geld. Es ist ihm wie Staub. Er geht auch nicht mehr nach Hause. Er nächtigt in Höhlen und Löchern. Hunger erträgt er und Kälte. Er bettelt. Er lebt das arme Leben Christi. Von dem Tag an.

„Wir wollen nichts in dieser Welt", schreibt er später, „keine Häuser, keine Klöster, keinen Besitz. Wir müßten das alles ja nur verteidigen. Wir wollen arm sein wie Christus, der für die Armen der Welt gekommen ist. Wer einem Armen hilft, hilft Christus. Wer einen Armen beleidigt, der beleidigt Christus."

Franziskus ist abgerissen, schmutzig. Noch kommt er ins Haus seines Vaters. Aber er wohnt jetzt bei der Kirche, bei San Damiano.

Die Leute von Assisi halten ihn für verrückt. Die Kinder bewerfen ihn mit Schmutz: Ein Gammler! Er wird zum Gespött der Stadt. Sein Vater schämt sich. Er ist zornig.

Er packt seinen Sohn – eines Tages. Er schleppt ihn ins Haus. Er sperrt ihn ein. Doch die Mutter läßt ihn wieder frei.

Der Vater verklagt seinen Sohn beim Bischof. Es gibt eine Verhandlung, öffentlich, vor allem Volk. „Alles hat er von mir bekommen", ruft der Vater, „dieser Sohn ist undankbar."

Da zieht Franziskus seine Kleider aus. Nackt steht er da. Er gibt die Kleider dem Vater: „Ich möchte nichts mehr haben, das dir gehört. Ich möchte dich auch nicht mehr ‚Vater' nennen. Ich habe jetzt nur noch einen Vater, den Vater im Himmel!"

Später sagt Franziskus: „Das war das schwerste in meinem Leben."

Franziskus zieht nach Gubbio. Dort hilft er den Aussätzigen. In einem Heim. Franziskus kehrt zurück. Wieder ist er in San Damiano. Er hat das wortwörtlich verstanden, das mit der Kirche: „Stelle mein Haus wieder her." Er bettelt um Geld. Er kauft Steine. Er schleppt sie herbei auf seinem ausgemergelten Körper. Er mischt Mörtel. Er bessert die Kirche aus.

Später sagt er: „Ich arbeite mit meinen Händen. Ich will arbeiten. Ich wünsche, daß alle meine Brüder einer Arbeit nachgehen. Die nicht arbeiten können, sollen es lernen. Nicht, um einen Lohn zu erhalten, sondern um des Beispiels willen und um Müßiggang zu vermeiden. Wir brauchen keinen Lohn. Wir haben Zuflucht am Tisch des Herrn. Wir gehen von Tür zu Tür. Wir bitten um Almosen."

Franziskus findet eine andere Kirche: Santa Maria degli Angeli Portiuncula. Auch diese Kirche ist alt und verfallen. Auch diese Kirche bessert Franziskus aus.

Er hört eine Messe in dieser Kirche. Er hört, was Jesus zu seinen Jüngern sagte: „Geht hin! Verkündet Gott. Gott will sein Werk vollenden. Heilt die Kranken. Nehmt nichts mit auf den Weg, keine Tasche, kein Brot, kein Geld. Nicht einmal ein Hemd zum Wechseln!"

Franziskus ist tief erregt. Das ist ja, was ich suche. Endlich. Jetzt weiß ich alles. Ja, das will ich tun. Von ganzem Herzen.

Franziskus geht hin und predigt. Von Christus, von der

Armut. In Assisi. Die Menschen hören. Da geschieht es: Männer kommen zu ihm. Sie wollen leben wie er. Sie geben alles hin. Der erste ist Bernado von Quintavalle. Bald sind es mehr.

„Gott gab mir Brüder", sagt Franziskus später. „Und als er mir Brüder gegeben hatte, zeigte mir niemand, was ich zu tun hatte. Gott selbst hat es mir gezeigt, daß ich nach dem Evangelium leben sollte. Und diejenigen, die gekommen sind, dieses Leben anzunehmen, die gaben alles, was sie hatten, den Armen. Und sie waren zufrieden mit einem Habit, der innen und außen geflickt war, mit einem Strick und den Hosen. Und mehr wollten wir nicht haben."

Sie sind wenige, die Brüder des Franziskus. Sie leben arm, ganz einfach. Sie leben im Wald bei der Kapelle Portiuncula. Sie ziehen ins Land. Sie predigen. Sie grüßen sich mit dem Gruß: „Der Herr gebe dir Frieden." Sie ziehen von Ort zu Ort. Sie predigen. Immer wieder kehren sie zurück zur Portiuncula.

„Laßt euch nicht traurig machen, daß wir scheinbar so wenige sind", sagt Franziskus. „Auch eure und meine Einfalt soll euch nicht schrecken. Gott wird uns wachsen lassen zu einer großen Schar. Bis an die Grenze der Erde werden wir uns ausbreiten."

Und es geschieht. Die Brüder werden mehr und mehr. Franziskus schreibt eine Regel auf, wie sie zusammen leben wollen – nach Worten aus dem Evangelium.

Die Brüder sagen. Dürfen wir denn predigen? Wir sind doch keine Priester. Brauchen wir nicht eine Predigterlaubnis? Vom Papst?

Sie ziehen nach Rom. Sie werden vorgelassen. Franziskus steht vor Innozenz III., dem machtvollen Herrscher der Christenheit. Er redet mit ihm. Er bekommt die Predigterlaubnis.

Franziskus kehrt zurück. Er trifft Klara, ein junges adeliges Mädchen aus Assisi. Sie will leben wie Franziskus. Sie flieht aus ihrem Elternhaus. Sie legt ihre schönen Kleider ab. Sie zieht eine Kutte an. Sie läßt sich ihr Haar scheren. Das ist das Zeichen, daß sie der Kirche gehört. Nicht mehr ihrer Familie. Der zweite Orden des Franziskus entsteht, ein Frauenorden. Klara kommt nach San Damiano. Sie lebt dort das einfache Leben Christi.

Bald kommen andere Frauen.

Franziskus ist unterwegs. Er kommt bis Spanien. Er predigt in Italien. Mit einfachen Worten. Er predigt Umkehr, Buße.

Ein neuer Papst regiert. Er bestätigt den Orden des Franziskus. Franziskus predigt vor dem Papst.

Dann fährt er ins heilige Land. Er kommt übers Meer nach Palästina. Er landet in Akkon. Er will zum Sultan. Der hört ihn an. Er hört die Predigt von Gott, von Christus. Er wird nachdenklich. – Frieden schließt er nicht.

Ein Jahr später. Franziskus ist wieder in Italien. Jetzt gibt es schon Tausende von Brüdern. In Italien, Frankreich, Spanien, Deutschland.

Franziskus schreibt die endgültigen Regeln auf. Ganz schlicht. Bruder Leo hilft ihm dabei. Der Papst hat es gefordert. Der Papst bestätigt die Regel. Heilige Armut versprechen die Franziskaner in ihrer Regel.

„Betteln", sagen sie, „das hat mit Demut zu tun, aber auch mit der Herrlichkeit Gottes."

Dann feiert Franziskus Weihnachten. Mit den Brüdern. In der Gegend von Greccio. Im Wald stellen sie eine Krippe auf. Das ist ein Zeichen für die Not, die Christus schon als Kind zu leiden hatte.

Nicht alle Brüder haben die gleichen Gedanken wie Franziskus. Da ist Elias von Cortona. Er hat ganz andere Gedanken als Franziskus. Er will, daß die Brüder studieren. Franziskus denkt: Sie sollen Jesus nachfolgen, in Armut, ganz einfach.

Einige Brüder sprechen gegen Franziskus: „Wir wollen dich nicht mehr als Herrn über uns. Du bist kein Redner. Du bist unscheinbar von Gestalt und Auftreten. Du bist uns zu einfach in deiner Denkweise."

Franziskus ist tief erschrocken. Er kann nicht mehr mit den Brüdern zusammensein. Er zieht sich zurück. Oft ist er jetzt allein, immer wieder in der Einsamkeit. Er betet. Am Berg La Verna hat er plötzlich Spuren von Wunden an Händen und Füßen.

Franziskus liebt die kleinen Lebewesen, jeden Wurm, jeden Käfer. Franziskus predigt den Vögeln: „ihr müßt den Schöpfer loben. Er hat euch Gefieder zum Gewand, Fittiche zum Flug und was immer ihr nötig habt, gegeben. Er läßt euch leben in der reinen Luft ..."

Franziskus dichtet ein großes Lied, den Sonnengesang.

Franziskus singt das Lied. Er nennt sich einen ‚Spielmann Gottes'. In der Schönheit der Natur erkennt er Gott, den Schöpfer. Einmal hebt er von der Erde ein Holzscheit auf, legt es über den linken Arm, nimmt mit der Rechten einen Stock als Bogen und streicht damit über das Scheit, als wäre es eine Geige. Dazu singt er ein französisches Lied und bewegt sich in Tanzschritten – so hat man später erzählt.

Franziskus wird krank. Kaum kann er noch gehen. Ein Esel trägt ihn von Ort zu Ort. Kaum kann er noch sehen. Man operiert ihn an den Augen. Dann naht der Tod. Franziskus schreibt ein Testament auf für die Brüder. Er freut sich auf den Tod. Singend erwartet er ihn:

Gelobet seist du, Gott,
durch unseren Bruder, den Tod.
Niemand kann ihm entrinnen.
Gelobet seist du, Gott.
Wer in dir stirbt,
er bleibt bewahrt vor dem zweiten Tod.

Nackt liegt Franziskus auf der Erde. In der Portiuncula. Nackt ist er geboren. Nackt will er zu Christus, seinem Herrn, zurückkehren. Franziskus stirbt am 3. Oktober 1226. Er ist 42 Jahre alt: „Ich gehe und werde nicht wiederkommen. Aber mein Herz lasse ich bei euch zurück."

„Folgt mir nach", hat Christus gesagt. Franziskus ist ihm nachgefolgt.

Aus: Dietrich Steinwede (Hg.), Erzählbuch zur Kirchengeschichte, Bd. 1, Christophorus / E. Kaufmann / Vandenhoeck & Ruprecht, Freiburg / Lahr/ Göttingen, S. 320–326, gekürzt.

M 12

Lebensdaten des Franziskus von Assisi

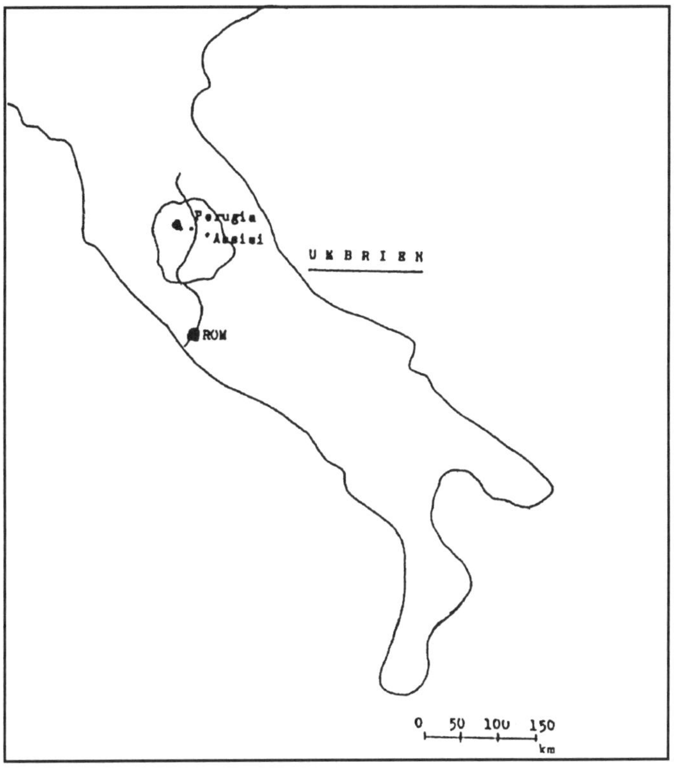

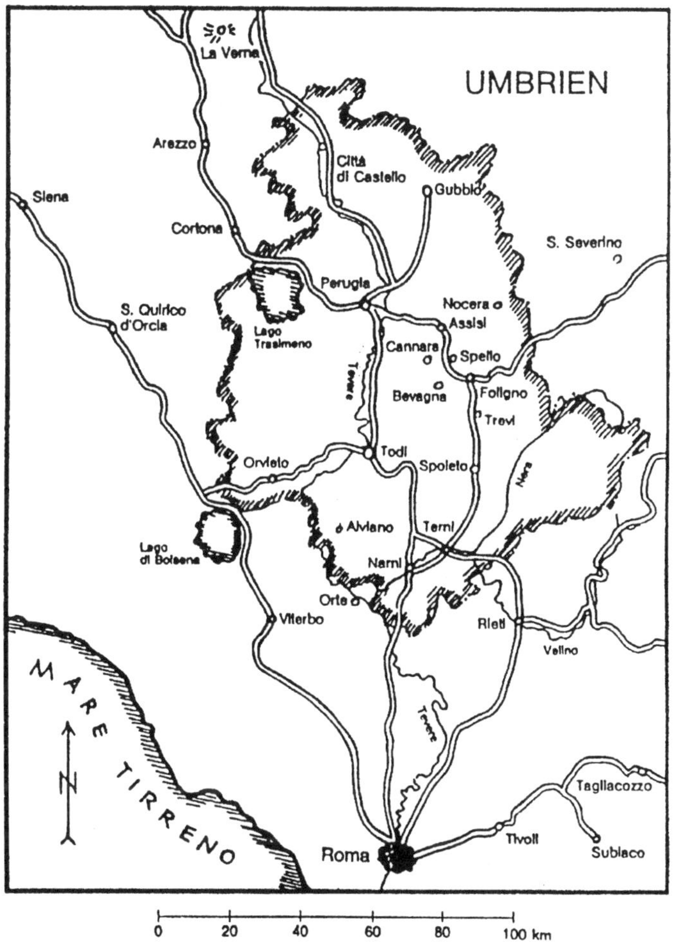

Assisi und Umgebung

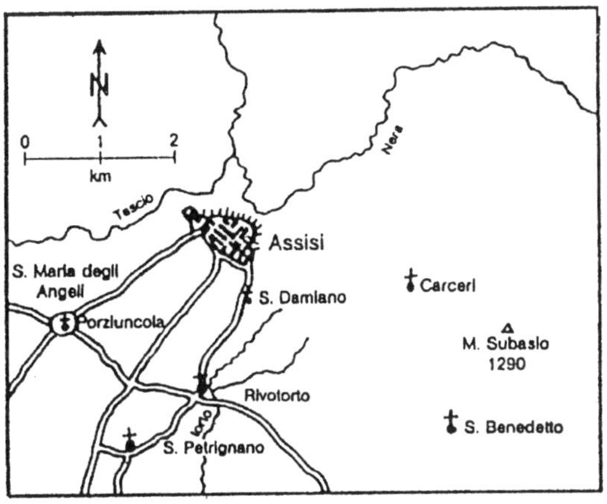

Aus: barfuß, a.a.O., S. 158/59.

M 13

Herr, kommt schnell...

(Franz von Assisi)

Text und Musik:
Siegfried Macht

„Armer Franziskus, wenn der Schmerz dich plagt,
dann sag es nur frei heraus –
wir entschuldigen gern dein Benehmen.
Aber glaub, du solltest dich schämen,
machst du im Ernst zum Gespött dieses Haus."
Doch er sagt:
„Ihr Brüder und Schwestern, mein Vater, wißt,
daß was ich gesungen die Wahrheit ist."

„Franz, wie soll ich dies Zeug verstehn –
dann bist du mein Sohn wohl nicht mehr ...?
Nun dann fort, treib dein Spiel auf den Gassen."
Bald darauf kommt ein Knecht: „Kaum zu fassen,
ganz vor die Stadt bis zum Aussatz ging er
und er rief:
„Ihr Brüder und Schwestern, ihr Armen, schaut,
von allen verstoßen seid ihr mir vertraut."

Wochen später vernahm man dann:
Er lebt bei den Kranken vorm Tor
und scheint ganz den Verstand zu verlieren,
denn er redet nun selbst mit den Tieren;
predigt und lobt sie, als lausche ihr Ohr,
wenn er lehrt:
„Bruder Spatz, Schwester Meise, Geschwister sind wir alle –
ein jeder ist Gottes Kind!"

Winter kam und trieb Wölfe ins Tal,
kein Mensch wagt sich mehr vor die Stadt.
Und der Sturm wühlt in Aas und Gesudel
als ein Mann plötzlich steht vor dem Rudel:
„Brüder, ich weiß, ihr wart lang nicht mehr satt –
hört mich an!
Der Mensch lädt die Flinten in seinem Bau,
Schwester Sonne ist nah ... geh zurück, Bruder Grau!"

Tags darauf sind die Wölfe fort
und der Frost, denn der Wind hat gedreht.
Und Franziskus vernimmt eine Stimme:
„Bau mein Haus wieder auf, denn schlimme
Zeiten regieren." Und Franziskus versteht
und er geht,
sucht Brüder und Schwestern, die in üppiger Zeit
zum Dienst an der Sache des Herrn bereit.

Text und Musik: Siegfried Macht
Aus: Siegfried Macht, Noch lange nicht ausgedient. Neue Lieder für Schule und Gemeinde, Strube, München 1997, Rechte beim Autor.

M 14

Heiliger franziskus
bitt für uns
jetzt und in der phase der entmutigung
dein bruder wasser ist vergiftet
dein bruder feuer kennen die kinder nicht mehr
es meiden uns die vögel

Über dich lächeln sie
päpste und zaren
und die amerikaner kaufen ganz assisi
samt dir
heiliger franziskus
wozu warst du da

In den steinernen vorstädten
sah ich dich herumlaufen
ein hund der im abfall wühlt
selbst den kindern
ist ein plastikauto lieber
als du

Heiliger franziskus
was hast du geändert
wem hast du genützt

Heiliger franziskus
bitt für uns
jetzt und wenn uns das wasser ausgeht
jetzt und wenn uns die luft ausgeht.

Aus: Dorothee Sölle, Die revolutionäre Geduld, Verlag Wolfgang Fietkau, Berlin 1974, S. 6f, Anfang gekürzt.

M 15

Lernerfolgskontrolle

Name: ______________________ Klasse: ________ Datum: __________

Aufgabe:

Die folgenden Bilder stellen wichtige Szenen im Leben des Franziskus von Assisi dar. Leider sind sie durcheinandergeraten. Versuche, die richtige zeitliche Reihenfolge wiederherzustellen, indem Du die Bilder mit Nummern kennzeichnest und – falls möglich – mit der entsprechenden Jahreszahl versiehst. (Das Bild mit den Vögeln läßt sich nicht genau zeitlich festlegen.) Beschreibe jeweils bei jedem Bild, um welche wichtige „Station" seines Lebens es sich handelt oder welche Lebenseinstellung des Franziskus mit dem Bild dargestellt werden soll.

Toni Schneiders, Lindau.

M 16

Franziskus von Assisi: Lebens-Spuren auf dem Weg zu einem Heiligen

Vorbemerkungen: Ebensowenig wie es ein authentisches Porträt von Franziskus gibt, kann eine in allen Lebensstationen historisch gesicherte Biographie erstellt werden, obwohl, den bildlichen Darstellungen entsprechend, eine Fülle von Quellenmaterial zur Verfügung steht. Abgesehen von den wenigen Urkunden, deren Historizität zwar kaum bezweifelt werden kann, deren Aussagekraft über persönliche Lebensdaten des Franziskus jedoch sehr begrenzt ist, liegen verschiedene Legendensammlungen zum Leben des Franziskus vor. Für das gesamte Corpus der Franziskus-Legenden gilt aber, daß sie nicht nur alle nach dem Tod des Heiligen, sondern immer auch mit einer konkreten Intention verfaßt wurden. Bereits ein Vergleich der zwei Viten des Thomas von Celano untereinander, aber auch mit der späteren, vom Orden 1266 zur einzigen autorisierten erklärten Biographie des Bonaventura zeigt z.T. widerspüchliche Schilderungen auf. Weder den Legenden noch den Viten liegt ein historisch-dokumentarisches Interesse zugrunde. Sie sollten vielmehr in ihrer idealisierdenden, verherrlichenden Darstellung der Erbauung, aber auch der Erhaltung der Ordenseinheit bei unterschiedlichen Lehrauffassungen dienen. Dies trifft in Einschränkung auch auf die Informationen zu, die aus den Schriften des Franziskus (z.B. sein Testament) selbst stammen.

Allgemeiner geschichtlicher Hintergrund: Die Lebenszeit des Franziskus von Assisi ist politisch geprägt durch die äußeren Auseinandersetzungen zwischen dem christlichen Abendland und der Welt des Islam (besonders im südl. Europa, Palästina), die in den Kreuzzügen ihren traurigen Höhepunkt fanden. Innenpolitisch waren die Machtkämpfe zwischen Papsttum und den bis Mitte des 13. Jahrhunderts regierenden Stauferkaisern bestimmend, aber auch zunehmende soziale Spannungen zwischen dem aufstrebenden Bürgertum und Adel einerseits und der besitzlosen Schicht andererseits. Es war zugleich die Blütezeit der höfischen Kultur sowohl in seiner kämpferischen (Ritterturniere), als auch in seiner dichterisch-musischen Ausprägung (Minnesang, Zeit der Troubadoure, der epischen Dichtung, wie z.B. Walter von der Vogelweide und Wolfram von Eschenbach).

Kindheit und Jugend

1181/1182 Franziskus wird als ältester von mindestens drei Söhnen des vermögenden Tuchhändlers Pietro Bernardone und seiner Frau Pica geboren und kurze Zeit später auf den Namen Giovanni getauft, jedoch stets Francesco genannt. Er wächst in vermögenden Verhältnissen auf (gehobenes Bürgertum); seine Erziehung und Ausbildung (Rechnen /Buchführung, Schreiben und Lesen sowie (begrenzte) Sprachkenntnisse in Latein und Französisch) sind auf die zukünftige Übernahme des Geschäftes ausgerichtet; er führt als Jugendlicher / junger Mann ein verschwenderisches Leben, feiert mit Freunden, singt Minnelieder für die Auserwählte(n).

1202 Franziskus entschließt sich die Ritterkarriere einzuschlagen: Im Städtekrieg zwischen Assisi und Perugia (nach dem erfolgreichen Aufstand (1197/1198) des Bürgertums von Assisi und der anschließenden Ausrufung der Republik Assisi war der Adel nach Perugia geflohen) zieht er selbstverständlich mit, um den ritterlichen Idealen und seiner standesgemäßen Pflicht nachzukommen.
Niederlage der Bürger von Assisi; Franziskus wird (verwundet) in Perugia inhaftiert.

1203 Sieg des Adels über die Bürger von Assisi; Franziskus kehrt (krank) nach Assisi zurück (der Legende nach wegen einer göttlichen Eingabe während eines Traumes).

1204/1205 Franziskus entschließt sich, am Feldzug gegen Apulien teilzunehmen, kehrt jedoch vorzeitig zurück (der Legende nach wegen einer göttl. Vision).

Zeit der Lebenswende

ca. 1205–08 Ausgelöst durch verschiedene Ereignisse / Visionen vollzieht sich ein Wandel in Franziskus' Leben (genannt seien nur die bekannteren Berichte aus den Legenden):

- Auf dem Weg nach Apulien (in Spoleto) wird ihm in einem Traum bewußt, wer sein eigentlicher „Herr“ ist.
- In einer Vision vor dem Crucifixus der zerfallenen Kirche San Damiano erhält er den göttlichen Auftrag: „Franziskus, geh und baue mein Haus wieder auf ...“
- In einer Begegnung mit einem Aussätzigen wendet er sich gegen seine frühere Gewohnheit, voller Ekel schnell wegzureiten, diesem aus der Gesellschaft ausgestoßenen Menschen zu. Franziskus findet in der Hingabe zu den Bedürftigen eine neue, sinngebende Aufgabe und lebt fortan als „Bettler auf Probe“.
- Er verwendet immer mehr Geld und Waren aus dem väterl. Besitz für karitative und restaurative Zwecke; Im Prozeß vor dem Bischof Guido II. kommt es zum endgültigen Bruch mit seinem Elternhaus (vgl. **M 3**).

Leben in radikaler Nachfolge Christi

1208	Franziskus hört eine Predigt über die Armut; er wählt jetzt entgültig den Weg der kompromißlosen Besitzlosigkeit und gründet eine Bruderschaft mit dem Zentrum Portiuncola. Er verfaßt eine erste (nicht erhaltene) Regel.
1209	Franziskus pilgert mit elf Gefährten nach Rom; er erhält dort von Papst Innozenz III. eine (mündliche) Bestätigung der jetzt regulierten neuen Lebensform in einer Bruderschaft (parallel dazu: 1209–1229 Albigenserkreuzzüge mit der Vernichtung der Katharer !).
1212	Clara (Chiara de Offreducci / Scifi ?) wird in die Gemeinschaft aufgenommen; Gründung des sog. zweiten Ordens in San Damiano. Fortan verbindet Clara und Franziskus eine tiefe innere Freundschaft.
1212 / 1214	Franziskus bricht zwei Missionsreisen ab (1212 während des Kinderkreuzzuges nach Dalmatien wegen eines Sturmes; 1214 nach Spanien wegen einer Krankheit).
1219/1220	Franziskus besucht das Kreuzfahrerheer im ägypt. Damiette; er hält eine Predigt vor dem Sultan al-Kamil. Trotz gegenseitiger Achtung scheitert sowohl die Mission als auch die Bemühung um einen friedlichen Ausgleich zwischen den Heeren; entmutigt und körperlich geschwächt kehrt er zurück.
1220	Während seiner Abwesenheit wurden (teils auch auf Veranlassung des Papstes Honorius III.) Neuerungen im Orden eingeführt, die Franziskus selbst ablehnt (Bildung fester Niederlassungen mit geregeltem Tagesablauf); er übergibt die Leitung des Ordens an Petrus Cat(h)anii.
ab 1220	Franziskus zieht sich aus dem aktiven Ordensleben und dessen Gestaltung zurück, da er körperlich zu schwach ist, um sich gegen die seiner ursprünglichen Intention widersprechenden Neuerungen durchzusetzen.
1223	Bestätigung der endgültigen Regel durch Honorius III..
1224	Franziskus empfängt im September die Wundmale (Stigmata) Christi.
1225	Reise durch Umbrien.
1226	Schwer erkrankt kehrt Franziskus nach Assisi zurück; er schreibt sein Testament und dichtet die letzte Strophe des Sonnengesangs.
3. 10. 1226	Franziskus stirbt in Portinuncola.
1228	Heiligsprechung durch Papst Gregor IX.

5 Fremde

1. Theologische und didaktische Aspekte

Das Gefühl des Fremdseins ist eine elementare menschliche Erfahrung in unterschiedlicher individueller Ausprägung. Es steht oft im Zusammenhang mit dem Empfinden des Ausgeschlossenseins, des Andersseins, der Einsamkeit, des Unvertrauten und auch des Abgelehntseins. Sich mit dieser Gefühlslage und Situation zu befassen, gehört zu einer grundsätzlichen Auseinandersetzung mit der eigenen Existenz, berührt in jedem Fall die Frage nach der eigenen Identität und der Selbstbestimmung bzw. dem Selbstbewußtsein in dieser Welt. Insofern sollte m.E. das Thema „Fremde" nicht ausschließlich unter dem Aspekt der Fremdenfeindlichkeit behandelt werden. Vielmehr geht es in diesem Kontext auch um einen ganz persönlichen Zugang zu dem Lebensgefühl des Fremdseins; denn gerade darüber kann ein tieferes Verständnis für die Situation Fremder möglich werden. Das Bewußtsein, daß jeder Mensch aus unterschiedlichen Lebenslagen heraus zum Fremden werden kann, macht es wahrscheinlicher, oberflächliche und bequeme Pauschalurteile zu hinterfragen. Natürlich muß in einer Unterrichtsreihe zu dem Thema dann konkret auf die Ausgrenzungstendenz und Gewaltbereitschaft gegenüber Menschen anderer Kulturkreise eingegangen werden, wobei sowohl die Perspektive des Fremden als auch die des mit ihm Konfrontierten in den Blick genommen werden müssen. Die Frage nach Handlungsmaximen schließt sich notwendig an, wobei hier besonders biblisch-christliche Aussagen herangezogen werden sollen.

Seit einigen Jahren gehören Berichte über Intoleranz und Aggression gegenüber Fremden in unserem Land schon fast wie selbstverständlich zu den täglichen Nachrichten. Eine öffentlich stärker auftretende Neo-Nazi-Szene macht durch spektakuläre Aktionen ebenso auf sich aufmerksam wie gewaltbereite Gruppierungen (oft Jugendliche). Seit Hoyerswerda und Rostock ist aber auch klar, daß Fremdenfeindlichkeit nicht nur von einigen „Spinnern" ausgelebt wird, sondern daß auch sogenannte „brave Bürger", die ansonsten unauffällig leben, im wahrsten Sinne des Wortes Beifall klatschen, wenn Asylbewerberheime brennen. Das Ausmaß dieser Bereitschaft, Fremde (und damit Schwache) anzugreifen, macht es notwendig, sich mit der Problematik zu befassen, da eine fundierte Positionsfindung unerläßlich ist, um Verhaltensstrategien zu entwickeln, derartigem Gedankengut und derartigen Ausschreitungen mit Wort und Tat entgegentreten zu können.

Die vorliegenden Unterrichtsbausteine sind grob in vier Bereiche gegliedert, die aber nicht in dieser Reihenfolge unterrichtet werden müssen. Zunächst wird das Gefühl des Fremdseins allgemein, aber bereits mit konkreten Beispielen verknüpft, betrachtet. Danach schließt sich eine sachorientierte Phase an, worauf eine Sequenz folgt, in der gängige Klischees und Vorurteile betrachtet und in Frage gestellt werden. Die Überlegungen zu Verhaltensmaximen in diesem Problembereich leiten über zu christlichen Positionen, wobei dieser Teil nicht als notwendiger „Nachklapp" für den Religionsunterricht zu verstehen ist, sondern Antworten aus christlicher Sicht vorstellt, die eine überzeugende Hilfestellung für das eigene Denken und Handeln darstellen können, d.h. die vorhergehenden Unterrichtsschritte, wie sie hier angeboten werden, laufen auf eben diese Antworten zu.

Fluchterfahrungen und Gefühle des Fremdseins werden im AT und NT immer wieder thematisiert. Die biblischen Erzählungen von Abraham (Kanaan, Ägypten) und Jakob (Ägypten) gehören z.B. in diesen Zusammenhang. Das Volk Israel bzw. das jüdische Selbstverständnis war (Ägypten, Babylon, Diaspora) und ist geprägt durch Erfahrungen in der Fremde. Auch aus diesen Erlebnissen erwuchsen die Aufforderung zur Gastfreundschaft und Schutzgebote für den Umgang mit Fremden: z.B. Ex 22,21 – „Einen Fremdling sollst du nicht bedrücken und bedrängen; ihr seid ja auch Fremdlinge gewesen in Ägypten." In Lev 19,32–35 wird gar eine „ethische Höchstforderung" formuliert: „Wenn ein Fremdling bei dir wohnt in eurem Land, so sollt ihr ihn nicht bedrücken. ... , und du sollst ihn lieben wie dich selbst – ...". Der Fremde wird unter den ausdrücklichen Schutz Gottes gestellt (Dtn 10,17–20). Gegen feindliche Völker gilt diese Maxime allerdings so nicht (vgl. Ex 23,22–33).

Im NT wird geschildert, daß Jesus selbst Erfahrungen von Flucht und Fremdsein ausgesetzt ist. So müssen Maria und Joseph (Mt 2,16–18) Jesus durch die Flucht nach Ägypten vor Herodes schützen. Mit dem Gleichnis vom barmherzigen Samariter (Lk 10,25–37) wird vermittelt, wie der abgelehnte Fremde den Willen Gottes erfüllt, indem er dem Schwachen hilft, ohne Eigennutz im Blick zu haben. Im Matthäus-Evangelium wird folgende Aussage Jesu berichtet (Mt 25,35–41): „Ich war fremd, und ihr habt mich beherbergt ...". Jesus verdeutlicht, daß die Aufnahme des Fremden, des Schwachen, des Leidenden und des Ausgestoßenen die Aufnahme seiner selbst heißt: „Wahrlich ich sage euch: Wiefern ihr es einem dieser meiner geringsten Brüder getan habt, habt ihr es mir getan." Jesus stellt heraus (wie es ja auch in der Emmausgeschichte dokumentiert wird), daß man in der Zuwendung zum Fremden Gott finden kann, ja, daß er, Jesus, im Schwachen anwesend ist. So ist sicher auch der Titel des Hungertuches von dem Afrikaner A. Mbatha zu verstehen: „Im Fremden Gott begegnen". Der Christ ist also unmißverständlich dazu aufgefordert, dem Bedrohten zu helfen, mehr noch, es wird ihm versichert, daß er damit Nächstenliebe in Gott lebt.

Der vorliegende Unterrichtsvorschlag soll Gedankenanstöße geben, den Fremden auch als meinen Nächsten wahrzunehmen. Es geht nicht darum, eine oberflächliche Aufforderung zur Nächstenliebe auszusprechen, die an das „Gewissenstürchen" klopft, sondern um ein Nachdenken darüber, daß ich – bei allen Problemen, die das Zusammenleben mit Fremden aufwirft und die nicht ausgespart oder idealisiert werden sollen – Nächster sein kann, in der aktiven wie auch passiven Auslegung des Wortes.

2. Intentionen

Die Sch. sollen

- Gefühle des Fremdseins benennen und Erfahrungen dazu austauschen,
- den Zusammenhang von Ängsten mit dem Gefühl des Fremdseins erkennen,
- sich in Situationen hineinversetzen, die eine Neuorientierung in der Fremde unter schwierigen Bedingungen erfordern,
- Ursachen für Fluchtbewegungen bedenken,
- Sachkenntnisse zur Ausländerproblematik in Deutschland erwerben,

- Ausländerfeindlichkeit und Fremdenhaß besser analysieren lernen und eigene Verhaltensstrategien dagegen entwerfen,
- biblische Positionen zum Verhalten gegenüber Fremden kennenlernen und reflektieren,
- Handlungskonsequenzen und -maximen aus der Erkenntnis ableiten, daß nach christlicher Auffassung Fremde in das Gebot der Nächstenliebe eingebunden sind.

3. Literatur zur Vorbereitung

- Bartholl, Silvia (Hg.): Texte dagegen. Beltz-Verlag, Weinheim und Basel 1993.
- Grix, Rolf / Knöll, Wilhelm: „Wenn ein Fremdling bei euch wohnt ...", Frankfurt/M. 1993.
- Kuschel, Karl-Josef (Hg.): Weil wir uns auf dieser Erde nicht ganz zu Hause fühlen. 12 Schriftsteller über Religion und Literatur. Piper, München 1987[4].
- Misereor: Ich war fremd, und ihr habt mich aufgenommen. Aktionsheft zur Jugendaktion, Aachen 1993.
- Misereor: Gott begegnen im Fremden. Arbeitsheft zum Hungertuch, Aachen 1994.
- Misereor: Im Jahrhundert der Flüchtlinge. Unterrichtsmaterialien für Sek. I, Aachen 1994.
- Sölle, Dorothee: Gewalt. Patmos-Verlag, Düsseldorf 1994.
- Sundermeier, Theo: Den Fremden verstehen. Eine praktische Hermeneutik (bes. Kap. 7 „Den Fremden einladen", S. 198–228). Vandenhoeck & Ruprecht, Göttingen 1996.
- Riepe, Regina und Gerd: Du schwarz – ich weiß. Bilder und Texte gegen den alltäglichen Rassismus, Wuppertal 1995[3].
- Thema: Gewalt. Arbeitsblätter. Ernst Klett Verlag, Stuttgart / Dresden 1993[3].

4. Unterrichtsideen/Verlaufsplanung

A. Überlegungen zum Begriff „fremd"

⇨ Die Sch. betrachten per Folie das Bild (**M 1**) ohne den Text und äußern ihre spontanen Überlegungen. In einem zweiten Schritt wird die Textzeile von Karl Valentin ergänzt. Die Sch. werden aufgefordert, eine Beziehung zwischen Text und Bild herzustellen. Daraus sollte sich ein Gespräch ergeben, in dem Sch. aus ihrem Erfahrungsbereich berichten, ob sie ähnliche Einschätzungen haben.

a. Fremd sein, sich fremd fühlen

⇨ Zunächst soll diesem Empfinden allgemein nachgegangen werden. Die Sch. erhalten den Auftrag, in Arbeitsgruppen über persönliche Beispiele zu sprechen. Eine Situation soll im Rollenspiel dem Plenum vorgespielt werden. Ein bewertendes Gespräch erfolgt im Anschluß an jede Vorführung.

⇨ Jede/r Sch. wird aufgefordert, Gefühle und Erfahrungen des Fremdseins darzustellen. Denkbar sind Collagen, freie Texte (z.B. Brief oder Gedicht), Bilder, pantomimische Vorführungen. Dies soll in Form einer Hausaufgabe erarbeitet werden.

⇨ Im Sitzkreis werden einige Sch.arbeiten gezeigt, kommentiert und bewertet. Über die Produktionen sollte sich ein freier Erfahrungsaustausch ergeben.
Leitfrage: Welche Ängste und Unsicherheiten bestehen im Zusammenhang mit diesem Gefühl bzw. mit dieser Einordnung eines anderen Menschen?
Es wird gemeinsam mit den Sch. ein Tafelbild erstellt (**M 2**), das Ängste und Bedürfnisse auch gerade im persönlichen Erfahrungsbereich erfaßt.

Es schließt sich ein bewertendes Gespräch an. (An der Tafel bzw. auf Folie sammeln.)

b. *Lebensgefühl in der Fremde*

⇨ Nach der gemeinsamen Lektüre des Textes (**M 3**) und Spontanäußerungen dazu sollen die Kernaussagen unterstrichen werden. Im Unterrichtsgespräch (evtl. mit Tafelnotizen) werden die Ergebnisse begründend vorgetragen. Ausgehend von diesen noch allgemeinen Überlegungen ist es sinnvoll, die Gefühle des Fremdseins in diesem konkreten Fall zu erarbeiten. Besonders hervorgehoben werden sollen die Begriffe „Einsamkeit", „Heimat", „sich unterscheiden" als Kriterien der Fremdheit. Aus der Beschäftigung mit dem Text erwächst die Schreibaufgabe: Versetze dich in den Wanderer mit dem Rucksack voller Erinnerungen! Was geht in dir vor auf der „langen geraden Straße zu einem fernen Ziel bei Sonnenuntergang"? Im Hinterkopf hast du immer wieder den Gedanken „Ich bin ein Fremder".

⇨ Die Ergebnisse werden präsentiert, indem ein Sitzkreis gebildet wird und der/die Vortragende (je nach Neigung) im Gehen oder in der Mitte sitzend die Erarbeitung mitteilt. Die Beiträge werden im UG erörtert.

c. *Abrahamsgeschichte*

⇨ Zunächst wird per Folie oder Kopie das Bild (**M4**) betrachtet. Die Sch. tragen zusammen, was ihnen an der Darstellung auffällt. Das vermittelte Lebensgefühl der Person steht im Zentrum des Interesses. Es wird nicht darauf hingewiesen, um welche Person es sich handelt. Als Schreibaufgabe eignet sich hier eine Art Selbstdarstellung. Die Sch. sollen sich in die Figur hineinversetzen und als Ich-Erzähler die vermutete Lebenssituation schildern. Die Ergebnisse werden vorgetragen und in einem Gespräch ausgewertet. Erst dann erfolgt die gemeinsame Lektüre der biblischen Abrahamsgeschichte (Gen 12f). Anhand einer geographischen Karte kann der Weg Abrahams nachgezeichnet werden. Bibeltext und Bild sollten nun zueinander in Beziehung gesetzt werden. (Hinweis: Die Abrahamsgeschichte kann auch erzählt werden; eine Anleitung dazu findet sich bei W. Laubi, Erzählbuch zum AT.) Ausgehend von der zweiten Bildbetrachtung wird der vorgegebene Text (**M 4**) dazu gelesen. Die hier dargestellte Gefühlslage (Spannungsfeld „Er ist fremd" – „Er soll festhalten an der Barmherzigkeit Gottes") muß im Unterrichtsgespräch genauer betrachtet werden. Die Schlußfrage bietet Anlaß zur Diskussion und zur Herstellung aktueller Bezüge. Gleichzeitig kann sie als Überleitung zum nächsten Schwerpunkt dienen.

d. *Perspektivwechsel*

⇨ Die Geschichte „Alptraum" von Gudrun Pausewang (**M 5**) wird vorgelesen. Im UG wird erörtert, welche Sichtweise auf die Problematik „Fremdenhaß" der Perspektivwechsel eröffnet. Aktuelle Bezüge sollten hergestellt werden (Hoyerswerda, Solingen). Was bedeutet der Schluß dieser Geschichte? Hier muß das Verhältnis zwischen Traum und Realität thematisiert werden.

e. *Realität*

⇨ Der Artikel „Hoyerswerda" (**M 6**) kann als Ergänzung in diesem Zusammenhang gelesen werden, da er verdeutlicht, wie sich Fremdenhaß in unserem Land gezeigt hat. Die Sch. können eine Parallele zwischen der fiktiven Geschichte und dem realen Geschehen herstellen (Aufschrift: „Niggerschweine, verpißt Euch!").

B. Warum verlassen Menschen ihre Heimat ?

⇨ Die Sch. sollen allgemein überlegen, welche Gründe es für Menschen gibt, ihre Heimat zu verlassen. In einer Tafelnotiz werden die Gedanken festgehalten, so daß ersichtlich wird, daß Menschen ganz unterschiedliche Beweggründe haben, in ein anderes Land zu ziehen. Das Spektrum reicht von erzwungener Flucht bis hin zu Karrierestreben und Abenteuerlust. Diese Übersicht ermöglicht in einem zweiten Schritt eine Aufstellung, aus der hervorgeht,

als was ein Fremder kommt: Besucher, Tourist, Einwanderer, Asylant, Abenteurer, Gastarbeiter usw. Auch diese Auflistung sollte per Tafelbild festgehalten werden (Frage: Als was kommt ein Fremder?). Eine Differenzierung in die berufliche und damit auch soziale Stellung läßt sich daraus entwickeln (als Stillarbeit und im UG möglich). Durch die Ergebnisse wird erstens deutlich, daß Fremde im eigenen Land unterschiedlich bewertet werden (Diplomat/Asylant), und zweitens, daß es *den* Fremden bzw. *den* Ausländer so pauschal gar nicht gibt. *Frage:* Was macht eigentlich die Wertschätzung / den Wert eines Menschen aus ?
Diese Frage wird diskutiert, wobei erkennbar werden soll, daß die Bewertungskriterien gegenüber anderen Menschen zu hinterfragen und immer wieder zu überprüfen sind.

a. Fluchtursachen

⇨ In einer freien Phase sollen die Sch. überlegen, welche Gründe es geben kann, aus dem Heimatland zu fliehen (Tafelnotiz zwecks späterer Überprüfung wäre sinnvoll). Zunächst wird per Folie eine Information (**M 7**) über weltweite Flüchtlingsströme gegeben. Die Unterscheidung „Flüchtling" und „Migrant" wird erläutert.

b. Fluchtursache: Krieg

⇨ Die Sch. haben die Aufgabe erhalten, für diese Stunde Bilder von Kriegsschauplätzen zu sammeln. Im Sitzkreis werden diese betrachtet. Spontanäußerungen sollten viel Raum haben, um sich der Thematik anzunähern. In einem nachfolgenden UG wird dann erörtert, daß Krieg eine wesentliche Ursache für Fluchtbewegungen darstellt. Vertiefend kann der Zeitungsartikel „Weltweit herrschen 43 Kriege" (**M 8**) in das Gespräch einbezogen werden, da er in knapper Form über weltweite Kriegsentwicklungen informiert. Anschließend wird die individuelle Bedrohung (natürlich sehr vereinfacht, aber nicht verharmlosend) in einer solchen Situation in den Blick genommen.
Aufgabe: Stelle dir vor, daß hier und heute eine Kriegssituation entsteht. Was könnte das für dich bedeuten? Diese Frage eignet sich besonders für eine schriftliche Form der Beantwortung. In der Auswertungsphase kommt es darauf an, die persönliche Dimension hervorzuheben und davon ausgehend Flucht verständlicher zu machen.

⇨ Ein aktueller Erfahrungsbericht eine/s/r Jugendlichen aus einem Kriegsgebiet ist sicher eine gute Ergänzung bzw. Alternative zu diesem Unterrichtsschritt.

⇨ Hausaufgabe: Im Lexikon *amnesty international* nachschlagen.

c. Fluchtursache: Politische Verfolgung

⇨ Der Auszug aus dem Jahresbericht von *ai* (**M 9**) wird gemeinsam gelesen. Die Situation politisch Verfolgter soll aus dem Text herausgearbeitet und im UG problematisiert werden.

⇨ Im Anschluß daran wäre ein Schülerreferat zu der Arbeit von *ai* sinnvoll. Die Sch. erfahren so die Möglichkeit institutionellen Handelns, das sie individuell unterstützen könnten in einer *ai*-Gruppe vor Ort.
Außerdem sollte ein Vertreter dieser Organisation in den Unterricht eingeladen werden.

⇨ Im Anschluß daran wird die Asylgesetzgebung anhand eines Vergleiches des betreffenden Grundgesetzartikels vor und nach 1993 genauer betrachtet (**M 10**), um die derzeitige Situation von Asylbewerbern erneut zu erörtern.

d. Fluchtursache: Armut

⇨ Per OHP-Folie wird ein in Armut lebendes Kind in seiner Umgebung gezeigt (**M 11**). Die Sch. sollen sich in das Kind hineinversetzen und aufschreiben, wie sie sich den Tagesablauf des Kindes vorstellen.

⇨ Die Ergebnisse werden im Plenum vorgestellt und ansatzweise besprochen.

⇨ Die Sch. sollen dann ihren eigenen Tagesablauf schildern. Die Ergebnisse werden ebenfalls vorgestellt und kontrastiv mit den ersten Produktionen verglichen.

⇨ Die Vorstellung von einem Leben in Armut kann durch ein Experiment verdeutlicht werden, indem z.B. eine Wohnfläche von ca. 10m² im Klassenraum markiert wird. Auf diese Fläche stellen sich vier Personen und überlegen, wie der Wohnalltag einer Familie dieser Größe aussehen könnte.

e. Fluchtursache: Umweltzerstörung

⇨ In einer vorbereitenden Hausaufgabe haben die Sch. eine freie Collage zum Thema Umweltzerstörung erstellt. Die Erarbeitungen werden im Sitzkreis vorgestellt und erörtert.

⇨ In einem zweiten Schritt werden Befürchtungen und Ängste der Sch. im Zusammenhang mit einer zunehmenden Umweltzerstörung zusammengetragen.

⇨ Dann sollen die Sch. selbst an der Tafel in Form von Stichworten sammeln, welche Formen der Umweltzerstörung zu Fluchtursachen werden können (Wetterextreme, Anstieg des Meeresspiegels, Trockenheit, Übernutzung des Bodens, Abholzung, Vergiftungen, Unfälle [Chemie], Großprojekte usw.). Diese Aspekte werden auf dem Hintergrund der zuvor geäußerten eigenen Ängste betrachtet.

⇨ Zu allen vier Fluchtursachen wäre es wünschenswert, wenn die Schüler eigenständig auf Materialsuche gingen. Die Ergebnisse können in der Klasse vorgestellt werden. Es wäre aber auch die Erarbeitung einer „eigenen" Mappe denkbar, die während der Unterrichtseinheit fortlaufend ergänzt wird.
Die Mappe könnte auch in der Benotung berücksichtigt werden und zu Ausstellungszwecken im Rahmen einer schulinternen Aktion, z.B. Info-Tisch, Verwendung finden.

C. Zu viele Flüchtlinge?

⇨ Mittels Arbeitsblatt oder per Folie (**M 12**) sollen die Sch. die graphische Aufschlüsselung der Anzahl der Flüchtlinge je 1000 Einwohner erfassen und bewerten. Daraus folgt ein UG über die landläufige Meinung, daß Deutschland ausgesprochen viele Flüchtlinge aufnehme.

D. Ablehnung der Fremden

a. Ausländerproblematik

⇨ Fremdenfeindlichkeit richtet sich nicht nur gegen Flüchtlinge, von denen viele um Asyl in Deutschland bitten, sondern auch gegen Ausländer allgemein. In einem freien UG sollen die Sch. Beispiele benennen, Erfahrungen berichten, über Ursachen der Fremdenfeindlichkeit nachdenken.

⇨ In einer Hausaufgabe oder einer Schreibphase wird folgende Aufgabe gestellt: Schreibe auf, was dich ganz persönlich an Ausländern stört, aber auch, was dir an Ausländern gefällt! (Ob diese Aufgabe so gestellt werden kann, hängt natürlich wesentlich von der Lerngruppe ab. Es sollten aber grundsätzlich zu dieser Thematik kritische Äußerungen möglich sein und auch Negativerfahrungen ausgesprochen werden dürfen.)

⇨ Im UG werden die Ergebnisse diskutiert. Es wird herausgearbeitet, welche Probleme sich ergeben können im Zusammenleben von Menschen aus unterschiedlichen Kulturkreisen (Sitten, Gebräuche, Religion, Kleidung, Hautfarbe, Lebensführung usw.). Ein zweiter wichtiger Aspekt ist die Beachtung der Fragestellung, welchen Gewinn man persönlich aus der Berührung mit anderen Kulturen ziehen kann.

⇨ An diese eher emotionale und erfahrungsbedingte Herangehensweise läßt sich gut eine sachorientierte Phase anschließen. Drei Graphiken (**M 13–15**) geben Auskunft über relativ aktuelle Entwicklungen bezogen auf unterschiedliche Zuwanderergruppierungen in Deutschland.

⇨ In Partnerarbeit wird jeweils eine Graphik von den Sch. analysiert (nach Wahl), so daß sie anschließend in der Gesamtgruppe interpretierend vorgestellt werden kann. Es soll u.a. deutlich werden, wie hoch die Anzahl von Zuwanderern ist, und es können Überlegungen dazu angestellt werden, wie damit umgegangen werden könnte.

b. Vorurteile, Haß und Gewaltbereitschaft

⇨ In arbeitsteiligen Kleingruppen erhalten die Sch. Materialien (**M 16–19**), die Formen von Fremdenhaß, Vorurteile und Klischeevorstellungen gegenüber Ausländern und auch Reaktionen darauf thematisieren.

⇨ Die Sch. erhalten die Aufgabe, Text bzw. Bild zu analysieren, die Kernaussagen herauszuarbeiten und eine Stellungnahme abzugeben. Das Material erhalten die übrigen Sch. von den Arbeitsgruppen als Arbeitsblatt, oder es wird per Folie präsentiert, so daß alle Zugang zu der „Primäraussage" haben.

⇨ Folgende Begriffe müssen in der sich anschließenden Auswertung berücksichtigt werden: Ausländerfeindlichkeit, Diskriminierung, Vorurteile, Gewaltbereitschaft, „Sündenbockfunktion", Ohnmachtsgefühle (Betroffener und „Zuschauender").

⇨ Es ist sinnvoll, den Liedtext der Gruppe *Die Toten Hosen* (**M 19**) an den Schluß der Bewertungssequenz zu stellen, weil viele Aspekte angesprochen werden, die Fremdenfeindlichkeit verursachen, und beschrieben wird, wie schwierig es ist, damit umzugehen, wenn man gegen derartige Entwicklungen ist. Hier läßt sich abschließend gut das Bild der Schülerin Inga Wagner (**M 20**) einbringen, da es für die Sch. leicht ersichtlich und pointiert die grundsätzliche Gleichheit der Menschen postuliert, aber auch aufruft zu aktiver Gegenwehr gegen Rassismus und Intoleranz. Die Sch. sollen sich spontan zu der Darstellung äußern und dann (evtl. an der Tafel) inhaltlich füllen, was das heißen kann: „Stop Racism – Act Up!" Eine vertiefende Hausaufgabe kann hier angeschlossen werden.

c. Antworten aus christlicher Sicht – Bibelarbeit

⇨ Die Sch. erhalten verschiedene Bibelverweise, die sie aufsuchen und herausschreiben sollen.

ALTES TESTAMENT

Lev 19,33–35 „Wenn ein Fremdling bei dir wohnt in eurem Lande, so sollt ihr ihn nicht bedrücken. ... , und du sollst ihn lieben wie dich selbst – ..."

* Ex 22,21 „Einen Fremdling sollst Du nicht bedrücken noch bedrängen; ihr seid ja auch Fremdlinge gewesen in Ägypten."

* Dtn 10,17–20 „Denn der Herr, euer Gott, ist der Gott ..., der der Waise und der Witwe Recht schafft und den Fremdling liebhat, ..."

* Ps 146,9 „Der Herr behütet den Fremdling ..."

* Dtn 23,15–17 „ Du sollst den Sklaven, der sich von seinem Herrn weg zu dir flüchtet, seinem Herrn nicht ausliefern."

Jer 7,6 „ ... wenn ihr Fremdling, Waise und Witwe nicht bedrückt ..."

* Lev 24,22 „Einerlei Recht soll unter euch gelten, für den Fremdling wie für den Einheimischen ..."

NEUES TESTAMENT

* Mt 25,35–41 „...; ich war fremd, und ihr habt mich beherbergt; ..." „Wahrlich, ich sage euch: Wiefern ihr es einem dieser meiner geringsten Brüder getan habt, habt ihr es mir getan."

* Gal 3,28 „Da ist nicht Jude noch Grieche ... denn ihr alle seid einer in Christus Jesus."

Hebr 13,2 „ Der Gastfreundschaft vergesset nicht! denn durch diese haben etliche ohne ihr Wissen Engel beherbergt."

Die Textstelle, die den Sch. besonders ausdrucksstark erscheint, soll von ihnen farblich hervorgehoben werden. Die Ergebnisse werden vorgetragen und im UG bewertet. Die eigene Hervorhebung muß begründet werden. Hinweis: In diesem Zusammenhang kann man auch die Weihnachtsgeschichte als Fluchtgeschichte lesen.

⇨ Im Anschluß daran kann die Textstelle 1.Kor 12,12 „Ein Leib, viele Glieder" gelesen werden. Ein Bezug läßt sich herstellen zu Mt 25,35–41. Aus dem „Bild" von Jesus als dem Leib mit vielen Gliedern kann z.B. ein Plakat in Kleingruppen entworfen werden mit dem Motto: *Die Welt ist eine.* Aussagen aus den vorher bearbeiteten Bibelstellen sollen bildlich oder wörtlich in das Plakat integriert werden.

Die Plakate werden im Plenum vorgestellt und besprochen. Sie können dann in Klassenräumen oder im Schulgebäude aufgehängt werden.

⇨ Den Sch. bietet sich die Möglichkeit, in diesem Zusammenhang darüber nachzudenken, inwiefern alle Menschen auf dieser Erde in einer Beziehung zueinander stehen.

⇨ *Hinweis:* Das Gleichnis vom barmherzigen Samariter (Lk, 10,25–35) oder das Gleichnis von der Heilung der 10 Aussätzigen (Lk 17, 11ff) eignen sich ebenfalls als Textgrundlage.

E. Im Fremden Gott begegnen

Hungertuch 1 und 2

Das Hungertuch des Afrikaners Azariah Mbatha (**M 21**) zum Thema „Im Fremden Gott begegnen" kann auf unterschiedliche Weise im Unterricht verwendet werden. Je nach Einschätzung der Gruppe kann das Bild gemeinsam erarbeitet werden oder in thematischen Abschnitten in Kleingruppen betrachtet werden. Besonders sinnvoll ist auch eine arbeitsteilige Kleingruppenarbeit. Für die Gruppen muß L. Hinweise und Hilfen geben, da die Darstellung sehr komplex ist (Hilfe: Misereor-Begleitheft). Es ergibt sich aus der Darstellung eine Fülle von Aspekten zu dem Thema: Emmausgeschichte im Zentrum, Fluchtsituation, Mosegeschichte – Befreiung, Zusammenleben mit Fremden. In diesem Zusammenhang kann man in der Klassenstufe eigentlich schon bekannte biblische Themen erneut in Erinnerung rufen (Abraham, Exodus). Vor allem aber hebt Mbatha mit seinem Werk die im NT vermittelte Gewißheit hervor, daß Jesus den Menschen hier und heute begleitet. Die Darstellung von schwarzen und weißen Figuren soll die Sch. bewegen, über eine Möglichkeit des Zusammenlebens von Menschen unterschiedlicher Herkunft nachzudenken und gedankliche Entwürfe vorzutragen. Im Zentrum des Bildes wird Jesus mit einer schwarzen und einer weißen Hand gezeigt, was die Ableitung zuläßt, daß in Jesus und von Jesus her die Menschen unabhängig von Herkunft, Hautfarbe und Status angenommen sind. Der Titel „Im Fremden Gott begegnen" wird auch auf dem Hintergrund der bisher gelesenen Bibelstellen und besonders der Emmaus-Geschichte (Lk 24,13–35) thematisiert.

Hinweis: Das Misereor-Arbeitsheft zum Hungertuch (Misereor Medienproduktion und Vertrieb, Postfach 1450, 52015 Aachen, Arbeitsheft zum Hungertuch „Gott begegnen im Fremden", 5,– DM) enthält wertvolle Anregungen und Hintergrundinformationen. Es ist ratsam, den Sch. das entsprechende Faltblatt – ausgesprochen preiswert im Klassensatz ebenfalls zu beziehen bei Misereor – zu dem Hungertuch in die Hand zu geben. Die Sch. freuen sich darüber und können als Hilfsmittel die Kurzinformationen nutzen.

Ebenfalls gut geeignet ist in diesem Zusammenhang das Misereor-Hungertuch aus Haiti von J. Chéry. Auch hier sind unterschiedliche Herangehensweisen möglich. Da es sich um ein Farbbild handelt (es ist auch im Kursbuch 7/8 abgebildet), hat sich eine Übertragung auf eine Farbfolie als sinnvoll erwiesen, damit diese ausdrucksstarke Seite des Bildes erfaßt werden kann. Die Sch. haben viel zu entdecken und zu beschreiben und können in einem zweiten Schritt einzelne Bilder genauer bearbeiten und ein Übersichtsschema entwerfen, das an der Tafel festgehalten wird. Jesus wird als dunkelhäutiger Mensch in das Zentrum des Bildes gerückt, und in den Einzelbildsequenzen erscheint er als Begleiter der bedrückten (Flucht), aber auch fröhlichen Menschen (gemeinsames Essen). Er ist im Leid anwesend (Krieg) als Geschundener und spricht alle Menschen an, unabhängig von ihrer ethnischen Zugehörigkeit. Die abgewandelte Kreuzigungsszene, in der Jesus an einem üppige Früchte tragenden Baum gezeigt wird, vermittelt Hoffnung und Lebenszugewandtheit. Jesus selbst kann so als „Baum des Lebens" aufgefaßt werden. Die Sch. haben die Möglichkeit, erneut über das Gleichheitsprinzip der Menschen in Gottes Zuwendung nachzudenken und ihre Ansichten darüber im UG zu äußern.

Anschließend werden die Sch. aufgefordert, „ihren" Baum des Lebens zu entwerfen, indem sie einen Baum zeichnen, der mit Begriffen versehen werden soll, die ihren Hoffnungen und Lebenswünschen entsprechen. Eine Auswertung erfolgt im Sitzkreis.

⇨ Beide Hungertücher können auch jeweils an den Anfang einer Unterrichtsreihe zum Thema Fremde gestellt werden. Die Darstellung von A. Mbatha kann in Sequenzen als eine Art Leitfaden viele hier aufgeworfene Themenkreise ergänzen oder auch als eigentlicher Unterrichtsschwerpunkt dienen, indem man ganz gezielt die biblischen Aspekte aufgreift und vertiefend erarbeitet.

⇨ Hinweis: Wer nicht mit den Hungertüchern arbeiten möchte, sei auf das Bild „Das große Gastmahl" von Willy Fries hingewiesen, das in den braunschweiger beiträgen Nr. 33 von Nina Stürm dokumentiert wurde und auch in RL – Zeitschrift für Religionsunterricht und Lebenskunde, Heft 1/1986.TVZ, Köln / Zürich erschienen ist.

⇨ Abschließend läßt sich die Frage formulieren, welches christliche Handeln im Zusammenhang mit Fremdenfeindlichkeit aus der Beschäftigung mit biblischen Aussagen resultiert. Die Sch. sollen versuchen, entsprechende Positionen zu formulieren, die dann im UG aufgegriffen werden.

F. Kirchenasyl

⇨ Zunächst werden die Sch. aufgefordert, Material aus Zeitungen zusammenzutragen, das aktuelle Beispiele zu diesem Thema enthält. Die geschilderten Situationen werden vorgestellt und andiskutiert. Daraufhin wird der Text „Es gibt eine christliche Beistandspflicht" (**M 22**) näher betrachtet, indem die zehn aufgestellten Thesen gemeinsam gelesen werden und dann in Partnerarbeit jeweils zwei davon genau erarbeitet werden, so daß die darin enthaltenen Hauptaussagen der Gruppe vorgestellt werden können. Da der Text für diese Klassenstufe an manchen Stellen recht schwierig ist, sollten keine zu hohen Erwartungen an die Textarbeit gestellt werden, dennoch sind die hier vertretenen Positionen im Kern nachvollziehbar und erleichtern einen Zugang zu dem Problembereich Kirchenasyl.

G. „Ich hab's satt, nur zu reden und rumzustehen." (Die Toten Hosen)

⇨ Diese kurze Textzeile bringt zum Ausdruck, wie es vielen Menschen in der Konfrontation mit Fremdenfeindlichkeit geht.

⇨ Eine erste Auseinandersetzung mit dieser Problematik kann durch ein Rollenspiel erfolgen. In Gruppen stellen die Sch. eine Szene, die eine bedrohliche Situation zeigt, in der sich ein Ausländer befindet. Im Anschluß daran werden die einzelnen Akteure (z.B. Pöbler, stummer Passant, zustimmender Passant, kritischer Passant, Opfer etc.) im Plenum zu ihren Gefühlen und ihrem Handeln befragt. Dazu müssen sie natürlich zunächst in ihrer Rolle bleiben, von der sie sich in einem zweiten Schritt distanzieren dürfen, um sie zu kommentieren. Ausgehend von den Feststellungen zu den Rollenspielen werden Möglichkeiten zu aktivem Handeln aufgezeigt. Zunächst wird durch einen vorbereiteten Sch.vortrag die Aktion Courage vorgestellt, die ihre Wurzeln in Dresden hat und als Zeichen einen Button mit Zebra verwendet. Mit dieser Aktion soll gezeigt werden, daß man grundsätzlich nicht bereit ist zu schweigen und die Absicht hat, Ausländern in bedrohlichen Situationen zu helfen. Innerhalb der Aktion werden Strategien erörtert, wie man sich in solchen Situationen angemessen verhalten kann. Hinweis: Hintergrundinformationen finden sich in dem Misereorheft „Ich war fremd, und ihr habt mich aufgenommen" – zu beziehen bei Misereor (Adresse s.o.) für 5,– DM. Diese Aktion kann auch in eine Unterrichtseinheit zu dem Thema Fremdenfeindlichkeit gut eingebunden werden, indem z.B. ein Informationstisch aufgebaut wird und Buttons hergestellt und verteilt werden.

⇨ Ferner sollen die Sch. prüfen, ob es in ihrer Stadt Aktivitäten im Zusammenhang mit Kirchenasyl gibt. Es können Vertreter der betreffenden Kirchengemeinden und Schutzsuchende aufgesucht oder in die Schule eingeladen werden.

⇨ Asylbewerberheime in der näheren Umgebung können besucht werden, vielleicht darüber auch dauerhaftere Kontakte hergestellt werden.

⇨ Experten, die in den Unterricht eingeladen werden, vermitteln oft neue und praxisnahe Einblicke in die Problematik. Zu Vertretern folgender Institutionen, die sich in vielen Städten befinden, lassen sich Kontakte knüpfen: Gesellschaft für bedrohte Völker, Arbeiterwohlfahrt, Ausländerpfarramt, Arbeitskreis zur Unterstützung Asylsuchender, amnesty international, Büro des Ausländerbeirates, Sozialamt.

5. Das Thema in Schulbüchern und Unterrichtsmaterialien

- Bundeszentrale für politische Bildung (Hg.): Informationen zur politischen Bildung. Ausländer. 237, München 1992.
- Bücken, Hajo (Hg.): Das Fremde überwinden: vom Umgang mit sich und anderen. Burckhardthaus-Laetare Verlag, Offenbach/M. 1991.
- Clemens, Karin / Albert, Dieter (Hg.): Publik-Forum Materialmappe. Du doitsch?. Materialien zu Rechtsextremismus, Kolonialismus, Rassismus, Nationalismus und der Vielfalt deutscher Kultur. Publik-Forum Verlagsgesellschaft, Oberursel 1991.
- Dippel, Frank / Hoffmann, Inge (Hg.): Politik ... betrifft uns. Menschlichkeit statt Fremdenfeindlichkeit. Heft 4. Bergmoser und Höller, Aachen 1993.
- Führing, Gisela / Lensing, Mechthild (Hg.): Was heißt hier fremd? Unterrichtsmaterial zum Thema Ausländerfeindlichkeit. Cornelsen, Berlin 1994.
- Heydenreich, Konrad u.a. (Hg.): Ethik und Unterricht. Umgang mit dem Fremden. Heft 4. Diesterweg, Frankfurt/M. 1993.
- Kluge, Jürgen (Hg.): Entdeckungen machen 9/10, Kap. „Solidarität“, S. 23–42. Schwann-Bagel, Düsseldorf 1987.
- Schwieger, Michael (Hg.): LebensZeichen 7/8, Kap. 9 „Anders leben – für andere leben“ (in Auszügen zu verwenden), S. 155–174. Vandenhoeck & Ruprecht, Göttingen 1990.
- Thema: Gewalt. Arbeitsblätter. Ernst Klett Verlag, Stuttgart / Dresden 1993[3].
- Thema: Gewalt. Arbeitsblätter. Ernst Klett Verlag, Stuttgart / Dresden 1994[3].
- Weltmission: Arbeitsheft für Schule und Gemeinde. Die Stadt Gottes kennt keine Fremden. Evangelisches Missionswerk, Berlin / Hamburg 1990.

6. Materialien und Medien

- Fremdenfeindlichkeit, Video-Band (Bestell-Nr. 80089, 27,40 DM), GEW-Materialladen, Theodor Heuss Allee 90, 60 486 Frankfurt.
- Selbstbedienung, Film, 1981, Kreis- oder Landesbildstelle.
- Der Schwarzfahrer, Kurzfilm, BRD 1992, Kreis- oder Landesbildstelle.

M 1

M 2

Tafelbild

Ängste, die ich habe, ...

... wenn ich mich fremd fühle:

... wenn ich jemanden (oder etwas) als fremd einschätze:

Bedürfnisse, die ich habe, ...

... wenn ich mich fremd fühle:

... wenn ich jemanden (oder etwas) als fremd einschätze:

M 3

In der Fremde

Ein Mensch ist fremd, wenn er sich einsam fühlt. Man kann überall fremd sein, sogar in der „Heimat".
Ein Fremder ist jemand, der sich von den anderen unterscheidet, der das Gefühl hat oder dem das Gefühl gegeben wird, anders zu sein als die anderen.
Ein Fremder hat es schwer auf der Welt.
Er ist wie ein Wanderer mit einem schweren Rucksack voller Erinnerungen, unterwegs auf einer langen geraden Straße zu einem fernen Ziel bei Sonnenuntergang.
Ich bin ein Fremder.
Iran, mein Zuhause, die Heimat meiner Liebe ist zerstört worden und hat mein Leben allein gelassen. Ja, ich bin in einem fremden Land, mit unbekannten Menschen. Dort bringe ich mein Leben zum Tod. Ich vergesse meine Gedanken, weil der Iran mich vergessen hat. Meine Zukunft wurde dadurch eingeschränkt.
Das Einzige, das mir geblieben ist, ist der Name Iran.
Werde ich durch mein Gehen vergessen können?
Kann ich wieder einen Vater und eine Mutter haben, die mir raten und helfen können?
Kann ich wieder mit meiner Familie ein angenehmes Leben anfangen?
All diese Fragen muß ich der Zukunft stellen.
Wird die Zukunft mir antworten?
Oder verschweigt sie mir eine Antwort?

Bahram S. Sedaghati, 17 Jahre

Aus: Rainer Bücher u.a. (Hg.), Ein Käfig ging einen Vogel suchen, Hessisches Institut für Lehrerfortbildung, Wiesbaden 1991, S. 72.

M 4

Abraham

Roland Peter Litzenburger, Abraham,
© Gretel Kunze, Markdorf.

Etwas hat diesen Mann gefaßt und aus der Mitte, in der er bisher lebte, an den Rand gedrängt. Da steht er nun. Seine Augen sind voller Angst. Alle Geborgenheit ist verlorengegangen. Die eine Hand hält den Stab. Der ist groß. Aber sehr fest packt er nicht zu. Dieser Stock wird keine wirkliche Hilfe sein. Die andere Hand ist geöffnet, nicht um etwas zu empfangen oder zu betteln, sondern eher wehrlos: Was soll ich schon machen?

Er muß weitergehen, aber wie? Ein ganz klein wenig wendet er den Kopf zurück in Richtung Vergangenheit, dorthin, wo er herkam, wo er in der Mitte stand. Aber dorthin gibt es kein Zurück. Hell ist es in der Mitte. Dort, wo er jetzt hingedrängt wird, ist es dunkel. Es geht ins Ungewisse.

Der Mann heißt Abraham. Er lebte lange mit seiner Familie zusammen. Es waren wohlhabende Leute. Bei ihnen hatte er Vaterland, Heimat, Freunde, ein Vaterhaus. Da wußte er, wo er hingehörte. Da stand er in der Mitte, geborgen. Hier ist er allein. Keiner kennt ihn. Keiner steht ihm bei. Er ist fremd.

Was hat ihn so aus seinem bisherigen Leben herausgerissen? Aus der Bibel lernen wir, daß Gott ihn rief: „Gehe aus deinem Vaterhaus in ein Land, das ich dir zeigen werde, und ich will dich segnen, und du sollst ein Segen sein." Ein Segen auch für die Menschen, bei denen er in Zukunft wohnen wird.

Daran wird er sich halten, mehr als an den kümmerlichen Stab: daß Gott bei ihm ist. Tag für Tag wird er diesen Glauben bewahren, und das wird schwer genug sein. Wir kennen die Berichte von seinen Fragen und seinen Zweifeln. Er weiß von Gott und seinem Ruf. Und doch ist es schwer, daran festzuhalten, daß keine blinde Macht sein Leben bestimmt, sondern Gott in der Mitte steht und ihn führt und hält. Wieviel schwerer ist es für die, die keinen solchen klaren Ruf erhielten, keine besondere Verheißung zu glauben, daß auch ihr Leben gehalten ist, von Gott. Er wird in ein Land kommen, wo Menschen nichts von ihm wissen. Er kommt zu Menschen, die nur ihre eigene überschaubare Welt kennen und ihn als den Fremden empfinden, der nicht zu ihnen gehört. Sie fühlen, daß sie in der Mitte stehen, als Herren des Landes. Wie werden sie mit dem Fremden umgehen?

Es wird nichts von besonderer Feindseligkeit erzählt. Gegen Ende seines Lebens, als er seine Frau begraben muß, erfährt er ein Stück Menschlichkeit. Er bekommt einen Begräbnisplatz für die tote Sara. Und er kann hoffen, daß es auch für seinen Sohn und die Enkel einen Platz geben wird, wo sie leben können. Was aber, wenn die Menschen feindselig wären? Wenn sie ihm keinen Raum gewähren würden? Wie würde er damit fertig werden? Es ist leicht, ihn noch weiter an den Rand zu drängen, ihm klarzumachen, daß er Randsiedler ist.

Er soll festhalten an der Barmherzigkeit Gottes. Hoffentlich erlebt er nicht zuviel Unbarmherzigkeit, die ihm das Glauben noch schwerer macht. Die Kanaanäer haben eine große Verantwortung. Wie sie diesem Fremden begegnen, daran wird sichtbar oder unsichtbar werden, daß Gott es gut mit ihm meint. Sicher, sie haben keine Ahnung, wer da zu ihnen kam. Ist er ein Landstreicher, ein Verdächtiger, ein Hilfloser? Sie sind auch keine frommen Leute, aber ihr Verhalten könnte große Folgen haben. Sie wissen nicht, welcher Segen in diesem Fremden auf sie zu kommt.

Ich betrachte noch einmal sein Gesicht. Ist das wirklich nur Abraham? Seine Züge erinnern mich an seinen Nachkommen Jesus aus Nazareth, den man zu seiner Zeit auch hinausgedrängt hat. Er sagte: „Ich bin ein Fremdling gewesen, und ihr habt mich aufgenommen", und er kommt bis heute in der Gestalt des Fremden zu uns. Wie nehmen wir ihn auf?

Quelle unbekannt.

M 5

Alptraum

So was hab ich kürzlich geträumt: Ich war im Ausland. Es muß ein afrikanisches Land gewesen sein, denn die Leute dort waren Schwarze. Wir waren die einzigen Weißen, wo immer wir uns auch aufhielten.

So ein Traum wäre nichts Besonderes. Nicht wert, erwähnt zu werden. Ich habe schon oft geträumt, ganz allein zwischen Eskimos, Indianern oder Chinesen zu sein. Anregende Träume. Oft sogar aufregende Träume, schön abenteuerlich.

Aber dieser Traum zwischen den Schwarzen war ganz anders. Ein Angsttraum! Denn wir – meine Eltern, mein Bruder Michael und ich – waren dort nicht als Touristen, sondern als Asylbewerber!

Ich weiß nicht, weshalb wir in diesem Traum aus Deutschland hatten flüchten müssen. Krieg? Hunger? Eine zweite Hitlerzeit? Jedenfalls waren wir auf der Flucht und suchten in diesem Land der Schwarzen Schutz. Ich fühlte es ganz deutlich: Wir waren Bittsteller.

Und genau so wurde wir auch behandelt. Schließlich hatten wir ja unser Haus und unser Auto nicht bei uns, nicht einmal unser Geld. Wir waren arm. Als Mutti auf der Post Briefmarken kaufen wollte, aber ihre Mühe hatte, mit den Münzen dieses Landes klarzukommen, wurde sie vom Schalterbeamten angeschnauzt. Sie kam sich vor wie ein ausgescholtenes Kind.

Als wir einen Laden betraten, wurden wir argwöhnisch beobachtet, als sei es sozusagen selbstverständlich, daß wir auf nichts anderes aus wären, als die Kasse auszurauben oder mindestens aus den Regalen allerlei heimlich mitgehen zu lassen.

In einem Restaurant wollten wir einen Teller Suppe essen. Aber sobald der Kellner unsere weißen Gesichter sah, stellte er ganz schnell auf alle Tische Schilder. Auf denen stand RESERVIERT. Hungrig mußten wir wieder fortgehen.

Eine Wohnung? Wir fanden keine. Überall, wo eine Wohnung angeboten worden war, bekamen wir zu hören: „Tut uns leid, sie ist schon vergeben ..."

Schließlich hatten wir doch noch Glück. Es waren nur zwei kleine Zimmer und eine Küche, aber besser als gar nichts. Das Bad mußten wir mit einer anderen Familie teilen. Im selben Haus wohnten noch Italiener, Franzosen, Engländer und Polen. Lauter Weiße. Und auf der Hauswand, gleich unter unserem Fenster, stand groß hingesprüht: AUSLÄNDER RAUS! und darunter: WEISSE SIND SCHEISSE!

Ich ging dort zur Schule, genauso wie Michael. Der kam gleich am ersten Tag ganz schmutzig und mit herausgerissenem Ärmel heim: Schwarze hatten ihn auf dem Schulhof verdroschen. Er ist groß und stark, er ist schon vierzehn. Aber gegen so viele kam er nicht an. Er heulte vor Wut!

Zum Glück ging's mir nicht so. Ich saß in der Schule neben einer Schwarzen. Die war sehr lieb zu mir. Sie spielte mit mir in der Pause und erklärte mir alles, was ich nicht verstand. Da war ich sehr froh.

Aber in der Nacht, daheim, als wir schon schliefen, splitterte plötzlich die Fensterscheibe, gerade über meinem Bett, etwas flog herein, es krachte fürchterlich, und schon stand der ganze Raum in Flammen. Auch mein Bett. Auch ich selbst. Und ich schrie und hatte Schmerzen, wie ich sie im wirklichen Leben noch nie gehabt habe. Ich hörte meine Eltern und Michael „Nina! Nina!" schreien, aber sie konnten mir nicht helfen, weil ich lichterloh brannte.

Und dann war ich tot. Ich konnte mich selber sehen, weil es ja ein Traum war. Ich lag ganz klein und schwarz in der Asche, und meine Eltern weinten. Michael aber rief: „Ich will nicht in diesem schrecklichen Land bleiben!"

Draußen, vor dem rauchgeschwärzten Haus, standen viele Leute. Ein paar von ihnen legten Blumen unter das Fenster, hinter dem ich geschlafen hatte. Andere hörte ich sagen: „ Wir haben ja nichts gegen Ausländer, aber wie kommen wir dazu, ihnen von unserem mühsam verdienten Geld etwas abzugeben? Wir sind hier kein Schlaraffenland für Faulenzer. Hoffentlich begreifen sie's bald. Dann käme so etwas nicht mehr vor. Jeder gehört eben in sein eigenes Land ..."

Ich wachte davon auf, daß mich Mutti schüttelte. „Was ist denn, Mäuschen?" fragte sie erschrocken. „Du hast ja so geschrien! Hast du was Schlimmes geträumt?"

„Ich bin verbrannt!" schluchzte ich. „Jemand hat mich angezündet!"

„Aber Ninakind", sagte Mutti und nahm mich in den Arm, „so was Schreckliches macht doch niemand. Wie kommst du nur darauf? Alle haben dich lieb ..."

Dann zog sie die Rolläden hoch. Es wurde ganz hell in meinem Zimmer, das so groß ist wie die ganze Wohnung zusammen, die wir in diesem Traum hatten. Durchs Fenster sah ich Michael im Garten joggen, und durch das Haus zog Kaffeeduft.

Aber an der Wand des Asylantenheimes, an dem ich auf meinem Schulweg vorbeikomme, steht AUSLÄNDER RAUS! und SCHWARZE, VERPISST EUCH!

Gudrun Pausewang, in: Silvia Bartholl (Hg.), Texte dagegen, 1993 Beltz Verlag, Weinheim und Basel, Programm Beltz & Gelberg, Weinheim.

M 6

Hoyerswerda

Freitag abend, 20. September: (...) Von weitem hallen Schlachtrufe durch die Stadt: Hinter dem Marktplatz haben sich etwa 50 Skinheads und Rechtsradikale zusammengerottet. Mit Bierdosen und Schlagstöcken in der Hand schreien sie „Ausländer raus!". „Ihr Niggerschweine, verpißt euch!" Die Parolen gelten den Bewohnern des Wohnkomplexes (WK) 5c in der Albert-Schweitzer-Straße. Die dort seit Jahren lebenden Mosambikaner und Vietnamesen haben ihre Zimmer abgedunkelt. Polizisten bilden mit ihren Schäferhunden einen Kordon. Erst gestern nacht haben Neo-Nazis Steine, Flaschen, Stahlkugeln und Brandbomben in die Fenster geschleudert. Die Attackierten ihrerseits warfen Flaschen zurück. Keiner in der Stadt versucht, die rassistischen Krawalle zu verhindern, fast alle schauen stillschweigend zu – oder weg. Drei Mannschaftswagen passieren die gröhlenden Skins, plötzlich zerknallen Flaschen auf den Autors. Die Polizisten jagen den Rechtsradikalen hinterher, doch die sind diesmal schneller. Schaulustige, darunter viele Jugendliche, aber auch Erwachsene, freuen sich über die Machtlosigkeit der Polizisten, die schon zu SED-Zeiten Haßobjekte waren. Ein 16jähriges Mädchen sagt: „Die haben vor der Wende auf uns draufgeschlagen und jetzt wieder. Die schützen die Neger, uns verhauen sie." Unvermittelt explodieren Leuchtraketen und Böller. Die Gerüchteküche vermeldet, die marodierenden Skins greifen jetzt das Asylbewerberheim in der Thomas-Müntzer-Straße am anderen Ende der Stadt an. Die Schaulustigen und die Gewaltbereiten fahren in ihren Golfs und Mazdas sofort hin.

Thorsten Schmitz: Ausländerhaß vor große Publikum, in: taz, die tageszeitung vom 23.9.1991.

Weltweite Flüchtlingsströme

M 7

19,7 Mio. Flüchtlinge | **24 Mio. Vertriebene** | **500 Mio. Umweltflüchtlinge**

Verlust der (Über-)Lebensperspektiven

Außerdem: 120 Mio. MigrantInnen

Aus: Dritte Welt Haus Bielefeld / Deutscher Caritasverband / Misereor / Pax Christi (Hg.), Im Jahrhundert der Flüchtlinge. Unterrichtsmaterialien für Sek. I und II, Bielefeld 1994, S. 11.

M 8

Weltweit herrschen 43 Kriege

Laut Friedensforschern werden die meisten kaum beachtet

HAMBURG, 21. Dezember (epd/dpa). An 43 Plätzen der Welt herrscht einer Bilanz des Hamburger Politik-Instituts zufolge in der Vorweihnachtszeit Krieg. Danach wurden in diesem Jahr in Asien 22, in Afrika 13 und in Lateinamerika fünf Kriege geführt, die meisten unbeobachtet von der Weltöffentlichkeit. In Europa wird auf dem Balkan und in Nordirland gekämpft. Wie das Institut der Universität Hamburg am Dienstag weiter mitteilte, gab es in den 50er Jahren weltweit durchschnittlich zwölf, in den 60er Jahren im Durchschnitt 22 Kriege. Die derzeitigen Kämpfe seien in der Regel innerstaatlich, so das Institut.

Mehr als 60 bewaffnete Konflikte hat die von Klaus Jürgen Gantzel geleitete Arbeitsgemeinschaft Kriegsursachen-Forschung in diesem Jahr gezählt. Der überwiegende Teil werde als Krieg betrachtet. Die Zahl der bewaffneten Konflikte unterhalb der Kriegsschwelle habe sich seit 1002 fast verdoppelt, so die Wissenschaftler. Vor allem die von den herrschenden Regimen in Burundi, Kenia und Zaire angezettelten ethnischen Konflikte hätten 1993 mehrere tausend Opfer gefordert. Zwölf Kriege sind nach Angaben des Instituts seit 1990 beendet worden. Dazu gehören neben dem Golf-Krieg auch Kämpfe in Äthiopien, Slowenien, Vietnam, Uganda und der West-Sahara. Der 1993 erneut entfachte Krieg in Georgien hat nach Aussagen der Kriegsursachen-Forscher gezeigt, daß auch nahezu befriedete Konflikte wieder eskalieren können. Ähnliche Entwicklungen seien in Indonesien oder Indien möglich.

Ein Wiederaufflammen der Kämpfe sei darüber hinaus auch in der indischen Provinz Assam, der Republik Tschetschenien (Russische Föderation) oder in Ägypten zu befürchten. Die weitaus meisten Kriege finden nach der vorgelegten Bilanz in der Dritten Welt statt.

Nicht nur Somalia sei durch einen andauernden Bürgerkrieg zerstört worden. Auch die Kriege in Südsudan, in Angola oder Guatelmala hätten Hunderttausende von Todesopfern gefordert. Zugleich seien mehrere Millionen Menschen weltweit auf der Flucht vor Kriegen und Konflikten.

Frankfurter Rundschau 22.12.93, © dpa.

M 9

China (Volksrepublik)

Im Berichtszeitraum wurden Hunderte politische Aktivisten, Mitglieder von Glaubensgemeinschaften und Angehörige ethnischer Gruppen willkürlich festgenommen und vielfach entweder ohne Anklageerhebung oder Gerichtsverfahren in Gewahrsam gehalten oder aber nach unfairen Prozessen zu Freiheitsstrafen verurteilt. Unter den Opfern befanden sich zahlreiche gewaltlose politische Gefangene. Tausende in den Vorjahren aus politischen Gründen festgenommene Personen, unter ihnen ebenfalls eine hohe Zahl gewaltloser politischer Gefangener, blieben inhaftiert. amnesty international erhielt erneut von einer Vielzahl von Berichten über Folterungen und Mißhandlungen an Gefangenen Kenntnis. Gerichte verhängten mindestens 3110 Todesurteile. Die Zahl der von amnesty international registrierten Hinrichtungen lag bei 2190.

© Amnesty International Publications, London, Juli 1996, Deutsche Ausgabe: © Fischer Taschenbuch Verlag GmbH, Frankfurt am Main 1996, S. 163.

M 10

Art. 16. [Ausbürgerung, Auslieferung, Asylrecht] (1) Die deutsche Staatsangehörigkeit darf nicht entzogen werden. Der Verlust der Staatsangehörigkeit darf nur auf Grund eines Gesetzes und gegen den Willen des Betroffenen nur dann eintreten, wenn der Betroffene dadurch nicht staatenlos wird.

(2) Kein Deutscher darf an das Ausland ausgeliefert werden. Politisch Verfolgte genießen Asylrecht.

(GG, Stand 1.10.1980)

Art. 16. [Ausbürgerung, Auslieferung] (1) [1]Die deutsche Staatsangehörigkeit darf nicht entzogen werden. [2]Der Verlust der Staatsangehörigkeit darf nur auf Grund eines Gesetzes und gegen den Willen des Betroffenen nur dann eintreten, wenn der Betroffene dadurch nicht staatenlos wird.

(2) Kein Deutscher darf an das Ausland ausgeliefert werden.

Art. 16a. [Asylrecht] (1) Politisch Verfolgte genießen Asylrecht.

(2) [1]Auf Absatz 1 kann sich nicht berufen, wer aus einem Mitgliedsstaat der Europäischen Gemeinschaft oder aus einem anderen Drittstaat einreist, in dem die Anwendung des Abkommens über die Rechtsstellung der Flüchtlinge und der Konvention zum Schutz der Menschenrechte und Grundfreiheiten sichergestellt ist. [2]Die Staaten außerhalb der Europäischen Gemeinschaften, auf die die Voraussetzungen des Satzes 1 zutreffen, werden durch Gesetz, das der Zustimmung des Bundesrates bedarf, bestimmt. [3]In den Fällen des Satzes 1 können aufenthaltsbeendende Maßnahmen unabhängig von einem hiergegen eingelegten Rechtsbehelf vollzogen werden.

(3) [1]Durch Gesetz, das der Zustimmung des Bundesrates bedarf, können Staaten bestimmt werden, bei denen auf Grund der Rechtslage, der Rechtsanwendung und der allgemeinen politischen Verhältnisse gewährleistet erscheint, daß dort weder politische Verfolgung noch unmenschliche oder erniedrigende Bestrafung oder Behandlung stattfindet. [2]Es wird vermutet, daß ein Ausländer aus einem solchen Staat nicht verfolgt wird, solange er nicht Tatsachen vorträgt, die die Annahme begründen, daß er entgegen dieser Vermutung politisch verfolgt wird.

(4) [1]Die Vollziehung aufenthaltsbeendender Maßnahmen wird in den Fällen des Absatzes 3 und in anderen Fällen, die offensichtlich unbegründet sind oder als offensichtlich unbegründet gelten, durch das Gericht nur ausgesetzt, wenn ernstliche Zweifel an der Rechtmäßigkeit der Maßnahme bestehen; der Prüfungsumfang kann eingeschränkt werden und verspätetes Vorbringen unberücksichtigt bleiben. [2]Das Nähere ist durch Gesetz zu bestimmen.

(5) Die Absätze 1 bis 4 stehen völkerrechtlichen Verträgen von Mitgliedsstaaten der Europäischen Gemeinschaften untereinander und mit dritten Staaten nicht entgegen, die unter Beachtung der Verpflichtungen aus dem Abkommen über die Rechtsstellung der Flüchtlinge und der Konvention zum Schutze der Menschenrechte und Grundfreiheiten, deren Anwendung in den Vertragsstaaten sichergestellt sein muß, Zuständigkeitsregelungen für die Prüfung von Asylbegehren einschließlich der gegenseitigen Anerkennung von Asylentscheidungen treffen.

(GG, Stand 15.11.1994)

M 11

epd-bild / Bock.

M 12

Zu viele Flüchtlinge?

Wie viele Flüchtlinge kommen auf 1000 Einwohner?

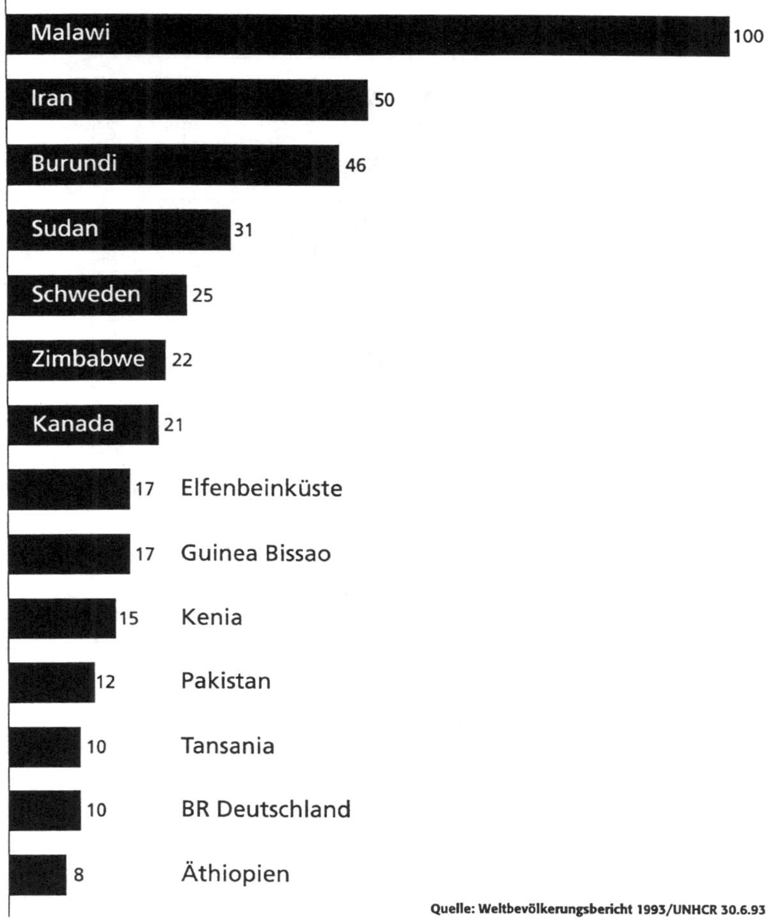

Aus: Dritte Welt Haus Bielefeld, a.a.O., S. 27.

M 13

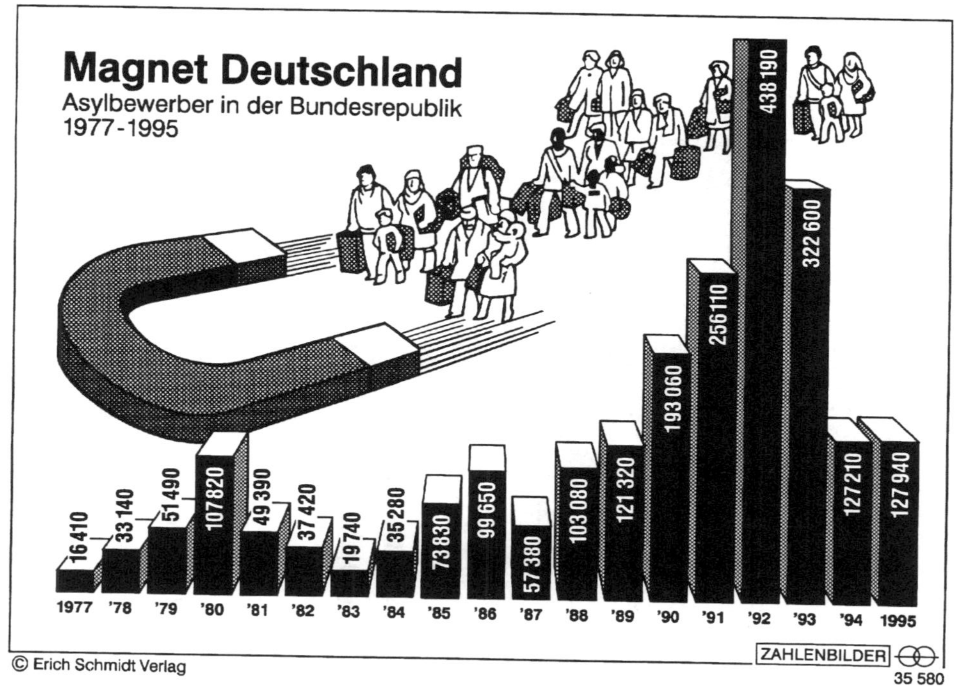

ZAHLENBILDER, Erich Schmidt Verlag.

M 14

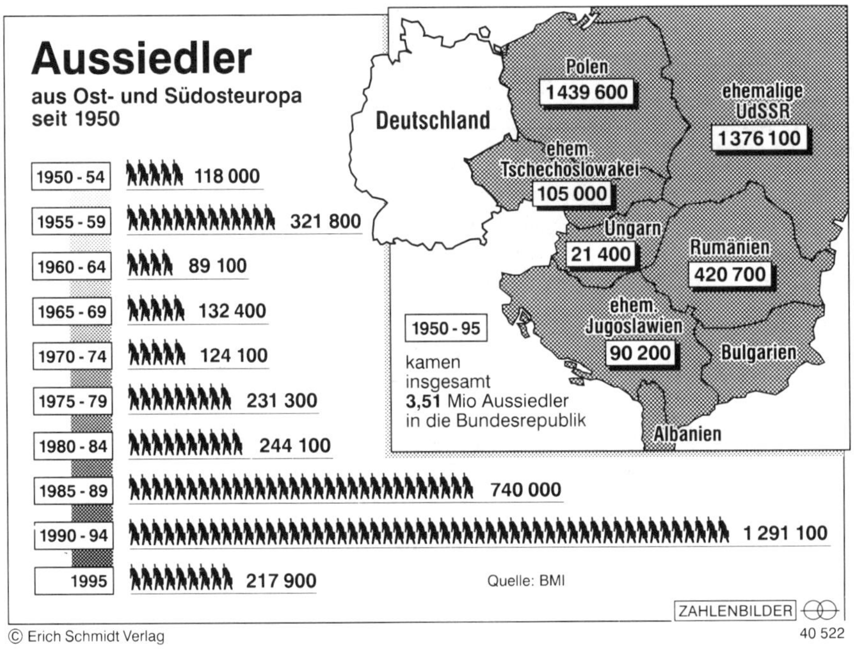

ZAHLENBILDER, Erich Schmidt Verlag.

M 15

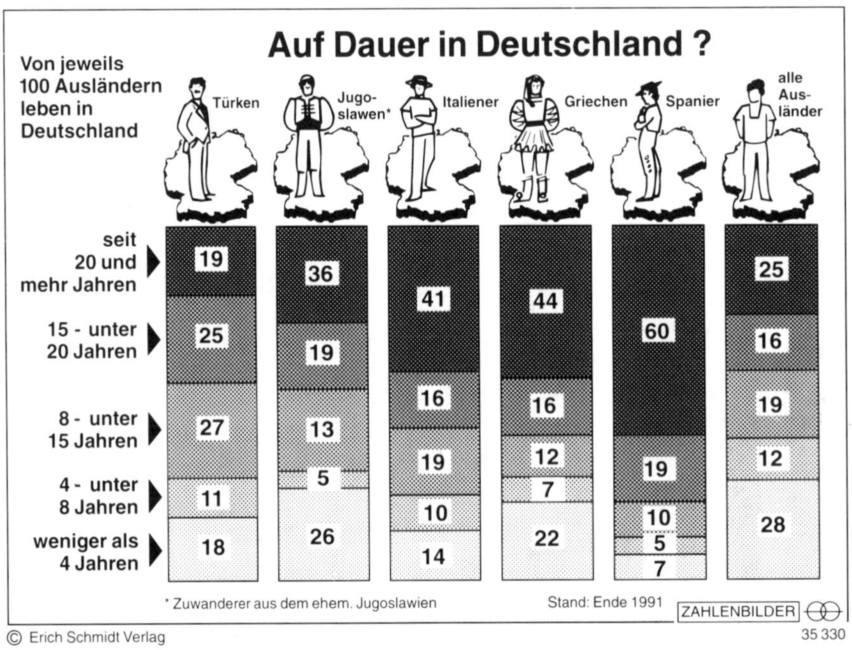

ZAHLENBILDER, Erich Schmidt Verlag.

M 16

Asylrecht

Gerhard Mester / Cartoon-Caricature-Contor, München.

»... das Boot ist doch wirklich noch nicht voll!«

Horst Haizinger / tz-München.

M 18

Einen braucht der Mensch zum Treten

Wohin soll der Mensch sich wenden
Wenn er mal auf 180 ist
Soll er seine Haut verpfänden
Oder wird er besser Terrorist
Nein, es gibt ein ganz probates Mittel
Um den Alltagsfrust zu überstehen
Dazu braucht man keine Doktortitel
Man löst mit einem Türken das Problem

Einen braucht der Mensch zum Treten
Einen hat er immer, der ihn tritt
Zwischendurch verbringt er seine Zeit zum Beten
Und ansonsten läuft er irgendwo mit

Wohin soll der Mensch sich wenden
Wenn er hilflos ist und nicht mehr weiter kann
Soll er seine Haut verpfänden
Klopft er besser beim Herrn Pfarrer an
Nein, es gibt ein ganz probates Mittel
Damit löst man diesen Fall geschwind
Dazu braucht man keinen Chefarztkittel
Man schafft sich eine Frau an und ein Kind

Einen braucht der Mensch zum Treten
Einen ...

Wohin soll der Mensch sich wenden
Wenn er mal ganz oben ist
Soll er alles an die Wohlfahrt spenden
Oder wird er besser offiziell Faschist
Nein, es gibt ein seriös'res Mittel
Um nicht ganz allein zugrund zu gehn
Dazu nützt auch mal ein Doktortitel
Man löst mit einem Endsieg das Problem

Einen braucht der Mensch zum Treten
Und statt daß er sich mal selber tritt
Zieht er lieber – wenn auch ungebeten –
Alle anderen in seinen Abgrund mit

Einen braucht der Mensch nun mal zum Treten
Und statt daß er sich mal selber tritt
Zieht er lieber noch mit Pauken und Trompeten
Alle anderen in seinen Abgrund mit

Musik und Text: Konstantin Wecker, © 1984. Alle Rechte bei Global Musikverlag, München.

M 17

„Ohne Ausländer würde es so etwas nicht geben!"

Sven ist sechzehn und macht eine Maurerlehre in Potsdam.

Du wohnst bei deinen Eltern, Sven?
Ab und zu.
Was heißt ab und zu?
Na meistens, sonst bei Kumpels, mal da, mal dort.
Und wie finden deine Eltern das?
Die sagen nischt mehr dazu. Früher haben sie immer gesagt, soll nich so viel weggehen, soll zu Hause bleiben. Heute laß ich mir darüber nischt mehr sagen. Eltern sehen das immer so eng, immer Familie, daß ich auch mein eigenes Leben führn will, sehn die nich.
Wie sieht denn das eigene Leben aus, das deine Eltern dir verbieten würden?
Au, da gibt's viel. Nich Auto fahrn, keine Scheiße baun und wat da alles so ist.
Und du fährst Auto und baust Scheiße?
Ab und zu schon. Wir fahrn rum, da bißchen gukken, hier bißchen gucken, bißchen Bier trinken, bißchen Weiber, bißchen Disco, dann machen wir bißchen Scheiße unterwegs und wenn wir nen Ausländer sehen: wegklatschen.
Das klingt eher so, als ob du das gut findest. Wieso ist das trotzdem „Scheiße"?
Na, auf eine Art macht das Spaß. auf die andere ist das bißchen Scheiße, weil das mit Polizei verbunden ist und Gericht.
Also „Scheiße" nur, weil's verboten ist?
Ja klar.
Und wenn's nicht verboten wäre?
Dann würde es so was gar nicht geben. Dann hätt man irgendwann mal die Schnauze voll davon. Wenn's nicht verboten wär, würde das nicht so oft gemacht.
Und du machst es nur, weil's verboten ist?
Nee, nich nur deswegen. Weil's Spaß macht. Der Drang is, sich mit den Bullen auseinanderzusetzen. Deshalb is Ausländerklatschen das einzige, was mir gefällt. Das ist das einzige, was nich erlaubt ist, aber gleichzeitig von meiner Warte aus richtig ist. Denen muß mal bißchen beigebracht werden, daß sie hier nischt zu suchen haben.
Was macht denn Spaß daran?
Den Ausländern macht es Spaß, unsere Frauen zu vergewaltigen, unsere Autos zu klauen, unsere ...
Ich will wissen, was dir Spaß daran macht?
Na, die dafür zur Rechenschaft ziehen, denen eins auf die Schnauze zu geben. Die Ausländer sind zu viele hier, und weil sie so viele sind, denken sie, daß sie an der Macht sind.
Was glaubst du denn, wie viele es sind?
Genau weeß ick das nicht, sind genug.
Schätz doch mal, wieviel Prozent an der Gesamtbevölkerung in Potsdam?
Vielleicht nicht die Hälfte, aber ein Viertel ist es bestimmt.
Hör doch zu: Es sind weniger als drei Prozent. Was wäre denn, wenn die alle weg wären?
Dann würde es nicht mehr solche Gewalt, solche Ausschreitungen wie in Rostock geben.
Aber die haben doch so Leute wie du gemacht.
Ja, aber gegen Ausländer. Wenn die nicht hier wärn, würde es so was nicht geben.
Wie finden deine Eltern das, daß du Ausländer verprügelst?
Na, die finden das natürlich nicht gut, die sagen, laß das sein, die können doch nichts dafür, daß sie hier sind.
Und? Haben deine Eltern recht?
Zum Teil, auf eene Art können die Ausländer nischt dafür, daß sie hier sind, werden ja auch nur hergeschickt. Die haben mir zwar nichts getan, *mir* vielleicht nich, aber andern Leuten, die auf der Straße sind.
Du kennst Leute, denen was getan wurde?
Logisch kenn ich Leute, die vergewaltigt, die angegriffen, beklaut worden sind von Ausländern.
Klauen Deutsche nicht?
Schon ja, Deutsche klaun auch.
Vergewaltigen die nicht?
Doch, aber das ist in ihrem eigenen Land.
Und da dürfen sie das?
Dürfen nich, aber die Ausländer müßten sich normalerweise ruhig bewegen. Die sollten zufrieden sein, daß sie hier leben dürfen.

Vera Gaserow, „Die Ausländer sollen zufrieden sein, daß sie hier leben dürfen", in: DIE ZEIT, 4.12.1992.

M 19

Willkommen in Deutschland

Dies ist das Land, in dem man nicht versteht · Daß FREMD kein Wort für FEINDLICH ist · In dem Besucher nur geduldet sind · Wenn sie versprechen, daß sie bald wieder gehn
Es ist auch mein Zuhaus · selbst wenn's ein Zufall ist · Und irgendwann fällt es auch auf mich zurück · Wenn ein Mensch aus einem andren Land · Ohne Angst hier nicht mehr leben kann · Weil täglich immer mehr passiert · Weil der Haß auf Fremde eskaliert · Und keiner weiß, wie und wann · Man diesen Schwachsinn stoppen wird
Es ist auch mein Land: Und ich kann nicht so tun, als ob es mich nichts angeht · *Es ist auch dein Land:* Und du bist schuldig, wenn du deine Augen davor schließt
Dies ist das Land, in dem so viele schweigen · Wenn Verrückte auf die Straße gehn · Um der ganzen Welt und sich selbst zu beweisen · Daß die Deutschen wieder die Deutschen sind · Diese Provokation · sie gilt mir und dir · Denn auch du und ich · wir kommen von hier · Kein Ausländer, der uns dabei helfen kann· Dieses Problem geht nur uns allein was an · Ich hab keine Lust, noch länger zuzusehn · ich hab's satt, nur zu reden und rumzustehn · Vor diesem Feind werde ich mich nicht umdrehn
Es ist auch mein Land: Und ich will nicht, daß ein viertes Reich draus wird · *Es ist auch dein Land:* Steh auf und hilf, daß blinder Haß es nicht zerstört · *Es ist auch mein Land:* Und sein Ruf ist sowieso schon ruiniert · *Es ist auch dein Land:* Komm wir zeigen, es leben auch andre Menschen hier

Die Toten Hosen, CD „Kauf mich", 1993.

M 20

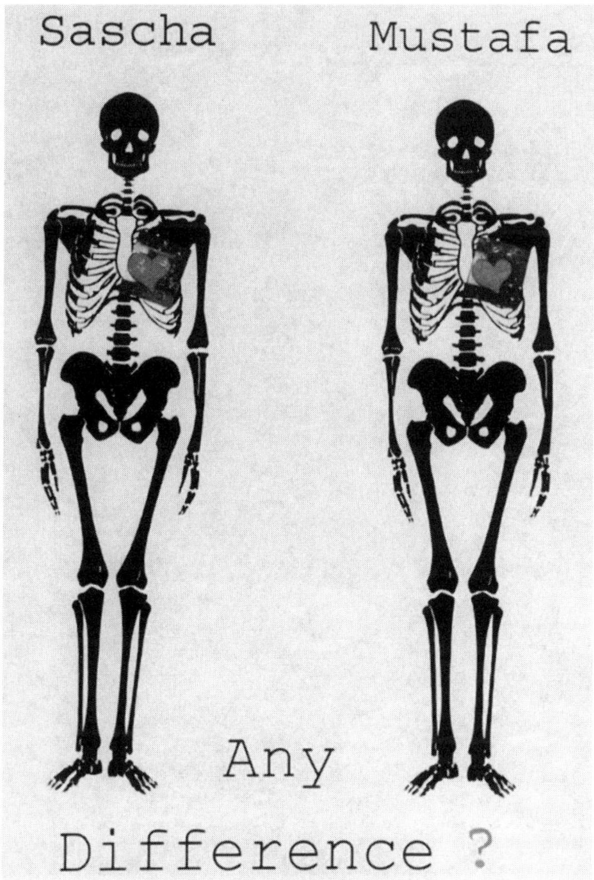

Stop
Racism –
Act
Up!

Inga Wagner.

M 21

Misereor-Hungertuch „Gott begegnen im Fremden" von Azariah Mbatha, © 1994, Misereor Medienproduktion und Vertriebsgesellschaft mbH, Aachen.

M 22

„Es gibt eine christliche Beistandspflicht"

Zehn Thesen der Evangelischen Kirche im Streit um das Kirchenasyl für Flüchtlinge

Der Rat der Evangelischen Kirche in Deutschland (EKD) hat am Wochenende zum „Kirchenasyl" unter dem Titel „Beistand ist nötig, nicht Widerstand" zehn Thesen beschlossen. Sie haben folgenden Wortlaut:

1. Es gibt eine christliche Beistandspflicht.
Beistand für Bedrängte ist Christenpflicht. Daran läßt die Bibel keinen Zweifel. Solche Pflicht gilt auch gegenüber Menschen, die sich durch die Ablehnung ihres Asylgesuchs und die danach anstehende Abschiebung an Leib und Leben bedroht sehen und sich deswegen um Hilfestellung an einzelne Christen und Bürger, ein Pfarramt, eine Kirchengemeinde oder die Kirche wenden.

2. Beistand ist kein Widerstand gegen die Rechtsordnung.
Beistand durch Gewährung von Unterkunft und Betreuung sowie Rechtshilfe oder öffentliche Appelle zur Aufschiebung des Vollzugs der Abschiebung oder zur Korrektur der Abschiebeverfügung richten sich als solche nicht gegen die Rechtsordnung. Den verantwortlichen Politikern und Behörden mögen solche Hilfen und Proteste ungelegen sein. Rechtswidrig sind sie nicht.

3. Nicht die Kirche, nur der Staat kann Asyl gewähren.
„Kirchenasyl" als eine eigene Rechtsinstitution gibt es in der Bundesrepublik Deutschland nicht. Die Kirche nimmt ein solches Recht auch nicht in Anspruch. Sie darf auch nicht den Anschein eines solchen Rechtes erzeugen durch ein Verhalten, mit dem die Scheu staatlicher Organe vor dem Vollzug rechtmäßiger Maßnahmen in kirchlichen Räumen ausgenutzt werden soll. Ziel des Beistandes ist es vielmehr, für Zuflucht suchende Menschen in der Bundesrepublik Deutschland, nicht in der Kirche, die Gewährung des Asyls oder eines anderen Aufenthaltsrechts zum Schutz vor besonderer Bedrohung doch noch zu erwirken. Nur der Staat kann ein solches Recht gewähren.

4. Beistandshandlungen zielen auf die Überprüfung von Abschiebeentscheidungen in konkreten Einzelfällen.
Gemeinden oder einzelne Christen beteiligen sich an dem Bemühen, in konkreten Einzelfällen, in denen die staatliche Handhabung des geltenden Rechts diesem nicht gerecht zu werden scheint, eine Überprüfung der staatlichen Anordnung zu erwirken. Eine solche Überprüfung ist geboten, wenn befürchtet werden muß, daß die Asyl suchende Person im Falle der Abschiebung an Leib und Leben bedroht ist. In Einzelfällen sind abgeschobene Flüchtlinge Opfer schwerer Menschenrechtsverletzungen geworden. Dies führt zu einer Spannung zwischen dem im christlichen Gewissen gebotenen Beistand und der staatlichen Anordnung. Die Betreuung von Ausländern, denen Abschiebung droht, und die Fürsprache zu ihren Gunsten sollen nicht das Recht außer Kraft setzen, sondern dazu beitragen, daß Gerechtigkeit im Einzelfall geübt wird. Von kirchlicher Seite können, z.B. aufgrund ökumenischer Kontakte, zusätzliche Erkenntnisse über die Situation im Herkunftsland des Flüchtlings gegeben werden. Dies hilft dem Staat bei der Erfüllung seiner schwierigen Aufgabe, das geltende Recht anzuwenden.

5. Beistand ist Abhilfe im einzelnen Notfall, nicht Mittel zur Änderung der Rechtsordnung.
Mit der Betreuung von Schützlingen und der Fürsprache für sie wird die Legitimität der Rechtsnormen und ihrer Anwendung nicht in Frage gestellt. Mit der gewährten Hilfe soll die Bedrohung im Einzelfall abgewendet werden. Asyl suchende Menschen oder von Abschiebung bedrohte Menschen dürfen aber nicht für eine Revision der Gesetzeslage instrumentalisiert werden. Gleichwohl können diese Einzelfälle auf Mängel in der allgemeinen Rechtslage oder bei einzelnen Gesetzesregelungen hinweisen, die dann mit dem Ziel einer Änderung zum Gegenstand öffentlicher Kritik und Auseinandersetzung gemacht werden müssen. Dabei ist auch die Kirche auf Überzeugungsarbeit durch einleuchtende Argumente angewiesen. Einen besonderen Anspruch, die Berücksichtigung ihres

Standpunkts einzufordern oder durch eigenmächtiges Handeln zu erzwingen, hat sie nicht.

6. Gewissensbedingte Rechtsverletzung kann nur persönlich verantwortet werden.
Wo Hilfe in rechtswidriger Form, etwa durch Verstecken von Ausländern vor den Behörden, gewährt wird, darf nicht die Kirche als handelnde oder verantwortliche Institution in Anspruch genommen werden. Wer bei seiner Hilfe für Bedrängte nach ernsthafter Prüfung der Sach- und Rechtslage aus Gewissensgründen gegen gesetzliche Verbote verstößt, muß das allein verantworten und die Folgen seines Handelns selbst tragen. Die Bereitschaft, sich dem Vollzug im Wege des zivilen Ungehorsams zu widersetzen und die rechtlichen Konsequenzen dafür zu tragen, ist dann und nur dann als Gewissensentscheidung zu respektieren, wenn sie das Ziel hat, an Leib und Leben bedrohten Menschen zu helfen. Die Kirche kann solche Entscheidungen weder anstelle der einzelnen Christen treffen noch zu ihnen aufrufen. Wer die Kirche oder eine bestimmte Gemeinde in den Rechtsbruch hineinziehen will, begründet damit Zweifel an der Ernsthaftigkeit seiner persönlichen Gewissensentscheidung und an seiner Bereitschaft, die Folgen seines Handelns auf sich zu nehmen.

7. Die Kirche respektiert und schützt ein in Gottes Wort gebundendes Gewissen.
Auch Christen, die aus Gewissensgründen bei ihrer Hilfe für Bedrängte gegen gesetzliche Verbote verstoßen, haben Anspruch darauf, daß ihre Kirche sie in Gebet und Seelsorge begleitet und ihnen Respekt und Schutz nicht verweigert. Dies kann darin zum Ausdruck kommen, daß sie für die gewissenhafte Prüfung der Entscheidungen über Rechtsverletzungen zur Verfügung steht, für die grundsätzliche Möglichkeit solcher Entscheidungen öffentlich eintritt und im Konfliktfall durch Vermittlung unter den Beteiligten zu einer menschlichen und angemessenen Lösung beiträgt.

8. Wer die Rechtsordnung umzusetzen hat, darf deswegen nicht moralisch abgewertet werden.
Kirchengemeinden und auch einzelne Christen, die sich zur besonderen Betreuung und Obhut für Flüchtlinge entschließen, sollten die Voraussetzungen dafür sorgfältig prüfen und offen mit staatlichen Stellen und Verantwortlichen erörtern. Kirchliche Appelle zur Erhaltung des Asylrechts sind wiederholt mit dem Eingeständnis verbunden gewesen, daß dann auch Abschiebungen der Nichtberechtigten hingenommen werden müssen. Damit würde es sich nicht vertragen, wenn in der Praxis Abschiebungen generell als unakzeptabel und unmoralisch bekämpft werden. Christen und ihre Gemeinden sollten alles vermeiden, womit kirchliches Ansehen für ein Vorgehen genutzt wird, mit dem die über Asylanträge und Aufenthaltsbegehren Entscheidenden moralisch abgewertet und ausgegrenzt werden.

9. Es geht nicht um einen Grundsatzstreit zwischen Kirche und Staat.
Das Asylrecht und seine Anwendung sind stets das Feld von Spannungen in dem Bemühen um das rechte Maß gewesen und werden es bleiben. Davon sind viele Gruppen und Kreise der ganzen Gesellschaft betroffen. Christen und Kirchen beteiligen sich selbstverständlich am Bemühen um Gerechtigkeit und Barmherzigkeit. Sie tragen auch damit ihren besonderen Teil zu einer gerechten und menschlichen Ordnung im Staat bei. Meinungsverschiedenheiten in Einzelfällen sind dabei mit wechselseitiger Bereitschaft zur Verständigung zu klären. Das Thema „Kirchenasyl" darf nicht zu einem grundsätzlichen Konflikt über das Verhältnis von Kirche und Staat gemacht werden.

10. Hilfsbereitschaft für Bedrängte ist Zeichen der Hoffnung.
Beistand und Hilfe für Flüchtlinge sind eine weltweite Herausforderung. Der Beistand für von Abschiebung bedrohte Ausländer darf darum nicht nur als Rechtsproblem abgehandelt werden. Für solche Beistandshandlungen und den damit verbundenen zeitlichen Aufschub muß im Rechtsstaat um seiner Vertrauenswürdigkeit willen Raum sein. Selbst wenn mit ihnen Konflikte verbunden sind, bringen sie doch stets menschliche Zuwendung und die Bereitschaft zum aktiven Einstehen für Schwache und Gefährdete zum Ausdruck. Der Beistand für Bedrängte hat für Christen nicht nur eine soziale, sondern auch eine geistliche Dimension. Die Menschen, die oft mit hohem persönlichen Einsatz Flüchtlingen in ihrer bedrängten Lange beistehen, verdienen Respekt und Anerkennung. Ihre Hilfen sind Zeichen der Hoffnung angesichts verbreiteter Teilnahmslosigkeit und Härte gegenüber dem Schicksal der Fremden in unserem Land.

6 Wasser des Lebens

Elementare Zugänge zum Symbol Wasser und zum Sakrament der Taufe

1. Theologische und didaktische Aspekte

Als kosmologischer Urstoff stellt Wasser die Grundlage allen Lebens dar. Wasser umgibt unser Leben in vielfältigen Erscheinungen und Kreisläufen: als stiller See, als plätschernder Bach oder reißender Fluß, als sprudelnde Quelle, prasselnder Regen, Hagel und Schnee, als aufsteigender Dampf und als schwebende Wolke, aber auch als reißender Sturzbach oder zerstörerische Flutwelle. Es ist die Grundsubstanz des (menschlichen) Lebens und zugleich die Lebensgrundlage: Der menschliche Körper z.B. besteht zu 60% aus Wasser, unser Stoffwechsel ist abhängig von ihm. So können wir ohne Nahrungsaufnahme u.U. wochenlang überleben, ohne Wasser jedoch nur wenige Tage. Wasser prägt und beeinflußt den Menschen maßgeblich durch positive, aber auch negative Erfahrungen und Begegnungen mit allen Sinnen und in allen menschlichen Dimensionen (Körper, Seele, Geist).

Die Fülle der Erscheinungsformen des Wassers selbst und die Verbundenheit allen Lebens mit ihm führ(t)en in allen Kulturen über jede Zeit hinaus zu einer vielgestaltigen Ausprägung wasserbezogener Symbole, Riten, Bilder, Denk- und Ausdrucksformen. Die *kulturgeschichtlich* herausragende Stellung dieses Ursymbols zeigt sich in unzähligen sprachlichen Bildern in der Literatur (z. B. Goethes „Mahomets Gesang", Mörikes „Mein Fluß"), in Motiven der darstellenden Kunst (z. B. Beckmanns „Seestück", Noldes „Nymphe und Pan im Schilf"), aber auch in der Musik (Smetanas „Moldau", Händels „Wassermusik" u. a.). Ebenso „dient" es in vielen Märchen als zentrales Motiv zur Weitergabe menschlicher Ur-Erfahrungen und Erkenntnisse (Mythos vom Lebensbrunnen – vgl. „Der Jungbrunnen" von Lucas Cranach – und „Wasser des Lebens" von J. und W. Grimm) und findet in Sprichwörtern sowie Redewendungen seine anthropologisch-existentielle Verdichtung.

In der *Religionsgeschichte* nimmt das Wasser in seiner ambivalenten Bedeutungsspanne ebenfalls eine herausragende Stellung ein, wie man aus Erzählungen und kultischer Verehrung von z.B. Meer- oder Flußgöttern bei den Griechen und Römern, heiligen Quellen, Nymphen, Melusinen, Undinen, Wasserheroen (z. B. Odysseus), aber auch von Meerungeheuern, Sirenen sowie aus Kosmologien (z. B. Enuma Elisch) und Geschichten über lebensbedrohende Ur-und Sintfluten (z. B. Gilgamesch-Epos) ersehen kann. Die kultische Bedeutung des Wassers als sakrales Mittel läßt sich darüber hinaus in Reinigungsriten vieler Religionen erkennen (vgl. z. B. das jährliche „Badefest" im Hinduismus zu Ehren der Göttin Ganga; die rituellen Waschungen vor dem Gebet im Islam; Waschungen zur Erlangung der kultischen Reinheit im Judentum; die Bedeutung des „Weihwassers" in der katholischen Kirche usw.).

Die Symbolhaftigkeit des Wassers kommt auch in der *biblischen Tradition* in vielen „Wassergeschichten“ und „Wasserbildern“ zum Ausdruck. Die beiden Schöpfungsberichte in Gen 1–2 spiegeln anschaulich die auf unterschiedliche Erfahrungen mit diesem Urstoff zurückzuführende Ambivalenz des Symbols Wasser wider. Im priesterschriftlichen Bericht (Gen 1–2,4a) stellt das Wasser eine von Anfang an bestehende eher bedrohliche Chaosmacht dar, die erst durch Gottes ordnendes Schöpfungshandeln zur Lebensgrundlage wird (vgl. Ps 104,6–9), während im jahwistischen Bericht erst durch die Schaffung des Wassers als Regen Leben überhaupt ermöglicht wird (Gen 2,4a–25). Auch in der bestehenden Schöpfung bleibt das Wasser sowohl in seiner zerstörerischen, lebensbedrohenden und todbringenden als auch in seiner lebenspendenden Dimension erhalten. Alttestamentliche Erzählungen von der Bedrohung durch und der (meist damit verbundenen – erhofften –) Rettung vor dem Wasser sind z.B. die Sintflutgeschichte (Gen 7), der Durchzug durch das Schilfmeer (Ex 14) und die Jona-Erzählung u.a.. Berichte vom Wassermangel bzw. dessen lebensförderlicher Qualität sind z.B. Ex 14,22; Ex 17,6; Num 20,1ff; Ps 105,41; Ps 114,8. Die Erfahrung des Volkes Israel mit Jahwe wird auch in Bildworten zum Ausdruck gebracht, die Jahwe als „Quelle des Lebens“ oder als „Lebenswasser“ bezeichnen, z.B. Jes 12,3; 33,21; Jer 17,13; 2,13; Ez 36,25; 47,1ff; Jo 4,18; Sach 14,8.

Im *NT* wird diese Vorstellung motivgeschichtlich fortgeführt. Während in der Perikope von der Sturmstillung (Mk 4,35ff) und der des Seewandels (Mk 6,45ff) Jesus als – durch den Glauben an Gott ermächtigt – „Ausführender“ auftritt, wird an anderen Stellen – besonders im Johannes-Ev. – eine christozentrische „Überhöhung“ noch stärker deutlich: Jesus Christus ist (mit Blick auf seinen Tod und seine Auferstehung) das „Wasser des Lebens“ (Joh 4,14; 6,35; 7,38; vgl. Offb 21,6; 22,17).

Besonders die letztgenannte, christologisch zugespitzte, Wassersymbolik und die Tatsache, daß Jesus selbst sich der *Taufe* durch Johannes im Jordan unterzog, dürften die Grundlage für die Entstehung des Taufsakraments in der frühen Gemeinde sein, während der „Taufbefehl“ in Mt 28,18 bzw. Mk 16,15 auf die nachösterliche Gemeindetradition bzw. auf redaktionelle Eingriffe zurückzuführen sein dürfte. Bereits für Paulus ist die Taufe ein selbstverständlicher „Bestandteil“ des „Christseins“. Neben der Bedeutung als Initiationsritus – der Aufnahme in die neue Gemeinschaft, den „Leib Christi“ (1.Kor 12,12f; Gal 3,26–28) – wird der/die Getaufte in den neuen Machtbereich Christi, in das Heilsgeschehen (Tod und Auferstehung) und damit in die Freiheit von der Macht der „Sünde“ und des Todes (Röm 6,2–6) hineingenommen. Das trinitarische Gottesbild kommt besonders in der Taufe zum Ausdruck: Die Vorstellung von *Gott Vater* als dem Handelnden in der Taufe, der den Menschen unter seinen Schutz stellt, die Partizipation am Heilsgeschehen *Jesu Christi* (und damit verbunden die Nachfolge) und die Gabe des *Heiligen Geistes* sind die drei Grundaussagen der ntl. Textstellen. In der Taufe ist das Wasser das elementare Symbol. Dessen natürliche und symbolische Bedeutungen aus der Kultur-und Religionsgeschichte und der biblischen Tradition gehen in die Taufe ein. Sie erfahren jedoch durch den Aspekt der christologischen Heilswirksamkeit einen neuen, die bisherigen Erfahrungen sprengenden Sinn. Nach Luther wird erst durch das Wort das bloße Wasser zum „gnadenreich Wasser des Lebens“ (Kleiner Katechismus) bzw. zum „göttlich, himmlisch, heilig und selig Wasser“ (Großer Katechismus). Erst in der das Wort einschließenden Symbolhandlung erfährt der Mensch die „Wiedergeburt“ bzw. „Neuschöpfung“, ursprünglich anschaulich versinnbildlicht durch das Eintauchen in das Taufwasser (Absterben, Reinigung des „alten“ Menschen) und das Auftauchen („Aufbruch, Neubeginn“ eines qualitativ neuen Lebens).

Diese tiefere Be-Deutung der Wassersymbolik und der Symbolhandlung in der Taufe ist jedoch in einem langsamen Prozeß mit der sich seit dem 4. Jahrhundert durch die Konsolidierung des Staatskirchentums einstellenden Selbstverständlichkeit, mit der schrittweise überwiegenden Kindertaufe (wegen der hohen Säuglingssterblichkeit und theologisch aufgrund der „Erbsündenlehre“ Augustins) und mit der Praxis der

„Besprengung“ bzw. des Übergießens mit Wasser immer mehr in den Hintergrund und z.T. sogar in Vergessenheit geraten. In der heutigen, überwiegend kirchenkritischen, Bevölkerung wird die (Kinder-) Taufe häufig als sinnentleertes Ritual angesehen und deshalb zunehmend abgelehnt oder als eigene Entscheidung den Jugendlichen selbst überlassen.

Die vorliegende Unterrichtseinheit versucht, dieser Situation Rechnung zu tragen. In den Schulbüchern wird zudem das Thema entweder gar nicht oder nur am Rande behandelt – vermutlich weil davon ausgegangen wird, daß alle am Religionsunterricht teilnehmenden Sch. selbstverständlich getauft sind und dieses Thema dem KonfirmandInnenunterricht überlassen werden könne. Über das Symbol Wasser soll ein elementarer Zugang zur Taufe eröffnet werden, der sowohl den „getauften“ Sch. ein tieferes „Begreifen“ des an ihnen in ihrer Kindheit vollzogenen Sakraments als auch den „Ungetauften“ auf dem Hintergrund der mit der Einheit intendierten neuen Perspektive eine bewußte(re) Entscheidung für oder gegen die eigene Taufe bzw. ein Verständnis für die Entscheidung anderer ermöglichen kann. Dazu kommt, daß unser Umgang mit dem Urstoff Wasser in der technologisch hochgerüsteten Um-Welt nicht mehr mit konkreter Arbeit (Pumpen, Schöpfen, Wassertragen usw.) verbunden ist und die für uns selbstverständliche Verfügbarkeit („Hahn auf“) wiederum eine gedankenlose und beziehungslose „Behandlung“ zur Folge hat, die unsere existentielle Angewiesenheit vergessen läßt. Damit wird der Zugang zur symbolischen Bedeutung des Wassers verschlossen oder zumindest stark erschwert. Die in unserer Gesellschaft vorherrschende Subjekthaltung des Menschen gegenüber dem Wasser (– das zum be-nutzbaren Objekt H_2O „degradiert“ wird –) führt(e) nicht nur zu einer Mißachtung dieses lebenswichtigen Stoffes, sondern auch zu einer Entfremdung des Menschen von sich selbst und seiner Umwelt gegenüber. Der Ansatzpunkt dieser Einheit liegt folglich darin, durch eine möglichst alle Sinne ansprechende Begegnung mit dem Wasser dessen symbolhaften Bedeutungsgehalt zu erschließen bzw. bewußt(er) zu machen, unseren zerstörerischen und verschwenderischen Umgang mit diesem kostbaren Gut im Sinne der kritischen Symbolkunde Peter Biehls kritisch zu hinterfragen und eventuell Wege eines verantwortungsvolle(re)n Umgangs aufzuzeigen. Erst die Erschließung des Symbolgehalts des Wassers und die Erfahrung seiner Vielgestaltigkeit und Ambivalenz ermöglichen den Zugang zum tieferen Verständnis des Sakraments der Taufe. Diese Annäherung soll in drei Schritten erfolgen: Ein erster Inhaltsblock soll eine möglichst umfangreiche „Begegnung“ mit dem Wasser beinhalten, die Vielgestalt, Bedeutung für unser Leben und den symbolischen Mehrwert aufzeigen (anthropologisch-ökologische Aspekte). Der zweite Inhaltsschwerpunkt soll mit Hilfe kulturgeschichtlicher und religiöser Aspekte das Verständnis für den letzten Block anbahnen, der sich mit der Taufe bzw. der christologischen Zuspitzung der Wassersymbolik beschäftigt.

2. Intentionen

Die Sch. sollen
- sich der Bedeutung des Lebensstoffes Wasser in ihrem Alltag, für ihr Leben und für die Umwelt bewußt(er) und für einen verantwortungsvollen Umgang mit diesem kostbaren Lebensgut sensibilisiert werden,
- die tiefergehenden Bedeutungen des Symbols Wasser und in Beispielen dessen ambivalente Wirkung erkennen,
- Wasser als Symbol für das Leben kennenlernen und dessen „Vermarktung“ in der Werbung kritisch hinterfragen (lernen),
- die christologische Be-Deutung „Wasser des Lebens“ erkennen und dessen qualitativen „Mehrwert“ gegenüber den Aussagen der Werbeslogans herausarbeiten,
- auf dem Hintergrund des vielschichtigen

Symbolgehaltes die Bedeutung des Wassers im Sakrament der Taufe erarbeiten,
- sich mit der Frage nach dem Sinn der Taufe in der heutigen Zeit und einer möglichen Entscheidung für / gegen die Erwachsenen- oder Kindertaufe auseinandersetzen und damit evtl. eine Entscheidungshilfe angeboten bekommen.

3. Literatur zur Vorbereitung

- Baurmann, Jürgen / Spinner, Kaspar H.: Wasser – als Thema des Deutschunterrichts, in : Praxis Deutsch, Heft 130, S. 16–67.
- Bekenntnisschriften der evangelisch – lutherischen Kirche: Großer und Kleiner Katechismus, „Von der Taufe“, S. 691–707 bzw. 534–541. Vandenhoeck & Ruprecht, Göttingen 1982⁹.
- Biehl, Peter/Hinze, Ute/Tammeus, Rudolf/ Tiedemann, Dirk: Symbole geben zu lernen II. Zum Beispiel Brot, Wasser und Kreuz (WdL Band 9). Neukirchener Verlag, Neukirchen-Vluyn 1993.
- Böhme, Hartmut: Kulturgeschichte des Wassers. Suhrkamp, Frankfurt/M. 1988.
- Edsman, C.-M./Dinkler, Erich/Kettler, F. H./ Kreck, W./Beckmann, J.: Artikel Taufe, in : RGG³, Bd. 6. J.C.B. Mohr, Tübingen 1986, Sp. 626–654.
- Evangelischer Erwachsenenkatechismus. Gütersloher Verlagshaus G. Mohn, Gütersloh 1975, S. 1059–1085.
- Früchtel, Ursula: Mit der Bibel Symbole entdecken. Vandenhoeck & Ruprecht, Göttingen 1991, S. 19–47, 395–423.
- Perrar, Hermann-Josef: „Brunnen lebendigen Wassers“ (Gen 26,19), in: ru 1/1986, Calwer/ Kösel, S. 24–26.
- Schneider, Jan Heiner: Wasser, in: Kirchhoff, H.: Ursymbole und ihre Bedeutung für die religiöse Erziehung. Kösel, München 1982, S. 87–114.

4. Unterrichtsideen / Verlaufsplanung

A. „Wasser in unserem Leben“

⇨ *Anbahnung* (Erste Assoziationen, Erfahrungen): Arbeitsteilige GA mit verschiedenen „Bildern“, mit deren Hilfe die Vielgestalt und die ambivalente Bedeutung des Wassers (**M 1a/b**), aber auch der zunehmend beziehungslose, rein technische und wissenschaftliche Umgang (**M 1c**) erarbeitet werden sollen. (**M 1a-c**; weitere „Wasser-Bilder“ wie Sonnenuntergang am Meer, reißender Flußlauf, Wassertropfen, sprudelnde Quelle usw. können leicht aus Zeitschriften, persönlichen Urlaubsphotos, dem Postkartenbuch und anderen unter Punkt 6 aufgeführten Materialien für weitere Arbeitsgruppen entnommen werden); Aufschreiben erster Assoziationen in einem stillem „Schreibgespräch“ innerhalb der Gruppen. (Jede Gruppe erhält einen großen Bogen Papier, Stifte und das entsprechende Material / Bild. Ohne miteinander zu sprechen, sollen die Sch. nach einer stillen Betrachtungsphase ihre Assoziationen, Gefühle, Eindrücke, aber auch Fragen auf das Papier schreiben. Ergänzungen, Nachfragen, Kommentare zu bereits aufgeschriebenen Stichworten können durch Mitsch. der Gruppe erfolgen, so daß sich durchaus auch schriftliche „Gespräche“ entwickeln können.) Danach erfolgt ein Austausch im Plenum, Vergleich der Bilder, Sammeln der Stichworte und eine Kategorisierung (Erscheinungsform, natürliche / übertragene Bedeutung, Ambivalenz). Zum Abschluß könnte ein Tafelbild erstellt werden (vgl. **M 12a**).

⇨ Alternative: Betrachten und Beschreiben zweier ausgewählter Bilder im Plenum (**M 1a/ b**); Aufschreiben der ersten Assoziationen; Austausch; Vergleich mit zwei kurzen Geschichten (**M 1c** und **1d**); Erarbeiten der ambivalenten Bedeutung des Wassers aus diesen Geschichten und evtl. Vertiefung mit weiteren Beispielen.

⇨ *Begegnung:* Ausflug zu einem Ort, an dem sich Wasser in Ruhe erspüren läßt (Quelle, reizvoller Bach-/Flußlauf, Wasserfall, historischer Brunnen usw. je nach Möglichkeiten vor Ort). HA: Wo begegnen wir (in unserem Alltag) dem Wasser? Wofür (ver-)brauchen wir Wasser?

⇨ Alternative: „Imaginationsübung": (**M 2**).

⇨ *Bedeutung des Wassers als Lebensstoff:* Sammeln der Ergebnisse der HA an der Tafel / Wandzeitung; Lesen von **M 3a** und **M 3b**; Vergleich mit den eigenen Ergebnissen; Vorlesen von **M 3c** (L.); Eindrücke; Art des Textes (Loblied/ Hymnus), mögliche Situation des Autors; HA: „Schreibe deine Beziehung zum Wasser in den leeren Wassertropfen" oder (weniger persönlich) „Schreibe Sprichwörter und Redensarten auf, in denen Wasser eine Rolle spielt".

⇨ *Bedrohtes Wasser – bedrohtes Leben* (mögliche Erweiterung und Vertiefung des vorangegangenen Schwerpunktes unter ökologischen Gesichtspunkten): Arbeitsteilige GA oder Referate mit Materialien wie z.B. Frederic Vester, Wasser = Leben; Informationsmaterial von Greenpeace und verschiedenen Mineralwasserfirmen o.ä. (vgl. dazu Hinweise unter Punkt 6). Die Sch. fassen ihre Ergebnisse auf Plakaten oder Matrizen zusammen, um so gemeinsam eine Wandzeitung bzw. eine „Wasser-Umweltzeitung" zu erstellen.

⇨ *Wasser als Symbol:* Vorstellen der HA: Auswertung: Was kommt in den Sprichworten / Redensarten zum Ausdruck? (Bestimmen der verschiedenen Lebenssituationen, symbolischen Bedeutungen); Projektion (OHP-Folie) von **M 4**; Betrachtung, Beschreibung, mögliche Lebenssituation; Vorlesen des Psalmwortes (Ps 69,2–3); Eintragen von eigenen / möglichen menschlichen Ängsten und Nöten in das als Arbeitsblatt ausgeteilte Bild; Austausch im Plenum hängt von der Offenheit und gruppendynamischen Situation der Klasse ab! Oder die Sch. schreiben ihre Ängste und Nöte auf verteilte Folienschnipsel, die anschließend eingesammelt und so möglicherweise auch anonym auf das Bild gelegt über OHP für alle sichtbar werden. Wichtig ist es, gemeinsam danach zu suchen, was diesen Ängsten und Nöten entgegengesetzt werden könnte, und mögliche Lösungen aufzuzeigen (evtl. wieder mit Folienschnipseln, die neben die Ängste gelegt werden können und durch Vorlesen der Verse 14ff aus dem Psalm 69). Gerade zu diesem Inhaltsblock bietet sich eine Absprache mit FachkollegInnen der Fächer Biologie, Deutsch, Musik und Kunst für ein fächerübergreifendes, projektorientiertes Lernen mit anschließender Präsentation in einer Ausstellung an (Feuchtbiotope, Ballade „Der Taucher", Smetanas Moldau, Malen in Aquarelltechnik o.ä.).

⇨ „Begleitend" könnte während der Unterrichtsreihe jeweils zu Beginn oder zum Abschluß der Stunde ein Lied gesungen werden (z.B. „Wo ein Mensch Vertauen gibt", Lied 604 in: Evangelisches Gesangbuch, Ausgabe für die Evangelisch-Lutherischen Kirchen in Niedersachsen und für die Bremische Evangelische Kirche oder das Lied „Wie ein Tropfen auf den heißen Stein" in „Entdeckungen machen" 7/8, S. 42).

B. Wasser als Symbol für das Leben

⇨ *Quelle, Bach, Fluß und Meer als Bilder für Lebensabschnitte:* Projektion eines Bildes mit einem Bach; Vorlesen von **M 5**; Erarbeitung des „Gedichtes". Mögliche Übertragung auf andere Lebensabschnitte (Quelle > Geburt / frühe Kindheit; Wildwasser > Pubertät; großer Fluß > Erwachsenenalter; Meer > Alter); Die Sch.

suchen sich eine Lebensphase aus, die sie mit dem entsprechenden „Wasserbild" wie das vorgebene „Bach-Beispiel" zu beschreiben versuchen. Schreiben eines Textes/Gedichtes in einer Stillarbeitsphase oder auch als HA. Vorstellen der geschriebenen Texte durch Vorlesen oder gesammelt auf einer Wandzeitung, auf die die entsprechenden „Wasserbilder" dazu geklebt werden könnten.

⇨ *Wasser für das Leben/Wasser ist Leben:* Bearbeiten der **M 6a-c** in arbeitsteiliger GA („Wer wird wie, mit welcher Absicht angesprochen?" Aussage der Werbung bzw. des Aufklebers; Versprechen / „Geheime Botschaft"; Bedeutung des Wassers); Sammeln und Vorstellen der Ergebnisse im Plenum; kritischer Vergleich der Werbeplakate mit der Greenpeace-Aktion (Vermarktung contra Umweltschutz; Wasser als Konsumartikel / profitbringendes Produkt contra schützenswertes Lebensgut usw.). Erstellen eines Tafelbildes und Übertragen der Ergebnisse auf das Arbeitsblatt **M 12b**.

⇨ *Wasser des Lebens:* Projektion von **M 7** (das Herr Dr. Fey „entdeckte" und freundlicherweise zur Verfügung stellte): erste Eindrücke, Beschreibung, Herausarbeiten der in der Skulptur enthaltenen Dynamik (kreisende Bewegung, Ein-und Auftauchen aus dem Wasser (wichtig für die *Anbahnung* des Verständisses der Symbolhandlung in der Taufe, in der damit der Tod und die Auferstehung versinnbildlicht wird!), Beziehung der Personen zueinander (enge Verbundenheit, wer gibt, wer nimmt?) und der Bezug zum Brunnen (welche Bedeutung kommt hier dem Wasser zu?). Vorlesen der Perikope Joh 4, 1–15 bzw. 26; Bedeutung von „Wasser des Lebens" in diesem Kontext; Anspruch und Zuspruch Jesu; Reaktion der Samariterin; mögliche Fortsetzung des Gesprächs in Kleingruppen als kurze Rollenspiele oder in Partnerarbeit als schriftlicher Dialog; Bezug zur Skulptur, Deutung auf dem Hintergrund der bibl. Geschichte. (Die beiden letzten Arbeitsschritte eignen sich auch als Hausaufgabe). Eine Alternative zu der Skulptur stellt das Bild von Siger Köder (im Folienband) dar. Dort blickt die Samariterin in den Brunnen. Im Wasser spiegeln sich jedoch zwei Gesichter!

⇨ Alternative zur Erschließung des Textes im UG: Umsetzung des Textes mit bibliodramatischen Elementen (evtl. „reduziert" auf das Herausgreifen und pantomimische Vorspielen zentraler Begriffe. Dafür stellen sich alle im Kreis auf. Der Reihe nach nennt zunächst jede/r einen Begriff, der ihm /ihr besonders hängengeblieben ist, und spielt diesen Begriff in einer Geste vor, wobei er/sie dafür etwas in den Kreis hervortritt. Dann erfolgt das Nachspielen dieser Geste unter Nennung des Begriffes durch alle Beteiligten. Falls es Gruppenstruktur, Zeit- und Raumverhältnisse zulassen, könnten im Anschluß in Anlehnung eines Bibliodramas Rollen verteilt werden und die Perikope auch szenisch umgesetzt werden. Weitere methodische Hinweise sind zu finden bei Ulrike Fey-Dorn: Bibliodrama. Theorie und Praxis, in: Religion heute, Dez. 1989, S. 208–214 oder bei Gerhard Marcel Martin: Sachbuch Bibliodrama. Praxis und Theorie. Kohlhammer Verlag, Stuttgart 1995.

C. „Wasser des Lebens" – Die Taufe

⇨ *Annäherung:* Betrachten eines Taufbeckens auf der Insel Patros aus dem 7. Jh. (**M 8a**) über OHP-Folie; erste Eindrücke; Was fällt besonders auf? Worauf läßt die Größe schließen? Vorlesen / Lesen von **M 8b**; Zusammenfassen der Taufpraxis in der frühen Kirche; Hinweis auf die heutigen Täufergemeinden.

⇨ *Bedeutung der Taufe und des Wassers in der Taufe:* Welche Bedeutung hat das Wasser in der Taufe? Was wird mit der Taufhandlung symbolisiert? (Rückgriffe auf die symbolischen bzw. den christologischen Bedeutungsgehalt(e) des Wassers; Übertragung auf die Taufe; Rückblick auf die Brunnenskulptur (**M 7**) und Joh 4,1–15); Vertiefende Zusammenfassung und evtl. Problematisierung mit **M 9**.

⇨ *Taufpraxis heute:* Projektion über OHP-Folie oder Verteilen des Penck-Bildes (**M 10**). Beschreibung der Stimmung, der Personen, deren Mimik und Körperhaltung; Herausarbeiten der Kritik des Künstlers an der heutigen Taufpraxis; Sch. sollen den beteiligten Personen in Form von „Gedankenblasen" mögliche Gedanken, Gefühle in „den Kopf legen". Vorlesen; Vergleich mit möglichen eigenen Erfahrungen und mit der eigentlichen Intention der Taufe (vgl. **M 8–9**).

⇨ HA: „Bringt Fotos von eurer eigenen Taufe, Taufbücher, -sprüche, -kleider mit!" Oder: „Sprecht mit euren Eltern darüber, warum sie euch (nicht) taufen ließen!"

⇨ *Taufen – heute:* Erarbeiten und Sammeln von Argumenten in Kleingruppen je nach persönlicher Meinung: a) Verfechter der Säuglingstaufe, b) der Erwachsenentaufe und c) Gegner der Taufe. Vorstellen der Argumente spielerisch in einem inszenierten Streitgespräch (Radio, TV, Gemeinde, Freundeskreis, zwischen Verwandten und Freunden am Familientisch über die mögliche / selbstverständlich erwartete Taufe des (Enkel-)Kindes, Nichte, Neffe o.ä.; als Leserbriefe in der (Gemeinde)-Zeitung usw.). Ideen für Argumente bieten sich in Willi Hoffsümmer, Geschichten zur Taufe, S. 71f (vgl. Punkt 6).

⇨ Taufen (einmal) anders: Verteilen von **M 11**. Diskussion; eigene Ideen für eine neue Form und Gestaltung eines oder sogar des eigenen Taufgottesdienstes.

⇨ Alternative: Besuch einer Baptistengemeinde vor Ort; Gespräch mit Gemeindemitgliedern.

5. Das Thema in Schulbüchern und Unterrichtsmaterialien

- Berg, Horst Klaus: „Ich bin getauft", Unterrichtsvorschlag für die 5.–7. Klasse, in: ru 3/ 1982, S. 121–133.
- Buggle, Karin/Hautli, Thomas: Einübung in die Symbolhaftigkeit von Wasser und Licht am Beispiel des Sakramentes der „Taufe" (Vorschlag für die Grundstufe), in: ru 4/1984, S. 156–159.
- Ehmann, Hermann: Christliche Feste und Feiern, 32 Arbeitsblätter mit didaktisch-methodischen Kommentaren, Sek. I. Klett, Stuttgart/Dresden 1994, S. 29–31.
- Halbfas, Hubertus: Religionsbuch für das 5./ 6. Schuljahr. Patmos, Düsseldorf 1989, S. 161–167.
- Schwieger, Michael (Hg.): LebensZeichen, Bd. 2 (7./8. Schuljahr). Vandenhoeck & Ruprecht, Göttingen 1990, S. 159 (Kapitel: Anders leben – für andere leben).

6. Materialien und Medien

- Berg, Sigrid: Biblische Bilder und Symbole erfahren. Ein Material- und Arbeitsbuch. Kösel/ Calwer, München/Stuttgart 1996.
- Freudenberg, Hans: Taufe. Wasser zum Leben. Ein Erinnerungs- und Gestaltungsbuch. Vandenhoeck & Ruprecht, Göttingen 1993[2] (Texte, Bilder, Ideen).
- Frisch, Hermann-Josef: Aus dem Wasser das Leben. Geschenkbuch zur Taufe. Patmos, Düsseldorf 1994 (Bilder, Texte, Gedichte , Gedanken zum Thema Wasser / Taufe, z. B. **M 5**).
- Hoffsümmer, Willi: Geschichten zur Taufe. Matthias-Grünewald-Verlag, Mainz 1993[2] (Viele verschiedene Texte, Information, Gedichte, Märchen, „Streitgespräche" zur Frage der Kindertaufe, Gestaltungsideen u.a., z. B. **M 3a** und **3c**).
- Hofrichter, Claudia/Ball, Matthias: Wir möch-

ten, daß unser Kind getauft wird. Kösel, München 1995 (Bilder, Texte, Gedanken zur Taufe).

- Greenpeace Informationshefte zum Thema Wasser: *Greenpeace Studien:* Aquarius II, Wasserverschwendung und -verschmutzung durch die Industrie (1/1995) (S 0751); *Greenpeace Spezial:* Wasser: Vom Lebensquell zum Luxusartikel (3/1992) (S 0441); *Greenpeace Argumente:* Wasser: Der Stoff, aus dem das Leben kommt (7/1992) (A 092); *Material für Kinder:* Ohne Wasser läuft nichts ... (5/1992) (A 0151).
  Alle Materialien kostenlos (nur Portokosten) erhältlich bei: Greenpeace e.V., Infoversand, Große Elbstr. 39, 22767 Hamburg. Farbiger Aufkleber „Wasser ist Leben" (**M 6c**) für ca. 3,50 DM unter Bestell-Nr. 20017 erhältlich bei: Greenpeace-Umweltschutzverlag GmbH, Vorsetzen 53, 20459 Hamburg.
- Informationszentrale Deutsches Mineralwasser (IDM): Gesundes Wasser ist unsere Zukunft (zu bestellen bei ebd., Flemingstr. 15, 81925 München).
- Krabs, Michael: Leitfaden „Wasser". Leitfadenreihe der Naturschutzjugend, 1994. (Naturschutzjugend, Königsträßle 74, 70597 Stuttgart).
- Vester, Frederic: Wasser = Leben. Ein kybernetisches Umweltbuch mit 5 Kreisläufen des Wassers, illustriert von Peter Schimmel. Ravensburger Buchverlag 1987.
- Wasser, Wind und Wolken, Postkartenbuch (gute – evtl. vergrößerbare Vorlagen – für die „Einstimmungs-Schreibgespräche"), Artcolor 1992.
- Wasser des Lebens – Verfilmung des gleichnamigen Märchens von J. und W. Grimm; 1987, Regie : Ivan Balada, Produktion: Omnia Film München u.a.. Vgl. dazu die Unterrichtseinheit und ausführliche Filmanalyse von Dieter Matthias, Das Wasser des Lebens und seine Symbolik, in: Praxis Deutsch, Heft 130, S. 52–57. (Dort auch Hinweis, wie eine Video-Kopie zu beziehen ist.)

M 1a

vision-photos.

M 1c

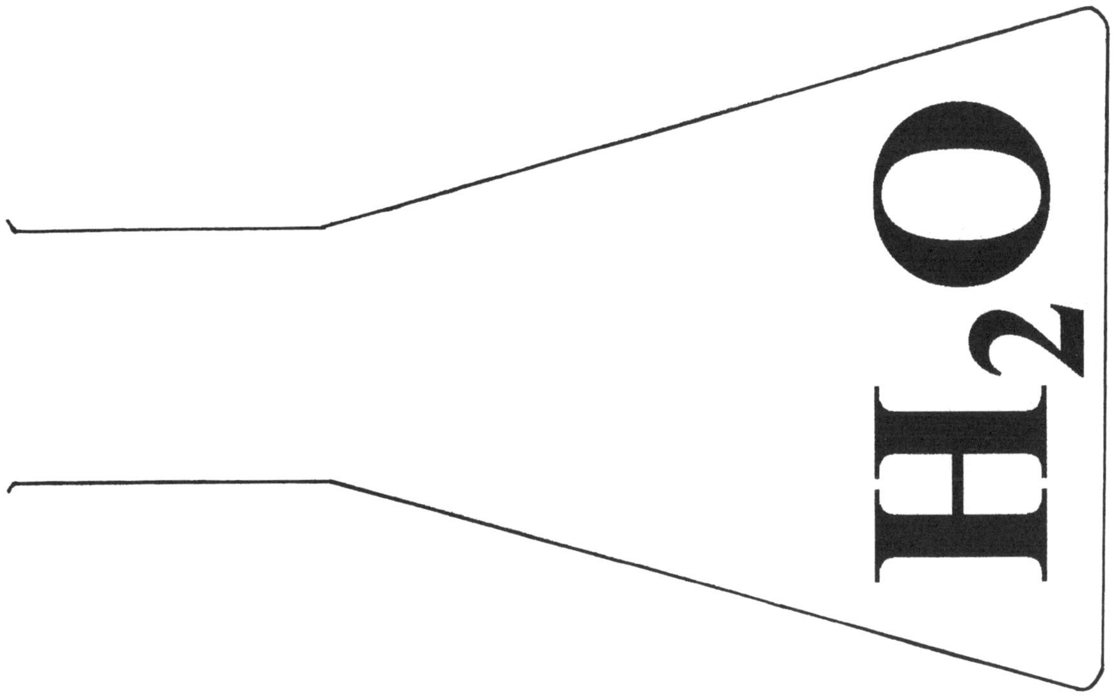

M 1b

Quelle unbekannt.

Die Sonnenblume

M 1d

Inhalt: Während des 2. Weltkriegs in Polen gewinnt ein Mann seine Liebe zum Leben zurück, die er unwiederbringlich verloren glaubte.

Wenn ich nachts über alles nüchtern nachdachte, dann gelangte ich zu dem Ergebnis, daß ich nicht die geringste Chance hatte zu überleben. Ich war eben über die Vierzig und hatte ein schweres Leben hinter mir, weil ich immer mittellos und verbissen gewesen war, und »die« gaben mir nun den Rest.

Anfang Juni ging ich zum Friseur. In dem engen, vollgequalmten Salon ließ ich mir seit Jahren die Haare schneiden. Eine Bombe hatte ihn knapp verfehlt, und das Nachbarhaus war getroffen, auf dessen Ruinen hohes Unkraut wucherte und dünnstämmige, junge Bäumchen hochstrebten. Nach dem Weg durch die Stadt setzte ich mich erleichtert in den Sessel und überließ den Kopf der Schere und die Ohren dem Sturzbach von Worten, der unaufhaltsam auf mich herabprasselte. Der gute Herr Józef plapperte nach Barbiersart sehr viel und sehr ungereimt. Er wob ein wunderliches Gewebe aus Anekdoten und übertriebenen Rundfunknachrichten, flüsterte sie mir ins Ohr, kicherte verhalten und sagte an der Stelle, wo nach einem Satz der Punkt kommt: »Gut, was?« Ich lauschte ihm, während er mir die Nerven mit Öl salbte. Eigentlich, sann ich, ist es nichts als langjährige Gewöhnung, daß ich mir die Behaarung scheren und das Kinn rasieren lasse, ich habe doch im Grunde nicht die geringste Aussicht davonzukommen.

Ein achtjähriger kleiner Junge, dessen Aussehen das finsterste Elend verriet, betrat den Laden. Er trug aus Gummireifen gefertigte Sandalen, die mit Strippen verschnürt waren, eine aus einem Sack genähte Hose und eine unsäglich schäbige Militärbluse ungarischer Herkunft. In der ausgestreckten Hand hielt er eine leere Blechbüchse.

»Was willst du?« knurrte der Herr Józef. »Almosen spenden wir bloß am Freitag.«

»Ich hätte gern etwas Wasser«, bat der Junge und streckte die Büchse noch weiter vor.

»Der Wasserhahn ist in der Ecke«, antwortete Herr Józef und behielt den Jungen im Auge, bis die Klingel an der Tür schellte. »So einer maust, was nicht niet- und nagelfest ist«, sagte er.

Ich nickte. Dem Äußeren nach war dem Jungen alles zuzutrauen. Bald darauf erschien er wieder und kündigte sich mit einem leise perlenden Klingelton an. »Ich hätte gern noch etwas Wasser.«

Er füllte die Büchse, trug sie, den Blick auf die schwankende Wasseroberfläche gerichtet, behutsam vor sich her und entfernte sich, um gleich darauf wiederzukommen. Der leise Klingelton beunruhigte mich nicht, im Gegenteil, er flößte mir Ruhe ein, wie das goldene Licht der untergehenden Sonne, das durch die Scheibe fiel, auf der in übertriebenen Schnörkeln zu lesen war: ruesirF-nemaD dnu -nerreH.

»Du bist ja schon wieder da! Wozu brauchst du denn so viel Wasser? Ich gönne es dir ja, aber sag mal, was machst du damit?«

»Da hat einer den Schlüssel vom Hydranten geklaut, und der Hausmeister meint, ich bin's gewesen, und gibt mir kein Wasser mehr ab. Was sollte ich mit einem Hydrantenschlüssel? Ich habe auf den Klamotten fünf Sonnenblumen gesät. Sie wachsen nun und brauchen Wasser.«

Nach diesen Worten wurde es in dem Friseurladen warm und frohgemut. Herr Józef griff lächelnd nach dem Zerstäuber mit Kölnischwasser und sah kopfnickend dem Jungen zu, der die Büchse füllte. Beide lächelten einander an. Im Weggehen blieb der Junge neben meinem Sessel stehen, reckte den Hals und sah zu Herrn Józef auf, der mir den Kopf bestäubte.

»Spritzen Sie mich auch mal, ja?« bat er und riß die Nase noch höher.

Herr Józef drückte auf den Zerstäuber und hüllte den Kopf des Jungen in eine Wolke winziger, duftender Tröpfchen.

»Ach«, seufzte der Junge selig, den Duft einatmend. Dann klingelte er leise und entschwand.

Ich habe die Okkupation überlebt, obwohl ich mir bei nüchterner Überlegung nicht die geringste Chance gegeben hatte. Oft gedenke ich des kleinen Gärtners, denn er hat, glaube ich, die Liebe zum Leben, die in mir gestorben war, neu geweckt.

Bohdan Czeszko, in: B. u. V. Kahl (Hg.), Aufgestanden gegen den Tod, Burckhardthaus-Laetare Verlag, Offenbach.

Die Überschwemmung von Città morta M 1e

Der Gießbach tobte, es war, als ob trunkene und fröhlich-zornige Riesen sich darin träfen, ihre Hände und Bärte fuhren ineinander, ihre Leiber umschlangen sich und sie verharrten einen Augenblick sich erprobend auf der Stelle. Das Wasser hatte nämlich aus Oliven, Rebranken, Steinen und Erde in wenigen Augenblicken einen Damm gebildet, der zwar nicht alles Wasser staute, doch weitaus das meiste. Und derweil schoß es johlend weiter von oben herab in den Gießbach. Wogen ritten auf Wogen, und immer noch stieß der schlangenhafte Zustrom von der Seite her in den schnell wachsenden Hexenteich, in diese neue, viel größere Zisterne. Es entstand ein Strudel, in welchem das Wasser als gewaltige Gewichtsstücke im Kreise herumgeschleudert wurde. Der Damm aber hielt, hielt so lange, bis sich in der hier bereits buchtartigen Einkerbung des Gießbaches ein richtiger Teich gebildet hatte, eine kleine Talsperre auf halber Bergeshöhe mit einer Sperrmauer aus Bäumen und Erde und Reisig, eine mehr geflochtene Mauer, die sich wie ein Korb immer mehr nach außen bog und dann brach.

Die Wasserwoge pfiff durch die freie Luft, viel lauter als der Sturm, und prallte dann auf, etwa fünfzig Meter tiefer am Berghang. Felsblöcke stürzten mit, der Berg bebte. Der Gießbach war eine Sturzflut geworden, er rauschte nicht mehr mit nassem, lamentierendem Tosen, er brüllte, donnerte; die herabpolternden Felsen klangen wie der Galopp einer Herde von Pferden, und der Bug dieses zu einer Einheit gewordenen Wesens aus Wasser und Steinen ließ die Luft zerbersten in einem dumpfen Fauchen. Eine Meereswoge auf dem Trockenen, sauste es auf dem nächsten Weg, wie von der Brandung drunten heimgerufen, über die Steilhänge, wo der Gießbach gestern noch seine, wie die Fremden sagten, so idyllischen und japanisch anmutenden Wasserfälle bildete. Felsbrocken schleudernd und Bäume knickend fegte die Flut nun, ehe sie noch den »großen Wasserfall« erreichte, schräg über den Berg und stürzte in der Nähe des Tunnelausganges auf die Schienen, von den Stationslichtern aus der Ferne angeleuchtet. Zuerst erschien der Gischt des Wogenaufpralls wie eine nicht von oben, sondern aus der Erde emporspringende Wassersäule. Das Gleis war sofort mit Felsbrocken bedeckt und von der bohrenden Strahlung des Wassers unterhöhlt; und quer über den Schienenstrang donnerte das wilde Element weiter hinab, nun am Osthang der Mittelstadt die Terrassengärten hinunter, durch die Türen und wieder zum Fenster hinaus. Hier wurde ein altes Kuppeldach von den Hufen des Wassers, den mitgerissenen Steinen nämlich, zusammengetreten; dort drückte der weiche Bug des Wassertieres eine Wand ein, und mit dem Schlagen des Schweifes legte es in einer jähen Windung eine Hausecke um.

Endlich fanden sich die aus der Bahn gehobenen Wasser unterhalb des »großen Wasserfalles« in der Schlucht wieder, im Bachbett, wurden zu einem »Fluß«, der diesmal auf eine schreckliche Weise den Namen verdiente, indes höchstens fünf Minuten lang. Doch in dieser kurzen Zeit und eigentlich erst hier in der Schlucht, wurde das Element den Menschen zum Verderben, hier erst ersäufte es die Schlafenden und floh zum Meer. Und nach kurzer Zeit gab es nur noch oder wieder den Gießbach, ein bißchen geschwollen zwar von Regen und Schmelzwasser, aber gegen Morgen schon wieder ganz der alte wohlbekannte »Fiume« zur Winterszeit, der die östliche Schlucht mit seinem leisen Geplätscher erfüllt.

Die verirrte Woge aus der Höhle kam so überraschend zu Besuch nach Città morta, daß die Betroffenen sie erst bemerkten, als sie unter den Haustüren, die ja in dieser Gegend meist unmittelbar in die Zimmer führten, hereinschoß: zuerst wie ein gegen die Tür geworfener Eimer Wasser, dann wie ein starker Strahl aus einem Sprengschlauch und schließlich wie ein einziger weicher großer Muskel, der gegen die Tür drückte, bis sie knackte, stöhnte und schließlich aus dem Rahmen brach. Und das ging so schnell, daß die Leute keine Zeit hatten, aus ihrer Verwunderung dem Schreck zu verfallen. Zu allem Unglück hatte das Unwetter auch noch die elektrische Lichtleitung zerstört, und so stießen jene, die, durch irgend etwas gewarnt, flüchten wollten, gegen die weiche Mauer der Finsternis drinnen in den Häusern wie draußen. Der Himmel war von Wolken ganz zugewachsen, und die Menschen tapsten und schlüpften umher wie Kaninchen unter den Tannenästen bei Neumond. Und das Wasser packte sie aus dem Dunkel her, wickelte sie ein, trieb sie wie Kreisel. Die Stimme des Wassers füllte die Schlucht, es wurde kein Geschrei gehört, nur einige Hunde heulten.

In dieser Nacht verloren in der kleinen Stadt Città morta über siebzig Menschen ihr Leben, sie wurden ersäuft, erschlagen, irgendeine Treppenstufe herabgespült, und das Wasser herrschte kaum eine Viertelstunde lang über die Stadt.

Stefan Andres, in: E. Domay (Hg.), Vorlesebuch Symbole, Patmos/Kaufmann, Düsseldorf/Lahr 1990², S. 85–87.

M 2

Imaginationsübung zum Thema Wasser

Vorbereitungen: Sitzkreis; erklären des Vorhabens; einnehmen einer entspannten Sitzposition (auf dem Boden oder auf dem Stuhl); schließen der Augen; schaffen einer ruhigen, entspannten Atmosphäre.

Ihr habt nun Gelegenheit, euch ein Wasser vorzustellen.

Vielleicht habt ihr Lust, etwas näher an das Wasser heranzutreten.

Schaut euch das Wasser genauer an.

Ist es ein bewegtes oder stilles Wasser?

Ist es ein flaches oder tiefes Wasser?

Ist das Wasser klar oder trübe?

Welche Farbe hat das Wasser?

Kannst du es riechen?

Kannst du das Wasser hören oder ist es lautlos?

Möchtest du vielleicht noch näher hinzutreten und das Wasser berühren?

Möchtest du es vielleicht durch deine Hände fließen lassen oder deine Füße darin baumeln lassen?

Kannst du das Wasser auf deiner Haut fühlen?

Vielleicht möchtest du sogar in das Wasser eintauchen oder davon trinken.

Kannst du das Wasser schmecken?

Oder ist es dir lieber, dich etwas abseits vom Wasser niederzulassen?

Welche Gefühle löst das Wasser in dir aus?

In welcher Umgebung befindet sich das Wasser?

Schaut euch um und nehmt die Umgebung bewußt wahr!

Wo befindet ihr euch in diesem Bild?

Ihr werdet ganz ruhig!

Die Ruhe durchströmt euch wie Wasser.

Ihr könnt alles bewußt wahrnehmen, euch selbst, das Wasser, die Umgebung....

——————Nach einer kurzen Pause :

Wir verlassen nun unser Wasser und kehren zurück.

Wir nehmen die Geräusche wahr, die uns umgeben.

Wir spüren unseren Körper, bewegen die Hände, ballen sie zu Fäusten, reiben sie aneinander, reiben auch einmal unser Gesicht und öffnen dann langsam die Augen.

Aus: W. Brandt / G. Kaulen, Heilig – nix für junge Leute?, in : ru 1/1995, S. 14f.

M 3a

Ohne Wasser ist kein Leben auf der Erde denkbar. Fast drei Viertel der Erdoberfläche sind von Ozeanen, Seen, Flüssen und Eis bedeckt. Auch unterhalb der Erdoberfläche fließt das Wasser wie in der Luftschicht über der Erde, hier größtenteils als Dampf. Uns Menschen ist das Wasser durch neun Monate im Fruchtwasser von Anfang an vertraut. Und über zwei Drittel unseres Körpers bestehen aus diesem Lebenselixier. Wasser überwindet alle Hindernisse, um in die lebenden Zellen von Pflanzen, Tieren und Menschen einzudringen: Es überwindet die Schwerkraft und steigt bis ins oberste Blatt eines Baumes. Das Wasser und sein Schicksal gehen uns an. Reines Wasser wird knapp und hat es schwer. Ein Auto, das fertig vom Fließband rollt, hat mindestens 100.000 Liter Wasser verbraucht – durch die Herstellung des Stahls und die Montage der vielen Einzelteile. Jedem Liter Benzin, das den Autotank füllt, entsprechen 70 Liter Wasser, die zur Raffinerie benötigt werden. Wasser ist auch die größte Sauerstoffquelle der Erde. Seine gewaltigen Planktonmassen steuern die Lufterneuerung in einem immerwährenden Recycling. Schädigen wir das Wasser und das Meeresleben durch weitere Giftzufuhr, zerstören wir noch spürbarer seine kostenlose Leistung für unser aller Leben. – Wer den Blick für die Wunder am Wege nicht verloren hat, erlebt noch bewußt, wie das Wasser eines Wasserfalles spritzt, wie sich Licht im Wasser spiegelt, wie es schäumt und fließt und wie die Wasserpflanzen die Bewegung des Wassers mitmachen, wie Wasser als Tautropfen perlt... Wasser – der köstlichste Besitz der Erde!

Aus: Willi Hoffsümmer, Geschichten zur Taufe, Matthias-Grünewald-Verlag, Mainz 1993², S. 11.

M 3b

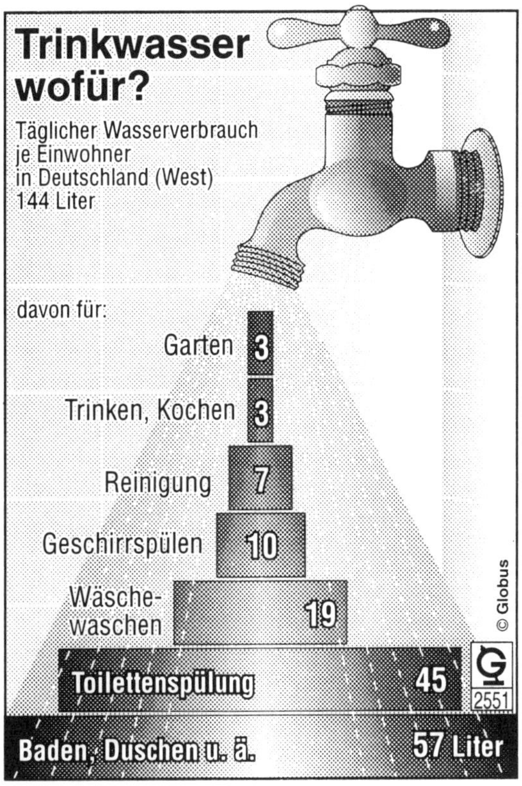

Globus-Kartendienst.

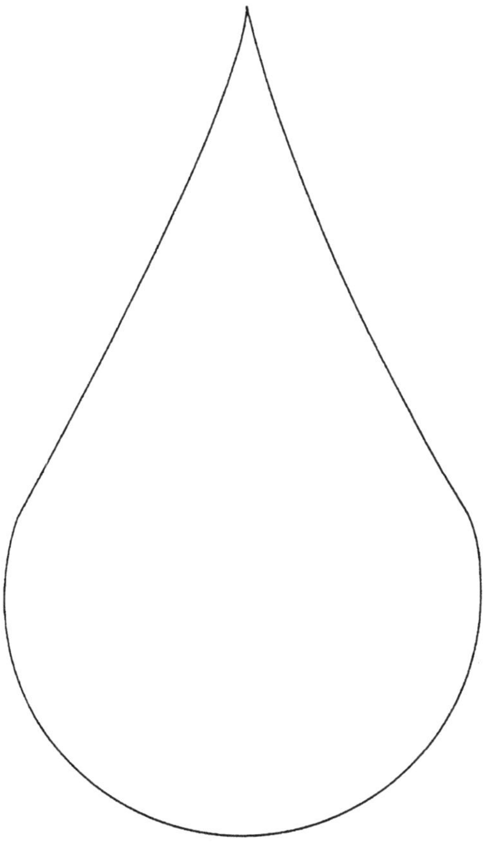

M 3c

Wasser,
du hast weder Geschmack
noch Farbe, noch
Aroma. Man kann dich
nicht beschreiben. Es ist
nicht so, daß man dich zum
Leben braucht: Du selbst bist
das Leben! Durch dich kehren
uns alle Kräfte zurück, die wir
schon verloren gaben. Dank deiner Segnung fließen in uns alle
bereits versiegten Quellen der
Seele. Du bist der köstlichste Besitz dieser Erde.
(Saint-Exupéry)

Aus: Antonine Saint-Exupéry, Wind, Sand und Sterne, © 1939 und 1956 Karl Rauch Verlag KG, Düsseldorf.

M 4

Gott, hilf mir! Denn das Wasser geht mir bis an die Kehle.
Ich versinke in tiefem Schlamm, wo kein Grund ist. Psalm 69,2–3

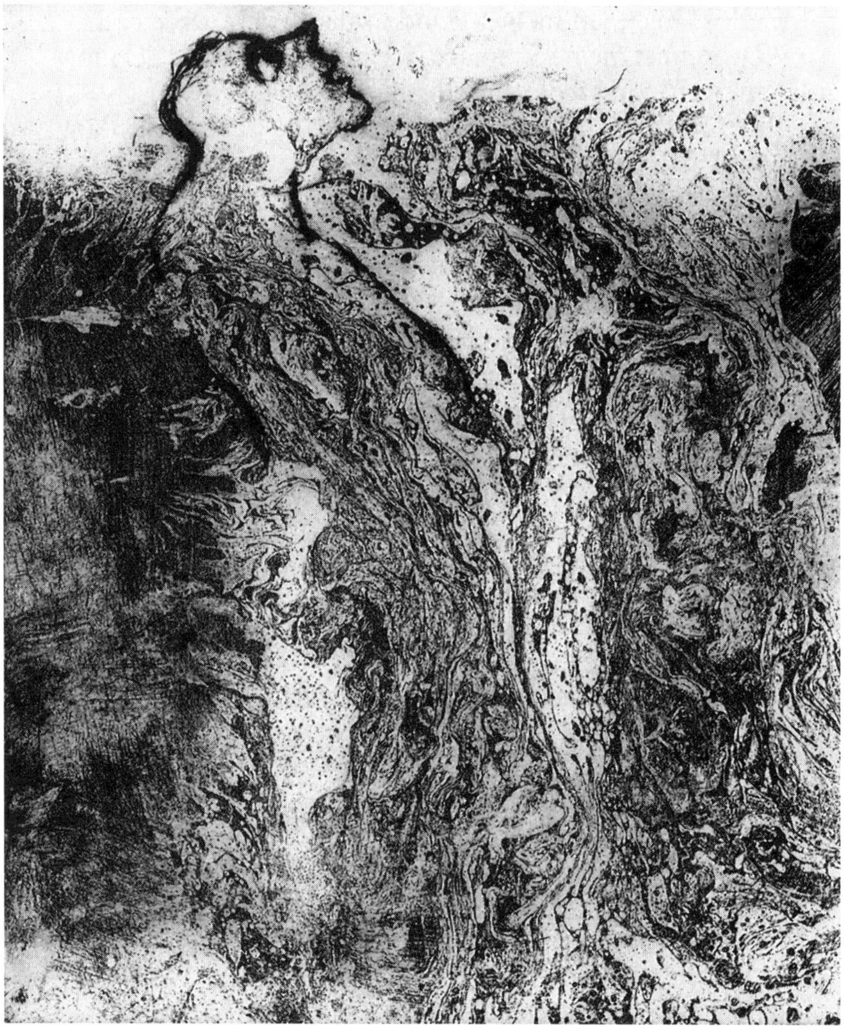

Bildmuster wie verflüssigte Materie. Die Figur hält sich oben in energischen Umrissen, der Körper scheint aufgelöst. Nur der erhobene Kopf behauptet sich noch im schmalen Freiraum über den Sumpf. TZ

In welch hoffnungsloser Lage muß sich ein Mensch befinden, wenn er diese Worte des 69. Psalms herausschreit! Die erschütternde Sprache der Psalmverse ist hier ins Bild gesetzt: Ein Mensch versinkt in seinem Leid, ja, er droht sich darin völlig aufzulösen. Die Not, die ihn ergreift, fast schon Todesnot, erscheint wie Schlamm, aus dem es kein Entrinnen gibt.

Keine Beine sind mehr da, die tragen können, kein Boden, der Halt gibt, keine Arme, die festhalten können. Der ganze Körper scheint zu zerfließen. Alle Handlungsmöglichkeiten sind dem Menschen genommen. Er ist allein gelassen in seiner Angst. Der Augenblick ist absehbar, in dem er aufhört, er selbst zu sein.

Über diesen Anblick erschrecke ich. Vielleicht ist eine leise Ahnung in mir da, daß ich selber einmal dieser Mensch sein kann.

Aber auch das sehe ich auf dem Bild: Noch läßt das Leid den Menschen nicht verstummen. Das aufgerissene Auge blickt angstvoll suchend in die Höhe. Der Mund ist geöffnet.

Reden zu können, das wünschen sich Menschen oft in ihrer Not, und jemanden zur Seite zu haben, der ihnen zuhört. Wie viele gequälte Menschen möchten am liebsten ihr Leid und ihren Schmerz herausschreien wie dieser Mensch auf dem Bild. Sein Schrei ist zum Himmel gerichtet, in der Hoffnung, daß Gott das verzweifelte Klagen hört.

Dieser Hilfeschrei ist das einzige Gebet, das in solcher Situation noch möglich ist. »Allein in Hoffnung halte ich mich noch, alles andere ist mir genommen.« Diese Worte legt Martin Luther in seiner Psalmen-Auslegung dem Klagenden in den Mund.

EZ

Aus: Radierungen zur Bibel von Thomas Zacharias, Deutsche Bibelgesellschaft, Stuttgart 1993 (Radierung von Thomas Zacharias, Text von Edith Zwanger); Text gekürzt.

M 5

Bach

wasserwege
bachwasser
leise plätschern zwischen steinen
hinab ins tal rinnen
einen weg suchen immer neu
wasserwege
ein kleiner bach nur
doch lebenswasser weitertragender lauf
lebensspendenden quell weiterbringen
erfrischendes lebhaftes lebendiges wasser
wasserwege
verspielter bachlauf
ein spiel träumen
in die welt hineinlaufen
probieren wohin der weg geht
wasserwege
freude und glück
im schatten der bäume geborgen
von strahlen der sonne gestreichelt
übersprudelnder übermut
wasserwege – menschenwege
kindsein
das leben spielend erobern
die welt lebhaft erträumen
wege neu probieren
schritt für schritt stufe für stufe
wachsen und größer werden
sich wegbewegen und zugleich geborgen
kindsein – hoffnung

Aus: Hermann-Josef Frisch, Aus dem Wasser das Leben. Geschenkbuch zur Taufe, Patmos Verlag, Düsseldorf 1994, S. 16/17.

Wasser fürs Leben – Wasser ist Leben **M 6**

Stellt euch vor, ihr hättet eines der folgenden Werbe-„plakate“ entworfen und wolltet es jetzt in einer einberufenen Arbeitssitzung den Marketing-AbteilungsleiterInnen als euren neuen Werbeentwurf vorstellen. Überlegt euch bitte zur Vorbereitung auf dieses Gespräch überzeugende Argumente zu folgenden Fragen : *Für was* wird *wie* (Bildelemente, Personen, Werbeslogan) geworben? *Wer* wird mit *welcher Zielsetzung* angesprochen?

Wilhelmsthaler Mineralbrunnen, Calden.

Mineralbrunnen Rhönsprudel, Ebersburg.

© Greenpeace.

M 7

Chester Cathedral, Water of Life, © Judges of Hastings, England.

M 8a

Aus einer Kirche auf der griechischen Insel Paros
(7. Jahrhundert)

Aus: Reimar Kakuschke (Hg.), Arbeitshilfen LebensZeichen 5/6, Teil 1, Vandenhoeck & Ruprecht, Göttingen 1991, Kap. 7, S. 26.

M 8b

Von der Taufspendung zur Zeit des Bischofs Augustinus wird uns wie folgt berichtet:

Dann legen die Täuflinge sämtliche Kleider ab, wahrscheinlich in den Nischen des Rundganges oder in den Nebenräumen. Sie lösen ihr Haar und legen ihren Gürtel ab. Keine Haarnadel bleibt auf ihrem Kopf, kein Hänger an den Ohren, kein Ring am Finger, kein Amulett um den Hals.

Sie betreten den mystischen Mutterschoß, wie sie den irdischen Mutterschoß verlassen haben. Jeder ist von Kind an durch das Leben in den Thermen an diese Unbefangenheit gewöhnt – man schläft ja auch zu Hause nackt unter einer Decke.

Die Männer stehen auf der einen Seite, auf der anderen die Frauen. Einer nach dem anderen steigen sie im Lampenschein die Stufen hinunter in das strömende Wasser, wobei ihnen die Taufpaten behilflich sind. Erst kommen die Kinder, dann die Männer und schließlich die Frauen. Das Becken ist nicht tief. Das Wasser reicht einem Knaben bis zur Brust, einem Erwachsenen kaum bis zum Nabel.

Dann klingen die uralten Fragen auf: Glaubst du an den Vater? Glaubst du an den Sohn? Glaubst du an den Heiligen Geist? Glaubst du an die heilige Kirche, den Nachlaß der Sünden, die Auferstehung des Fleisches? – und die inbrünstige Antwort: Ich glaube!

Dreimal wird der Täufling im Wasser getauft, das erste Mal im Namen des Vaters, dann im Namen des Sohnes und schließlich im Namen des Heiligen Geistes.

Nach F. van der Meer, Augustinus als Seelsorger; Quelle unbekannt.

Ich bin getauft.

M 9

Damit sage ich:

Ich habe einen Vater im Himmel.
Ich darf jederzeit zu ihm kommen.
Das gilt, auch wenn ich versagt habe.
Das gilt, auch wenn ich durch lange Zeit
nichts von ihm habe wissen wollen.

Ich habe Geschwister auf dieser Erde.
Das sind alle getauften Menschen,
die in der Gemeinde zusammenkommen,
auch wenn sie genauso
oder schlimmer als ich versagen.

Ich gehöre zur Familie der Kinder Gottes.
Das Böse hat keine endgültige Macht über mich,
denn Jesus Christus hat es für mich überwunden.
Keine Schuld hat mehr so viel Macht,
daß sie mir die Heimkehr zu Gott
versperren könnte.

Der Tod wird mich nicht festhalten.
Christus ist aus dem Tod auferstanden,
und so wird er auch mich
durch den Tod hindurchgeleiten
und zu einem neuen Leben führen.

Aus: E. Achtnich (Hg.), Arbeitshilfen für den Konfirmandenunterricht, Blatt 28, Burckhardthaus-Laetare Verlag.

M 10

A.R. Penk, Taufe (Radierung 1986), © Maximilian Verlag Sabine Knust und A.R. Penck, München.

M 11

Brunnen als Taufbecken (Open-Air Taufe)

Sarah-Lisa Mahler versucht bewußter zu leben als viele andere Jugendliche ihres Alters. Die 14jährige hat sich daher auch bewußt entschieden, in die Kirche einzutreten und sich taufen zu lassen. Nicht zuletzt wollte sie anschließend auch konfirmiert werden. Mit 14 getauft zu werden ist schon etwas Besonders, denn wann sonst kann man seine Taufe so intensiv miterleben. Aber nicht nur Sarah-Lisas Alter ist bezüglich ihrer Taufe ungewöhnlich. Noch ungewöhnlicher ist der Ort ihrer Taufe. Auf ihren eigenen Wunsch hin wurde sie im Dorfbrunnen von Knutbühren in die christliche Gemeinschaft aufgenommen.

Ihre Mutter, Christine Mahler, hatte sich von Anfang an vorgenommen, ihre Tochter selbst entscheiden zu lassen, ob sie sich Taufen lassen will oder nicht. „Es sollte ihre eigene Entscheidung sein, jetzt ist Lisa alt genug dafür", bestätigte die Mutter des Teenagers. Lisa entschied sich für die Kirche. Sicher auch ein Verdienst ihres Pastors aus Geismar, der allerdings nicht weiter erwähnt werden möchte. Seine lockere Art und seine besondere Affinität zu Jugendlichen und deren Problemen begeisterte Sarah-Lisa derart, daß sie ihm den Vorschlag machte, sie im Dorfbrunnen von Knutbühren zu taufen.

Dafür war der evangelische Kirchenmann gerne zu haben. Zunächst galt es mit dem in Knutbühren zuständigen Pastor abzuklären, ob ein Pastor aus Geismar die Taufe vornehmen könne. Auch von dort gab es „grünes Licht". Die späte Taufe wurde dann ein Ereignis für den nicht mal 200 Einwohner zählenden Ort Knutbühren. Neben den eingeladenen Taufgästen fanden sich Dutzende Schaulustige ein, die so etwas noch nie gesehen hatten. Wahrscheinlich wird es aber eine Seltenheit bleiben. Dazu der flexible Pastor: „Das war ein persönlicher Gefallen, den ich Sarah-Lisa getan habe. Ich möchte andere Kollegen damit nicht in Zugzwang bringen. Ob man so eine ungewöhnliche Taufe in dieser Art durchführt oder nicht, bleibt der Entscheidung jedes einzelnen Pastors überlassen. Ich persönlich habe es gerne gemacht, aber es wird wohl die Ausnahme bleiben." Schade, solch ein „Open Air" könnte ruhig Nachahmer finden.

Aus: Extra Tip. Foto: Andrea Kolling.

M 12a

Mögliches Tafelbild zu M 1a/b („Anbahnung“)

Erscheinungsform	(natürliche) Eigenschaften	symbolische Bedeutung(en)	Gefühle/Assoziationen
Überflutung	Strömung, Übertreten des Flusses	(Ohn-)Macht, Zerstörung	Angst, Gefahr, Chaos, Bedrohung, Gewalt, Verzweiflung, Tod
Fluß	fließend, reißend, Mündung, Wasserstraße	Lebensfluß, Weg	Ruhe, Gefahr, Abenteuer, Verschmutzung
Meer	Weite, Brandung, Gezeiten	Macht, Weite, Unendlichkeit, Fülle	Romantik, Fernweh, Urlaub, Sonne, Strand, Ölpest, Tiersterben
Quelle	sprudelnd, erfrischend, sauber	Ursprung, Anfang, Lebensquelle	Geburt, Reinheit, Kraft
H_2O (Wasser)	chemische Formel für Wasser	–	Abwasser, Chemie, Umweltverschmutzung, Distanz

M 12b

Mögliches Tafelbild zum Arbeitsblatt „Wasser für's Leben – Wasser ist Leben"

1) „Wasser fürs Leben"
Kind: („hat das Leben noch vor sich"), Fröhlichkeit, Lebendigkeit, Gesundheit, „Jugendlichkeit"; >>>Leben.
Mineralwasser: im Vordergrund (Wichtigkeit) fördert („für") Gesundheit (gute Zähne, viel Calcium) und Wachstum; >>>wichtig für das (menschl.) Leben.
BetrachterIn: Erwachsene : Verantwortung für gesunde Ernährung der Kinder; Wasser „hält jung"; Kinder : Nachahmung (Wasser schmeckt und ist gesund).
„Fazit": (Mineral-) Wasser ist wichtig für das (gesunde) Leben.
Ziel : Verkauf des Produktes / Profit.

2) „Rhön ist Leben"
Junge Frauen: Blickfang (wenig bekleidet), Lebendigkeit, Frische, Jugendlichkeit, Schönheit, Fröhlichkeit, Freundschaft, Unbeschwertheit >>>(menschl.) Leben (in harmonischer Gemeinschaft).
Mineralwasser: im Hintergrund, jedoch ohne klare Konturen einer Flasche (wie ein erfrischender Wasserfall), „innere Qualitäten", etwas Herausragendes („reich"), kein gewöhnliches Wasser.
BetrachterIn: (Nur) dieses Mineralwasser macht Leben in jugendlicher Frische, Ungezwungenheit, Freundschaft möglich.
Fazit: (nur) dieses Produkt selbst wird mit dem Leben gleichgesetzt, gehört untrennbar dazu („ist"), Wasser selbst spielt keine Rolle mehr.
Ziel: Verkauf des Produktes / Profit.

3) „Wasser ist Leben"
Fisch und Möwe: Tiere, die mit dem Meer, mit Wasser verbunden sind >>>Leben allgemein.
Sonne: Romantik (Sonnenuntergang am Meer), Erinnerungen, Gefühle, Hoffnung, Naturverbundenheit.
Greenpeace: Umweltorganisation, die sich für den Erhalt des Wassers und damit des Lebens einsetzt.
Fazit: Wasser ist ein zu schützendes Gut, verschmutzte Gewässer gefährden Tiere (und Menschen).
Ziel: (ethischer) Appell, sich für den Umweltschutz einzusetzen.

7 Ich glaub' nicht dran – aber interessieren tut es mich doch

Okkulte Phänomene und der christliche Glaube

1. Theologische und didaktische Aspekte

Gibt man Sch. der Sekundarstufe I die Möglichkeit, aus einer Liste der in verschiedenen Religionsbüchern enthaltenen Themen (oder auch frei) ihre Wunschthemen auszuwählen, gehört die Beschäftigung mit okkulten Phänomenen mit großer Wahrscheinlichkeit zur Spitzengruppe. Das Interesse an „Glaube und Aberglaube", „Okkultismus", „In den Sternen steht's geschrieben" – so die gängigen Kapitelüberschriften – hält sich seit mindestens zehn Jahren mit erstaunlicher Konstanz relativ unabhängig von Schulform, Schulumfeld oder angebotenen Alternativthemen. Als schwieriges Unterfangen jedoch erweist sich der Versuch, die Hintergründe des so klar artikulierten Schülerinteresses herauszufinden. Indikator für das Ende der Aufklärung oder des kirchlichen Monopols der Sinnstiftung, Maß der gerade bei Jugendlichen hohen Unsicherheit angesichts des vielfältigen gesellschaftlichen Wandels, von Medien und kirchlichen Weltanschauungsbeauftragten gemeinsam aufgebauschte Marginalie zur Steigerung von Auflage, Einschaltquoten und Einfluß, natürlicher Ausdruck der mit der Pubertät verbundenen Neugier und Sehnsucht nach einer anderen Welt als der der Erwachsenen – so vielfältig wie die Perspektiven der Experten, die sich mit dem sogenannten Jugendokkultismus befassen, so verschieden sind die Urteile über den Ursprung, den Stellenwert, die Gefahren und die religionspädagogischen Konsequenzen dieses Phänomens. Daß sich ein Konsens auch im Ansatz nicht abzeichnet, liegt sicherlich auch an der Sache selbst: Okkultem, noch dazu als Bestandteil der Jugendkultur, läßt sich mit Interviews oder Einzelbeobachtungen von Lehrern, Pfarrern oder Eltern eben nur begrenzt nahekommen; empirische Studien – die es bisher nur in relativ geringem Umfang gibt – werfen große methodische Probleme auf und liefern nur stark interpretationsbedürftige Rohdaten.

Aus diesem Befund folgt, daß es keinen allgemein und vorweg legitimierten Entwurf für eine Unterrichtseinheit zu „Okkultismus" geben kann, sondern daß das konkrete Vorgehen sich, mehr noch als bei anderen Themen, aus spezifischer Situation der Lerngruppe – oder auch einzelner Sch.! –, Vorverständnis und Interesse von L. und dem schulischen Umfeld (religiös liberale oder fundamentalistische Eltern, außerschulische Gruppen, in denen okkulte Praktiken gepflegt werden ...) ergibt. Die Unterrichtsideen und Materialien der hier vorliegenden Einheit, die zum großen Teil mehrfach an verschiedenen Schulen ausprobiert wurden, sind für die nach bisheriger eigener Erfahrung große Mehrzahl der Jugendlichen gedacht, die sich – im Sinne der Kapitelüberschrift – okkulten Phänomenen mit Neugier und Offenheit nähern, evtl. Erfahrungen auf Parties (Gläserrücken) oder im Zusammenhang mit Heavy-Metal-Musik (Texte, Plattencover ...) gemacht haben, sich aber nicht im Einflußbereich fester okkulter Zirkel befinden. Ziel dieses Entwurfs ist es, aus christlicher Perspektive heraus die gerade in dieser Altersstufe notwendige Orientierung zu bieten und sowohl zu Kritikfähigkeit und Kenntnis der mit okkulten Praktiken verbundenen Gefahren anzuleiten als auch einer – unchristlichen – Dämonisierung zu wehren. Sollten die obengenannten Prämissen nicht gegeben sein, oder sollte sich bei der Durchführung herausstellen, daß einzelne Sch. aufgrund ihrer persönlichen Lebenssituation gefährdet sein könnten – nicht zuletzt dazu dienen der Fragebogen (**M 4**) und die relativ dichte Atmosphäre des „Pendelns" am Anfang der Sequenz –, muß in eigener pädagogischer Verantwortung reagiert werden (Ersetzen einzelner Bausteine, Abbruch des Themas, Einbeziehen außerschulischer Experten oder des Beratungslehrers ...).

Der Begriff *okkult* (lat.: verborgen) hat im allgemeinen Sprachgebrauch keine exakt abgegrenzte Bedeutung. Er wird meist im Zusammenhang mit Erscheinungen verwendet, die den Rahmen der Alltagserfahrung oder des wissenschaftlich Faßbaren sprengen, die unerklärlich zu sein scheinen und unheimlich wirken: Spuk, Orakel, Geistheilungen, Astrologie, Hellsehen, die Wirkung von Amuletten und Wünschelruten können als Beispiele genannt werden. Aufbauend auf diesen Phänomenen hat sich seit Beginn der Aufklärung eine Vielzahl von teils phantastischen Sonderlehren einzelner Visionäre oder Anhänger bestimmter okkulter Praktiken ergeben, die man insgesamt als Okkultismus bezeichnet. Unter Jugendlichen besonders verbreitet ist das Gläserrücken, bei dem die Bewegungen eines von allen Teilnehmern mit dem Finger berührten Glases auf einer mit Buchstaben, Ziffern und Ja/Nein beschrifteten Unterlage Antwort auf vorher gestellte Fragen geben.

Will man nicht, etwa aus einer grundsätzlich skeptischen oder an bestimmte Wissenschaftsmodelle gebundenen Weltanschauung heraus, *alle* okkulten Phänomene als Betrug oder Täuschung werten, bieten sich zwei Grundmodelle zu ihrer Erklärung an: Die spiritistische Hypothese (spiritus = lat. Geist) geht von der Existenz von Geistern aus. Engel, Dämonen, die Seelen Verstorbener oder auch unpersönlich vorgestellte Mächte wirken direkt oder über Menschen mit besonderer Fähigkeit der Kontaktaufnahme (Medien) auf die materielle Welt ein. Die animistische Hypothese (anima = lat. Seele) sieht den Ursprung in der Seele der beteiligten Personen. Unterbewußte Erinnerungen, Ängste, Wünsche oder paranormale (den gegenwärtigen Stand der Wissenschaft sprengende) Kräfte, wie z.B. die außersinnliche Wahrnehmung oder unbekannte Quantenphänomene, können, oft ohne Wissen der Beteiligten, spontan oder im Rahmen der okkulten Rituale zu sinnvollen Botschaften beim Gläserrücken, Klopfgeräuschen und dergleichen führen. Beide Hypothesen sind letztlich weder beweis- noch widerlegbar, auch wenn der sichere Nachweis von ortsgebundenem Spuk – der Poltergeist wirkt immer in demselben alten Schloß, er erscheint den verschiedensten Personen – ein starkes Argument für die spiritistische Hypothese wäre. Der große Vorteil der animistischen Hypothese liegt darin, daß sie einfacher ist und sich besser in das heute akzeptierte Weltbild einfügen läßt, sie wird daher von der großen Mehrheit seriöser Experten bevorzugt.

Daß die Beschäftigung mit okkulten Phänomenen gefährlich sein kann, wird, gerade im Hinblick auf Jugendliche, von allen kirchlichen Mitarbeiter/innen, Psychologen und Religionspädagogen betont. Auch wenn man nicht im Rahmen der spiritistischen Hypothese die teuflischen Mächte direkt am Werk sieht, ist vor leichtfertigem Umgang mit Pendeln, Gläserrücken usw. zu warnen. Niemand kann vorhersagen, welche Ängste das Spiel mit dem Unbewußten auslöst, die Möglichkeit sich selbst erfüllender Prophezeiungen ist gegeben (das Glas sagt einen Unfall vorher, den man dann, durch unbewußte Fixierung auf die Vorhersage, selbst ansteuert). Bei bestimmten Persönlichkeitsstrukturen oder in Krisensituationen kann es zu suchtartigem Verhalten kommen: Der Betroffene macht dann alle Entscheidungen des alltäglichen Lebens vom Stand der Sterne oder dem Ergebnis des Pendelns abhängig. Hieraus ergibt sich die – kontrovers beantwortete – Frage nach der direkten Einbeziehung okkulter Praktiken in den Unterricht. Das hier vorgeschlagene Pendelexperiment (**M 1**) ist m. E. für die meisten Lerngruppen geeignet. Die Frage nach Zahl und Geschlecht der Kinder ist einerseits motivierend genug für eine Auseinandersetzung mit dem Phänomen, sie zielt andererseits auf einen für die Jugendlichen noch weit entfernten Bereich, so daß keine Ängste ausgelöst werden. Gerade wenn außerschulische Erfahrungen mit Gläserrücken o.ä. vorliegen, würde ein nur theoretischer Unterricht seine Ziele verfehlen. Wenn man sich angesichts der Lerngruppe gegen das Experiment entscheidet, kann als Alternative ein Ausschnitt aus dem Film „S.O.S. – Geister aus dem Jenseits" gezeigt werden, der – unkommentiert – die Praxis des Gläserrückens und Meinungen von Teilnehmern zeigt.

Die Bedeutung okkulter Phänomene für den christlichen Glauben ist umstritten, das Spektrum der Meinungen reicht vom Beweis für die Existenz des Jenseits und des Lebens nach dem Tod bis hin zur totalen Irrelevanz. Der vorliegende Entwurf geht davon aus, daß die Beschäftigung mit okkulten Phänomenen zwar den Blick für die auch im 20. Jahrhundert immer noch – oder vielleicht gerade – geheimnisvolle Tiefe und Vielfalt der Wirklichkeit zu öffnen vermag, für die Grunderfahrungen und -aussagen des christlichen Glaubens jedoch bedeutungslos ist. Diese Position wird zunächst einmal nahegelegt durch den unbefangenen Gebrauch, den Gestalten des AT und NT im Rahmen ihres jeweiligen Weltbildes auch von meist in den Bereich des Aberglaubens eingeordneten Praktiken machen. Neben den in **M 10–11** vorgestellten Beispielen sei etwa an das Orakel Gideons (Ri 6,36ff), die Totenbeschwörung Sauls (1.Sam 28), die Exorzismen Jesu und die Visionen des Paulus (Apg 16,9 u.a.) erinnert. Der Glaube zeigt sich hier nicht in der Bejahung oder Verneinung von Geistern oder okkulten Erscheinungen, sondern in der Erkenntnis ihres Hinweischarakters auf Gott oder in ihrem sachgerechten Gebrauch im Sinne Gottes. Die ausgewählten Beispiele einer positiven Haltung gegenüber dem Okkulten sprengen die geläufige Gegenüberstellung von Aberglaube und Bibel und regen zur vertieften Beschäftigung an. Ein Religionsunterricht, der sich sowohl der historisch-kritischen Methode als auch der Symboldidaktik verpflichtet weiß, wird außerdem die Bildhaftigkeit dieser oder ähnlicher Bibelstellen betonen und zu nutzen wissen.

Auch aus systematisch-theologischen Erwägungen heraus läßt sich eine schlichte Gleichsetzung von okkult und abergläubisch schlecht begründen. Vom 1. Gebot her ergibt sich, daß es der Verlust des Vertrauens in Gott, das "Sein-Herz-an-etwas-anderes-Hängen" ist, was die Grenze von Glaube und Aberglaube markiert. Insofern können okkulte Praktiken nicht mehr oder weniger abergläubisch sein als die vermeintliche Herstellung oder Steigerung des eigenen Daseins durch Bodybuilding, Joggen oder Gentechnik. Der Glaube an den Schöpfer visibilium omnium et invisibilium, wie es im Nizänischen Glaubensbekenntnis heißt, verweist darauf, daß auch Geister oder paranormale Erscheinungen in den Bereich des Geschaffenen gehörten und somit der übrigen Schöpfung an Gottesnähe oder -ferne nichts voraus hätten. Der Glaube an Kreuz und Auferweckung Christi schließlich befreit von Angst und Abhängigkeit allen – bekannten oder unbekannten – Mächten gegenüber. Der vorliegende Entwurf versucht, diese Erkenntnisse altersgemäß an der Glaubensgewißheit Paulus' (**M 9**) aufzuzeigen, die sich biographisch (Verfolgungssituation, Umgang mit staatlichen Behörden, feindlichen Gruppen, Magiern und den eigenen Stärken und Schwächen) und im übertragenen Sinne (okkulte Mächte und Praktiken können den Glaubenden letztlich nicht von der Liebe Gottes trennen) anschaulich machen läßt.

Die hier vorgeschlagene Definition von Aberglauben als Gegenstück zum christlichen Glauben, bei der die Beschäftigung mit okkulten Phänomenen leicht, aber nicht notwendigerweise Ausdruck abergläubischen Verhaltens ist, wird im allgemeinen von Sch. des 7. Jahrgangs noch nicht mit der alltagssprachlich ebenfalls geläufigen Gegenüberstellung von Aberglaube mit Vernunft und Wissenschaft konfrontiert. Dadurch kann das schwierige Thema des Verhältnisses von Glaube und Wissenschaft ausgeklammert werden. Sollte die Frage doch von einzelnen Sch. aufgeworfen werden, kann es hilfreich sein, die

Unterscheidung von – methodisch begrenzter und mit dem christlichen Glauben vereinbarer – Wissenschaft und Wissenschaftsgläubigkeit („Ich verlasse mich *nur* auf wissenschaftlich Bewiesenes!") im Unterrichtsgespräch einzuführen.

2. Intentionen

Die Sch. sollen

- anhand eines schulischen Experiments die gängigen natürlichen Erklärungen okkulter Phänomene kennenlernen und sich ihrer Voreinstellung, Gefühle und Fragen zum Thema Aberglauben bewußt werden,
- diese Erklärungen auf andere Phänomene anwenden und ihre Tragweite kritisch beurteilen können,
- Gründe für die Faszination okkulter Phänomene erkennen,
- Kriterien für die Unterscheidung von Glaube und Aberglaube im Zeitalter der Beliebigkeit entwickeln,
- Kritikfähigkeit und Verhaltensmöglichkeiten abergläubischen Praktiken gegenüber entwickeln.

3. Literatur zur Vorbereitung

- ru – Zeitschrift für die Praxis des Religionsunterrichts 1/89. Thema: Okkultismus – Begegnung und Auseinandersetzung. Calwer Verlag, Stuttgart u. Kösel-Verlag, München 1989.
- ru – Zeitschrift für die Praxis des Religionsunterichts 4/91. Thema: Kehrt der Teufel wieder?. Calwer Verlag, Stuttgart u. Kösel-Verlag, München 1991.
- Prokop, Otto / Wimmer, Wolfgang: Der moderne Okkultismus. Parapsychologie und Paramedizin – Magie und Wissenschaft im 20. Jahrhundert. Gustav Fischer Verlag, Stuttgart/New York 1987[2].
- Janzen, Wolfram: Okkultismus. Erscheinungen – Übersinnliche Kräfte – Spiritismus. Matthias-Grünewald-Verlag, Mainz u. Quell-Verlag, Stuttgart 1988.
- Janzen, Wolfram: Wahrsagen. Schicksalsbefragung und Zukunftsdeutung. Matthias-Grünewald-Verlag, Mainz u. Quell-Verlag, Stuttgart 1994.
- Böhringer, Siegfried: Astrologie. Kosmos und Schicksal. Matthias-Grünewald-Verlag, Mainz u. Quell-Verlag, Stuttgart 1990.
- Neue Kultbewegungen und Weltanschauungsszene. Hg. v. Bischöflichen Generalvikariat, Aachen 1987.
- Ruppert, Hans-Jürgen (Hg.): Der christliche Glaube und das Paranormale. EZW-Texte Nr. 117, Stuttgart 1992.
- Bode, Ursula u.a.: Christlicher Glaube und Spiritismus. Agwa päd Heft 2a u. b. Hg. v. Beauftragten für Weltanschauungsfragen im Amt für Gemeindedienst, Hannover 1988/89.
- Quenzer, Wilhelm: Art. Okkultismus, in: Taschenlexikon Religion und Theologie, Bd. 4, hg. v. Fahlbusch, Erwin. Vandenhoeck & Ruprecht, Göttingen 1983[4].

4. Unterrichtsideen/Verlaufsplanung

A. Genauer hingeschaut: das Pendeln

⇨ Auspendeln der Kinderzahl/Austausch über persönliche Reaktionen und Erklärungsansätze (**M 1**)
(alternativ: Eine unkommentierte Pendelszene aus „S.O.S. – Geister aus dem Jenseits" [s. Medien] wird als Gesprächsgrundlage gezeigt.)

⇨ Erarbeitung einer natürlichen Erklärung des Phänomens/Gespräch über die Tragweite des Erklärungsansatzes (**M 2**).
Je nach Gesprächssituation der Lerngruppe kann über eine Diskussion der Frage, ob es legitim ist, einen abergläubischen Ritus im Religionsunterricht durchzuführen, bereits hier auf die weltanschauliche Einbettung jeder Beschäftigung mit „Aberglaube" verwiesen werden; die Sch. bekommen so Gelegenheit, ihre eigenen Vorkenntnisse, Fragen und Interessen zu formulieren (**M 3**).

⇨ Die Sch. füllen den anonymen Fragebogen (**M 4**) nach einer Idee von Gerd-Rüdiger Koretzki aus. Die Auswertung (Aberglaube in der Klasse ...) gibt dem L. Hinweise über die Voreinstellung der Sch. (–> Schwerpunkte, evtl. Gefahren). Gespräch über das Gesamtergebnis.

B. Der Rosenheimer Spukfall

⇨ Die Sch. überlegen sich, ausgehend von den Erklärungsansätzen von A., was hinter den einzelnen Spukphänomenen (**M 5**) stecken könnte; sie entdecken dabei die universelle Anwendbarkeit von spiritistischer, animistischer und Betrugshypothese.

C. Was Menschen abergläubisch macht

⇨ Die Sch. lesen **M 6** und ermitteln im Unterrichtsgespräch, welche Motive Jugendliche zur Teilnahme am Gläserrücken führen können. Sie beurteilen ansatzweise die Gefahren, die mit dieser Praktik verbunden sind, und überlegen sich, inwieweit die Gesprächsergebnisse auch für andere Formen des Aberglaubens gelten (s. Aufgaben zu **M 6**).

⇨ Vertiefung und Ergänzung der Diskussion anhand von **M 7**. Die Sch. nennen, u. U. ausgehend von eigenen Erfahrungen, Beispiele für die angeführten Motive für die Beschäftigung mit abergläubischen Praktiken. Sie erkennen dabei, daß es keine Pauschalurteile über die Gefährlichkeit verschiedener Formen des Aberglaubens gibt, sondern daß die Persönlichkeit und Lebenssituation des Einzelnen berücksichtigt werden muß. Die Gefahr der Abhängigkeit sollte klar herausgestellt werden.

⇨ Die Sch. lesen **M 8** und erkennen im Glücksverlangen des Menschen ein wesentliches Motiv für abergläubisches Verhalten. Sie erkennen, mit welchen Mitteln dieses Verlangen zu Betrugszwecken ausgenutzt werden kann.

D. Glaube und Aberglaube

⇨ Die Sch. betrachten **M 9** (Folie; OH-Projektor) und umschreiben anhand des Bildes und des Gedichts den Begriff „Glauben". Das Gedicht kann als Interpretationsanregung dienen, aber auch weggelassen werden, um freiere Assoziationen zu ermöglichen.

⇨ Sie „trennen" die Beziehung zwischen Gott und den Menschen durch die verschiedene Formen des Aberglaubens darstellenden Bilder **M 10a–c** und diskutieren über die Konsequenzen (dabei können z. B. die Sprechblase in **M 10d** ausgefüllt werden, weitere auf Folie gezeichnete eigene Beispiele ergänzt werden .... s. Aufgaben zu **M 9** und **M 10** in **M 11**). Beim Unterrichtsgespräch sollte die Wechselbeziehung von Glaube/Aberglaube und Umgang mit sich selbst und den Mitmenschen betont werden.

⇨ Die Sch. diskutieren und ergänzen das Pauluszitat und erarbeiten sich so eine Definition des Aberglaubens vom christlichen Standpunkt aus (bei kritischen Lerngruppen kann es sinnvoll sein, darauf hinzuweisen, daß der Begriff „Aberglaube" nur als Gegenbegriff zu einem bestimmten Glauben sinnvoll ist; dies könnte z.B. am Wissenschaftsglauben verdeutlicht werden).

⇨ Im Unterrichtsgepräch über **M 12** und **M 13a+b** kann die Unterscheidung von Glaube und Aberglaube vertieft werden (s. Aufgaben dort). Dabei sollte deutlich gemacht werden, daß nicht bestimmte Riten oder weltbildverhaftete Vorstellungen, sondern nur die Gottesbeziehung zur Abgrenzung von Glaube und Aberglaube taugt, so daß Christen sich mit dem Aberglauben und seinen Anhängern ohne Angst oder übermäßige Faszination auseinandersetzen können.

E. Wenn es drauf ankommt ... (nicht für die Schule, sondern für das Leben lernen wir!?)

⇨ Die Sch. spielen in vier Situationsvarianten selbst weitergedachte Szenen vor (**M 14**).

⇨ Sie diskutieren, inwieweit Unterrichtsergebnisse in die Spielszenen eingeflossen sind, nennen gegebenenfalls Gründe für auftretende Diskrepanzen und beurteilen die Lösungen der jeweils anderen Gruppen.

⇨ Sie versuchen, Regeln für den Umgang mit unter Jugendlichen verbreiteten Formen des Aberglaubens zu formulieren.

5. Das Thema in Schulbüchern und Unterrichtsmaterialien

- Aschermann, Hartmut u.a.: Folgerungen. Crüwell Verlag, Dortmund 1976, S. 242–253.
- Gadesmann, Frieder u.a.: Das Leben suchen. Religion 7/8. Moritz Diesterweg Verlag, Frankfurt/M. 1984, S. 21–30.
- Kraft, Gerhard / Schmidt, Heinz (Hg.): Das neue Kursbuch 7/8. Calwer Verlag, Stuttgart u. Moritz Diesterweg Verlag, Frankfurt/M. 1986, S. 143–156.
- Besser-Scholz, Birgit u.a.: LebensZeichen. Bd. 3: Arbeitsbuch für das 9. und 10. Schuljahr. Vandenhoeck & Ruprecht, Göttingen 1992, S. 148–163.
- Hund, Wolfgang: Okkultismus. Materialien zur kritischen Auseinandersetzung. Verlag an der Ruhr, Mülheim 1995.
- Christmann, Wolfgang: New Age – Esoterik, Okkultismus und mehr. Materialdienst des VKR-Niedersachsen 1/88. Verlag beate christmann, Hannover 1988.

6. Materialien und Medien

Filme:

- Mit Toten leben. Martin Blachmann 1987. Dokumentarfilm.
- S.O.S. – Geister aus dem Jenseits. Ulrich Leinweber 1989. Dokumentarfilm.
- Im Namen des Teufels – Satanismus und Kindesmißbrauch. Heiner Wehking 1994. Dokumentarfilm.
- Moskito: Okkultismus. Sender Freies Berlin 1990. Magazinsendung.
- Ohne Schatten kein Licht. Hugo M. Schwub 1989. Dokumentarfilm.
- Pakt mit dem Teufel. Dörte Schipper, Gregor Petersen 1993. Dokumentarfilm.
- Zur Hölle mit dem Teufel. Matthias Schmidt 1988. Dokumentarfilm.
- Lourdes. Glaube, Hoffnung , Kommerz. 1992. Dokumentarfilm.

Tonbildreihen:

- Im Bann des Bösen – Teufelsglaube und Satanskult. Georg Bienemann, Werner Starke 1988. 35 Dias, f., 20 Min.
- Zwischen Pendel und Pyramide. Georg Bienemann, Werner Starke 1987. 32 Dias, 17 Min., f., Realfotos/Grafiken.

Taschenbuch:
- Nortrud Boge-Erli: Satans rote Augen. Thienemann Verlag, Stuttgart/Wien 1995.

(Alle Medien sind meist über die städt. u. kirchl. Medienzentralen beziehbar.)

M1

Experiment: Auspendeln der Kinderzahl

Durch gedämpftes Licht, Kerzen etc. wird eine besondere Atmosphäre geschaffen, die Sch. sitzen im Halbkreis um den Lehrertisch. L. führt ein selbsthergestelltes Pendel (Faden und Ring) vor und erläutert den Umgang damit:
- Das Pendel beantwortet Fragen durch Kreis- oder Hin-und-her-Bewegung;
- Zahl der Bewegungen bis zu einer längeren Pause = Zahl der Kinder;
- Kreisbewegung = Mädchen; Schwingbewegung = Junge (oder umgekehrt; es muß jedoch eindeutig und für alle klar festgelegt werden).

Ein Freiwilliger X nimmt das Pendel und hält es mit aufgestütztem Ellenbogen über die Tischplatte. Die übrigen Sch. stellen gemeinsam laut die Frage: Wieviele Kinder bekommt X ? und warten ab.

Das Experiment wird etwa 5mal mit verschiedenen Sch. wiederholt.

(Variante: Mehrere Sch. pendeln für dieselbe Person mehrfach die Kinderzahl aus).

Zur Auswertungsphase, die unbedingt in derselben Unterrichtsstunde zumindest beginnen muß, wird die normale Unterrichtsatmosphäre wieder hergestellt.

Auswertung:
- Die Teilnehmer und Zuschauer beschreiben ihre Empfindungen während des Pendelns und ihre Reaktion auf die Ergebnisse.
- Warum bewegt sich das Pendel? (Es sollten mehrere natürliche bzw. spiritistische Erklärungen gesammelt werden.)
- Das Ergebnis: Zufall? Bedeutung? (Gibt es Parallelen zwischen den Teilnehmerstatements und dem jeweiligen Ergebnis? Wie könnte man die – meist recht große – Übereinstimmung der Variante erklären?)

Zusatzexperimente und Überlegungen
1. Das Pendel wird an einem Stativ (Chemiesammlung!) befestigt und der Pendelversuch wiederholt (kein Ausschlag).
2. Die aufgestützte Hand wird von den MitSch. aufmerksam beobachtet (Zitterbewegung deutlich sichtbar).
3. Mentales Skifahren über eine Buckelpiste: Sch. schildern, was mit dem Körper beim Anschauen eines Action-Films passiert (der Körper geht unwillkürlich ein bißchen mit).

M 2

Eine natürliche Erklärung des Pendelns

Ein an einem Stativ aufgehängtes Pendel bewegt sich nie von alleine. Ein Mensch kann jedoch, auch wenn er sich noch so sehr bemüht, seine Hand niemals völlig ruhig halten. Durch Ermüdung und Anspannung kommt es immer zu kleinen unbewußten Zitterbewegungen. Dieser Effekt ist beim Zielen auf einen bestimmten Punkt mit ausgestrecktem Arm und Zeigefinger deutlicher als beim abgestützten Ellenbogen.

Dadurch, daß Atmung und Puls mit ihrem jeweiligen Rhythmus dem Pendel über den Haltefinger immer wieder einen gleichmäßigen Anstoß geben, kann die Zitterbewegung verstärkt werden (wie beim Schaukeln). Gefühle beim Pendeln (Erwartung, Angst ...) können Atmung und Puls verändern. Der lange Faden vergrößert die kleinen Bewegungen des Fingers.

Die oft große Übereinstimmung zwischen dem Pendelergebnis und den Erwartungen des Pendlers erklären Mediziner durch den schon 1852 entdeckten Carpenter-Effekt: Wenn man sich in Gedanken auf eine Bewegung konzentriert, folgt der Körper dieser Vorstellung automatisch immer ein wenig: Jede Bewegungsvorstellung setzt sich um in eine Bewegungsdarstellung; das Pendel bewegt sich so, wie es der Pendler wünscht, fürchtet oder sich sonstwie vorstellt. Andere Beispiele für den Carpenter-Effekt machen dies anschaulich: Denkt man an Wörter wie „hoch", „Himmel" etc., gehen die Augenlieder und Pupillen kurzzeitig etwas nach oben. Beim Action-Film im Fernsehen gehen Arme, Beine, Oberkörper mit. Ein ungeübter Skifahrer, der Angst vor einem Hindernis hat, fährt oft gerade deswegen dagegen.

Aufgaben:
1. Wie könnte man mit diesen Angaben unsere Pendelergebnisse erklären?
2. Gibt es weitere Beispiele für den Carpenter-Effekt?
3. Beweist die natürliche Erklärung, daß beim Pendeln keine Geister im Spiel sind?

Nach: Wolfgang Hund, Alles fauler Zauber?! Mülheim 1988, S. 43ff.

M 3

Meinungen zum Pendeln im Unterricht

„Pendeln hat im Religionsunterricht nichts zu suchen! ‚Ihr sollt Euch nicht wenden zu den Geisterbeschwörern und Zeichendeutern und sollt sie nicht befragen, daß ihr nicht unrein werdet.' Das steht klipp und klar in der Bibel (Lev 19,31) und gerade ein Religionslehrer sollte sich daran halten!" (Eine Mutter)

„Pendeln und Gläserrücken ist niemals harmlos! Keiner weiß vorher, welche seelischen Wirkungen bei den Teilnehmern ausgelöst werden können, die man hinterher nicht mehr kontrollieren kann!" (Ein Vater)

„Wer Pendeln verbietet, weckt nur die Neugier und fördert heimliche Versuche!" (Ein Lehrer)

„Iss' auf jeden Fall interessanter als öder Unterricht!" (Eine Schülerin)

„Ich habe Angst davor, aber wenn die anderen wollen, muß ich wohl mitmachen." (Ein Schüler)

M 4

Fragebogen zum Thema Aberglaube/Magie usw.

1. Hast Du schon einmal etwas erlebt, was sich mit dem Verstand nicht erklären läßt?

   Ja: z.B.:

   Nein:

2. Glaubst Du, daß es Dinge zwischen Himmel und Erde gibt, die mit der Wissenschaft nicht zu erfassen sind?

   Ja: z.B.:

   Nein:

3. Glaubst Du, daß es Menschen gibt, die
   - Ereignisse im Leben anderer Menschen vorhersagen können? J: N:
   - Krankheiten heilen können, auch wenn die Ärzte nicht mehr weiterwissen? J: N:
   - andere dazu bringen können, sich in eine ganz bestimmte Person zu verlieben? J: N:
   - man als Hexe bezeichnen könnte? J: N:

4. Kennst Du in Deiner Umgebung Menschen, die abergläubisch sind?

   Ja: z.B.:

   Nein:

5. Hältst Du Dich selber für abergläubisch?

   Ja: Nein: Vielleicht:

6. Liest Du Horoskope?

   Ja: Nein: Manchmal:

7. Was verstehst Du unter „Aberglaube", bzw. "abergläubisch"? Gib eine kurze Definition!

M 5

Der Rosenheimer Spukfall

1. Ende November kam es in der Kanzlei des Rechtsanwalts Adam zu völlig absurden und höchst rätselhaften Vorgängen: Neonröhren, die in zweieinhalb Meter Höhe an der Decke montiert waren, gingen unentwegt aus. Elektriker, die man herbeirief, stellten fest: Sie waren nicht ausgebrannt, sondern um 90 Grad aus ihren Fassungen gedreht worden. Es knallte von Zeit zu Zeit heftig, und Sicherungsautomaten lösten sich ohne jeden Grund selbständig aus. Ein Kopiergerät verspritzte immer wieder die Flüssigkeit. Es gab Telefonstörungen, die die Arbeit in der Kanzlei zeitweise durcheinanderbrachten, ja mitunter total unmöglich machten. Manchmal klingelten vier Apparate – es waren normale Siemens-Geräte – gleichzeitig, Telefonate wurden unterbrochen, die amtlich notierten Gespräche erreichten Zahlen von schwindelerregender Höhe, ohne daß die Leitung vom Büro öfter als sonst benutzt worden wäre.

Die Stadtwerke wurden benachrichtigt, da man Stromstörungen im elektrischen Versorgungsnetz als Ursache vermutete. Eine gründliche Überprüfung von Amts wegen begann: Spannungs- und Stromschreiber wurden in der Kanzlei installiert, die eine ständige automatische Überwachung ermöglichten. Die Angestellten der Kanzlei wurden gebeten, alles Auffällige und Absonderliche sofort zu melden. Es kam zu den verblüffendsten Beobachtungen: Die Registrierstreifen der – wohlweislich plombierten! – Prüfgeräte wiesen völlig unerklärbare Ausschläge bis zu höchstmöglichen Werten auf.

Als man aus Sicherheitsgründen anstelle der Neonleuchten normale Glühbirnen anbrachte, explodierten auch von diesen verschiedene, und andere Beleuchtungskörper gingen ebenfalls in Scherben. Um Verletzungen durch herabfallende Glassplitter zu vermeiden, umgab man die Lampen mit Drahtnetzen. Alle Bemühungen, der Störungen Herr zu werden, fruchteten nichts. Es wurde sogar von der Kanzlei ein besonderes Kabel direkt zur städtischen Zentrale gelegt, um mögliche Einwirkungen von dritter Seite auszuschließen. Die unheimlichen Phänomene traten weiter auf, auch als man für die Büroräume eigens ein Notstromaggregat aufstellte.

„Wir fanden völlig ratlose Techniker vor", berichtete Professor Bender, „als wir am 1. Dezember 1967 mit der Untersuchung begannen. Mittlerweile hatten Hängelampen zu schwingen begonnen, oft in immer stärker werdenden Ausschlägen, bis sie an die Decke anschlugen." Gleich zu Anfang konnte jedoch etwas sehr Entscheidendes festgestellt werden. „Bereits bei einer ersten Analyse ergab sich: Nur während der Bürozeiten zeigten die Meßdiagramme Ausschläge und wurden die außergewöhnlichen Erscheinungen beobachtet."

Das konnte noch weiter präzisiert werden: „Die Instrumente registrierten den ersten Ausschlag mehrmals genau zu dem Zeitpunkt, als die neunzehnjährige Annemarie Sch. das Büro morgens betrat. Auch andere Beobachtungen wiesen darauf hin, daß die Phänomene von ihrer Gegenwart abhängig waren. Ging das junge Mädchen durch den Flur, begannen die Lampen hinter ihr zu schwingen, explodierten Beleuchtungskörper, flogen die Scherben auf sie zu. Sie schien der unbewußte Auslöser der Erscheinung zu sein."

Mit anderen Worten: Die Vermutung lag nahe, daß all die höchst mysteriösen Vorgänge in der Kanzlei auf psychokinetische Einwirkung zurückzuführen seien.

Um diese Hypothese[1] auf ihre Richtigkeit zu überprüfen, wurden zwei Experten hinzugezogen: Dr. F. Karger vom Max-Planck-Institut für Plasmaphysik in München-Garching und Diplomphysiker G. Zicha. Die beiden Physiker untersuchten alle nur erdenklichen Ursachen, die für die unerklärlichen Ausschläge der Meßinstrumente in Betracht kommen konnten. Vergeblich, sie fanden nichts. Sie konnten in ihrem abschließenden Gutachten nur – gleichsam resignierend – bemerken, daß „eine Beschreibung der Phänomene mit den vorhandenen Prinzipien der Physik nicht möglich ist". Damit war klar: Auf die Zeiger der völlig abnormal reagierenden Meßgeräte „mußte eine Kraft eingewirkt haben, vermutlich dieselbe", so Bender, „die die Neonröhren aus den Halterungen drehte, Glühbirnen platzen ließ, Hängelampen zum Schwingen brachte, Knalltöne erzeugte und – wie die Entwicklung des Falles in der Folgezeit zeigte – Bilder von den Wänden fallen ließ und schließlich einen etwa dreieinhalb Zentner schweren Aktenschrank zweimal um zirka 30 Zentimeter von der Wand abrückte". Auch die Telefonstörungen gingen (...) mit großer Wahrscheinlichkeit auf Annemarie Sch. zurück. Das Fernmeldeamt hatte nämlich auf Beschwerde über die unvorstellbar hohen Rechnungen

[1] Hypothese: unbewiesene Annahme

ein besonderes Kontrollgerät aufgestellt, das alle in der Kanzlei gewählten Nummern registrierte. Was ergab sich? Oft wurde innerhalb einer einzigen Minute vier- bis fünfmal das Wählen der örtlichen Zeitansage 0119 vermerkt – ohne daß jemand das Telefon auch nur berührt hatte.

Wie sich das erklärt? Professor Bender vermutet, daß Annemarie unbewußt auf Federn im Gehäuse des Telefonapparates einwirkte, was allerdings eine steuernde unbewußte Intelligenz, verbunden mit außersinnlicher Wahrnehmung, voraussetzt.

Nach Weihnachten 1967 kam Annemarie Sch. – da man sie beurlaubt hatte – nur noch für knapp zwei Wochen ins Büro, und auch dies nur unregelmäßig. In dieser Zeit steigerten sich die Phänomene. Der Physikprofessor P. Büchel war Augenzeuge, als Schubladen von sich aus hervorkamen, Bilder und Kalender sich drehten oder herabfielen. Knallende Laute und das Zerspringen von Lampen traten gehäuft auf. Annemarie wurde hysterisch, sie klagte über Ohrenschmerzen, wobei sich die Haut stark rötete. Es zeigten sich auch Gelenkversteifungen an Armen und Beinen. Von dem Tag an, da Annemarie die Kanzlei nicht mehr betrat, blieben auch schlagartig die beunruhigenden Phänomene aus.

Für die parapsychologische[2] Forschung bedeutete die Chance, Annemaries psychokinetische Fähigkeiten testen zu können, einen Glücksfall; das Mädchen selbst erlitt dadurch viel Kummer. Nicht nur beruflich. Sogar eine bereits beschlossene Ehe scheiterte daran.

Annemarie hatte sich mit einem Ingenieur verlobt. Dieser kegelte gern mit Freunden. Als er eines Tages auch seine Braut mitnimmt, gibt es ein Desaster. Das elektrische System der Kegelbahn funktioniert plötzlich nicht mehr. Das geschieht achtmal. Der Verlobte gibt Annemaries Poltergeist die Schuld und löst die Verbindung auf. Für ihn als Ingenieur ist der Gedanke unmöglich, mit einer Frau verheiratet zu sein, deren Anwesenheit genügt, technische Systeme durcheinanderzubringen.

Annemarie war hübsch genug, um einen anderen zu finden, der sie zum Altar führte. Sie ist jetzt glückliche Mutter von zwei Kindern und hat ihre para-normalen Fähigkeiten völlig verloren.

In den Annalen der internationalen Para-Forschung ist der „Rosenheimer-Fall" ein echtes Paradestück. Hier gelang mit Hilfe von Video-Recordern und komplizierten elektronischen Testgeräten eine einmalige objektive Dokumentation. Kein anderer Fall ist außer ihm so hervorragend bezeugt. An die 40 Personen aus den verschiedensten Berufen, Experten wie Laien, haben als Augenzeugen die diversen abnormalen Vorgänge und deren Folgen erlebt und eidesstattlich bekundet – Techniker, Polizisten, Ärzte, Physiker, Psychologen, Klienten der Kanzlei und Büroangestellte!

Wolfram Janzen, Okkultismus, Co-Produktion Matthias-Grünewald-Verlag & Quell Verlag, Mainz/ Stuttgart 1993[3].

Aufgaben:

1. Stellt eine Liste der merkwürdigen Erscheinungen auf!
2. Diskutiert, ob die Experten sorgfältig gearbeitet haben!
   Wie könnte man einige der Phänomene vielleicht doch natürlich erklären?
3. Wie erklären die Physiker, Prof. Bender und Annemaries Verlobter die Erscheinungen? Verdeutlicht an einigen Beispielen!
4. Denkt an Tonbandstimmen, Wünschelruten, Tischerücken, Voodokult .... Könnte man sie nach dem gleichen Muster erklären?
5. Nehmt Stellung zu folgender Meinung:
   „Die animistische (psychologische) Deutung ist besser als die spiritistische Deutung (Geister). An Geister glaube ich erst, wenn es an einem Ort (z.B. altes Schloß) öfter spukt, auch wenn ganz verschiedene Menschen da sind."
   (ein Wissenschaftler)

---

[2] Parapsychologie: Versuch, übernatürliche Erscheinungen wissenschaftlich zu erforschen (Aufdecken von Betrug und Zauberkunststücken, Entdeckung noch unbekannter Erscheinungen oder Naturgesetze)

M 6

Gründe für die Beschäftigung mit Aberglauben: ein Beispiel

Gespräch mit Claudia (14 Jahre)

Das Gespräch führte Martin Blachmann.

M.B.: Du hast schon mal an Glasrücken teilgenommen. Kannst du mal erklären, was das eigentlich ist?
C.: Da wird ein umgedrehtes Wein- oder Cognacglas in die Mitte vom Tisch gestellt. Und im Kreis herum wird das ganze Alphabet von A-Z, JA/NEIN und 1–9 und 0, also auf die Kärtchen geschrieben und da eben so rund hingelegt. Dann legt halt jeder einen Finger auf diesen Fuß vom Glas, und man ruft halt: „Guter Geist, wir rufen dich, bist du da?" – also alle zusammen. Das ist so Konzentration so wahrscheinlich. Und irgendwann geht das Glas zu dem JA hin.

M.B.: Wie bist du dazu gekommen?
C.: Wir waren auf Studienfahrt in Berlin, und da war ein Mädchen dabei, die hat das ziemlich häufig gemacht, zu Hause mit ihrem Bekanntenkreis. Und wir hatten eigentlich nichts besonderes zu tun, einen freien Abend, und da haben wir das mal ausprobiert, also wollten wir das mal ausprobieren.

M.B.: Was war das für dich für ein Gefühl, als du das zum erstenmal gemacht hast?
C.: Zuerst wollte ich überhaupt nicht mitmachen, weil ich für so etwas ziemlich empfänglich bin, und ich dachte, da flippst Du aus oder – ja ich wußte nicht – ja – war ein komisches Gefühl, einfach.

M.B.: Was ist denn nun eigentlich passiert? Wer hat sich denn da gemeldet?
C.: Ja, zuerst hatten wir einen X-Beliebigen, also hatte die Silke da, das Mädchen. Das hat die auch gesagt: „Da kommt irgendeiner hin", und man fragt dann halt so ein bißchen, und dann muß man halt fragen, denn irgendwann verlieren die die Lust, und dann muß man fragen: „Kannst du uns einen anderen geben?" Meistens sagt der dann „JA", und da hat Silke gesagt: „Kannst du uns Adolf Hitler rufen?" – Ja, und der ist dann auch gekommen.

M.B.: Und was hat dann „Adolf Hitler" erzählt?
C.: Wir haben dann die üblichen Fragen gestellt, so: „Bist du hier im Raum?" – „JA." – „Stehst du hinter jemand?" – „JA." – „Hinter Silke?" – also hat er dann so geschrieben, also ist zu den Buchstaben hingewandert. Und sonst haben wir gefragt, eben – einige haben gefragt, wie alt sie sind, oder eben ein Mädchen hat gefragt, wie alt ihre Mutter ist, weil wir ja wissen wollten, ob da einer schiebt, weil keiner wußte ja jetzt, wie alt die Mutter ist. Ansonsten, wann man heiratet, wen man heiratet, wieviele Kinder man kriegt und so.

M.B.: Wie kommt man ausgerechnet auf die Idee, „Adolf Hitler" zu rufen?
C.: Ja, das war bei uns jetzt die Sache mit der Silke. Und zwar wie gesagt, die macht das halt ziemlich häufig, und immer, wenn die das macht, kommt der Adolf Hitler. Und der hat ihr auch erklärt, daß er ihr Schutzengel ist. Sie hat ihn auch gefragt, wie es dazu kommt. Und er hat gesagt, in ihrem vorherigen Leben hätte sie Eva Hiltmann geheißen, hätte in Berlin gewohnt und wäre '45 umgekommen. Aber sie hätte ihn mal auf einem Ball kennengelernt, und deshalb ist auch immer, wenn Silke macht, kommt auch Adolf.

M.B.; „Adolf Hitler" hat ein Mädchen ausgeschlossen aus dem Kreis. Kannst du mal erzählen, warum?
C.: Das war die Heidi. Und zwar jedesmal, wenn die Fragen stellte, hat er nicht geantwortet. Also das Glas ist einfach stehengeblieben. Und dann hat die Silke gefragt: „Kannst du Heidi nicht leiden" – „Nein." – Und dann hat die Heidi gefragt: „Weil ich jüdische Vorfahren habe?" Und dann hat er gesagt: „JA."

M.B.: Entstehen bei solcher Spielerei eigentlich auch Ängste?
C.: Ja doch, – eigentlich schon. Vor allen Dingen als

wir fragten: „Bist du hier im Raum, stehst du hinter jemand?“ Da hat man irgendwie dann Angst, er steht hinter einem selber. Und eben später, ja wir haben es am Abend nochmal später gemacht. Und da hatten wir halt den Satan.

M.B.: Augenblick mal, wie – da hat sich der Satan gemeldet?
C.: Ja, wir haben wieder von vorne angefangen. Wir waren in der Stadt gewesen, haben dann nochmal angefangen, und da war dann halt ein Geist, der hat auf alle Fragen, die wir stellten, da hat der nur totalen Blödsinn geantwortet. So „2XY“ und so, also wirklich, konnten wir nichts draus erkennen. Ach ja, und die Silke hatte diesmal nicht mitgemacht, weil einige Leute gesagt hatte, sie hätte gedrückt, also sie hätte das Glas geschoben. Dann hat sie gesagt: „Dann macht es eben allein, ihr werdet ja sehen.“ Ja, dann ist ja auch der Geist gekommen, aber eben nur so ein Blödsinn. Und dann hat sie nur so aus dem Hintergrund gefragt: „Frag mal, ob das ein böser Geist ist.“ Da haben wir gefragt. – JA – „Bist du der Satan?“ – JA – Da habe ich dann halt meine Finger weggenommen, weil ich halt, – mit dem wollte ich irgendwie nichts zu tun haben. Die haben dann noch so gefragt: „Bist du hier im Raum?“ – „JA.“ – „Stehst du hinter jemand?“ – „JA.“ – Da hab ich dann gesagt: „He, frag nicht weiter, das will ich echt nicht wissen, hinter wem der steht.“ Ich habe halt gedacht, du kannst heut Nacht nicht schlafen. Wenn ich mir so vorstelle, ich liege im Bett, starre so an die Decke. Und weil er halt sagt: „Ich bin immer da!“ und er auch meinte, er könnte die Menschen beeinflussen, und er würde es halt machen, aber er hätte noch keine Gewalt oder so.

M.B.: Die anderen, die da mitgemacht haben, wieviele waren es, und glauben die auch daran?
C.: Ich glaube, wir waren acht, und die haben da nicht daran geglaubt.

M.B.: Gibt es denn nicht auch so Situationen, daß man richtig Angst bekommen kann, wenn so nach Todesdatum oder Zukunft gefragt wird. Da kann es ja auch passieren, daß gesagt wird, man würde keine Kinder bekommen.
C.: Ich glaube, wenn so negative Nachrichten kommen, dann sagt man einfach: „Ach ja, da glaub ich dann nicht dran.“ So die positiven Nachrichten, die glaubt man halt, die nimmt man halt eher hin. So die Schlechten, da sagt man dann: „Nee!“

M.B.: Claudia, du hattest eben gesagt, daß einmal die Vermutung bestanden hat, daß einer an dem Glas gedrückt hat. Glaubst du wirklich, daß das Glas sich von selber bewegt, oder wird da auch von euch gedrückt?
C.: Also – ich hatte den Finger nur ganz leicht halt drauf. Und wenn einer drückte, haben wir auch mal ausprobiert, dann drehte sich das Glas, und das hat es so eigentlich nicht gemacht. Das ging ein paarmal so an den Buchstaben so entlang, als ob es einen Buchstaben suchen würde. Also – ich weiß echt nicht, ob sich das alleine bewegt.

M.B.: Hältst du so eine Spielerei mit dem Glas für gefährlich, oder würdest du sagen, kann eigentlich jeder machen, ist völlig unproblematisch?
C.: Ich glaube, wenn negative Nachrichten kommen, dann – wenn da einer so richtig dran glaubt, dann kann das einen schon ziemlich fertig machen. Und vielleicht auch schlimme Auswirkungen haben. Ansonsten, ich meine, machen ja auch fast alle.

Aus: Ulrich Rausch/Eckehard Türk, Geisterglaube, Bildungswerk der Diozöse Mainz, Mainz 1990, S. 87f.

Aufgaben:
1. Wie versuchen die Jugendlichen, die Bewegungen des Glases zu erklären?
2. Wie könnte man sie noch erklären? Welche Rolle könnte Silke spielen?
3. Aus welchen Gründen nehmen die Jugendlichen am Gläserrücken teil? Welche weiteren Gründe könnte es geben?
4. Teilt ihr Claudias Meinung zur Gefährlichkeit des Gläserrückens?
5. Wo hört der Spaß auf? Denkt auch an andere Formen des Aberglaubens!

M 7

Gründe für die Beschäftigung mit Aberglauben: allgemeine Übersicht

Weitere Beschäftigung mit okkulten Phänomenen

↑ Stabilisierende Motive

„Wenn ich mit den Geistern rede, fühle ich mich stark."

„Besser als Fernsehn gucken."

„Auch wenn mich sonst keiner versteht, die Geister verstehen mich."

„Das Pendel sagt mir, was ich tun soll, ich muß nicht mehr selbst nachdenken."

„Vielleicht erfahre ich ja, daß Großmutter wirklich im Himmel ist."

„Das ganze Leben ist ein öder Film, da zappe ich mich mal kurz raus."

Kontakt mit einem okkulten Phänomen

↑ Auslösende Motive

Neugier

Anstoß durch Freunde ...

Bravo, RTL ... berichten, man redet darüber.

Man möchte „In" sein.

Nach: Ulrich Rausch / Eckhard Türk, Geisterglaube, Mainz 1990, S. 41.

Aufgaben:

1. Nennt Beispiele für die auslösenden Motive!
2. In welcher Situation könnten die Sätze im oberen Teil gesagt werden?
3. Welche Gefahren könnten aus den verschiedenen Motiven erwachsen, wenn jemand sich immer öfter mit okkulten Erscheinungen beschäftigt? (Denkt z.B. an eine Urlaubsreise, ernste Erkrankung ...)

M 8

Haste mal 100 Mark für mich?

Monsieur Toussaint

Zukunftsmacher und Psychoprognostiker

Ich habe Ihre Adresse bei einer Ihnen sehr bekannten Person gesehen, mir Ihre Chart-Informationen angeschaut und nach den gewaltigen Jupiter-Explosionen etwas Wundervolles herausgefunden.

Sie sind gerade dabei, das zu betreten, was die „Glückswoge Ihres Lebens" genannt wird. Eine einmalige Periode in einer für Sie ungemein günstigen Zeit; allein das Erscheinen selbst ist ein ganz spezielles astrologisches Ereignis. Ich muß Ihnen dieses unbedingt mitteilen, deshalb schreibe ich Ihnen Heute diesen Brief.

Innerhalb der nächsten 2 – 5 Monate befinden Sie sich in Ihrer „Glückswoge". Jeden Tag passieren Sie ein magnetisches Feld, das Ihnen Glück bringt.

Sie haben endlich die Gelegenheit, riesige Geldbeträge auf Ihre Wege zu leiten ... beim Bingo, in der Lotterie und allen anderen Spielen zu gewinnen, Liebe zu finden und anzulocken.

Kurzum, alles Glück zu finden, alle Freunde, die Sie jemals brauchen werden.

Aber Sie müssen auch imstande sein, diese Gelegenheit auszunutzen.

Sie müssen wissen, was zu tun ist!

Und deshalb schreibe ich Ihnen Heute. Sie müssen sich sofort mit mir in Verbindung setzen, damit ich Ihnen sagen kann, was zu tun ist. Vergessen Sie alles andere, was Ihnen bisher versprochen wurde.

Ich werde Ihnen alles mitteilen ... und zwar nicht auf eine allgemeine, unverbindliche Art und Weise, sondern auf eine ganz spezielle Art. Ich werde Ihnen mitteilen, was Sie zu tun haben, welche Aktionen Sie durchzuführen haben, und zwar Stunde um Stunde während der 2 – 5 kritischen Monate, die Ihnen bevorstehen.

Nur weil ich Sie als eine gute Person ausgesondert habe, der bisher im Leben alles versagt wurde, was Ihr zusteht, schreibe ich Ihnen Heute. Ich begreife, daß Sie mich noch nicht kennen. Aber ich bin dazu gekommen, Sie zu kennen und zu lieben.

Sehen Sie, während ich im Geiste Ihr Bild vor Augen hatte, konnte ich mir vorstellen, was für eine Person Sie sind und welches Leben Sie führen.

Ich weiß, daß Sie eine warmherzige, fürsorgliche Person mit einem warmen Herzen sind und Pech hatten. Mit großem Bedauern habe ich festgestellt, wie das Leben eine ziemlich steinige Straße für Sie gewesen ist. Wie unfair!

Und wenn es jemand wirklich verdient hat, reich und glücklich zu sein, dann sind Sie es. Und ich kann Ihnen nur folgendes sagen: „Ihre Zeit reich und glücklich zu werden, ist nun endlich gekommen!"

Ich werde bei Ihnen sein, wenn Sie Ihre „Glückswoge" auskosten! Und ich werde Ihnen Enthüllungen zukommen lassen, wie ich es vorher auch schon bei anderen Personen, die es verdient hatten, getan habe.

Ich verlange nur eines von Ihnen: Sie dürfen niemals auch nur einer Menschenseele erzählen, was ich Ihnen gesagt habe.

Sobald Sie sich mit mir in Verbindung gesetzt haben, werde ich Ihnen Ihre Enthüllungen sofort zusenden. Und ich sage *sofort*, weil es keine Zeit zu verlieren gibt! Jeder kostbare Tag, der vergeht, ist ein Tag, angereichert mit „Glückswogen", Gelegenheiten, die niemals wiederkehren!

Ich muß es Ihnen sagen: Eine „Glückswoge", so wie es bei Ihnen der Fall ist, kommt im Leben eines jeden Menschen nur einmal vor! Bei Ihnen wurde Sie durch die gewaltigen Jupiter-Explosionen ausgelöst.

Sie dürfen diese Gelegenheit auf gar keinen Fall ungenutzt lassen!

Denn dieses eine Mal kann alles anders werden, es kann die wunderbarste, aufregendste Zeit Ihres Lebens werden!

Lesen Sie nun, was geschehen wird: Ich halte Ihre Enthüllungen für Sie hier versandbereit. Ich sagte *bereit*, denn es gilt, absolut keine Zeit zu verlieren! Und wenn Sie Heute noch antworten, erhalten Sie sofort Ihre Enthüllungen, in einfachen, leicht verständlichen Worten aufgeschrieben. Und wenn Sie diese lesen (es handelt sich um kein Horoskop), werden Sie bereit sein, jede Chance zu nutzen, die sich Ihnen während dieser einmaligen Gelegenheit bietet.

Ich möchte Ihnen noch viel mehr über diese einmalige Gelegenheit erzählen, die im Leben eines jeden Menschen nur einmal vorkommt, und was Sie Ihnen bringen kann, aber ich muß aufhören, denn ich habe bereits zuviel gesagt, und ich weiß nicht, ob Sie diese einmalige Gelegenheit, die sich Ihnen hier bietet, wirklich ausnutzen wollen.

Deshalb warte ich von Heute an genau 24 Stunden auf Ihre Antwort!

Sollten Sie sich entschließen, Ihre unglaubliche, einmalige Chance zu nutzen, werde ich Ihnen Ihre Enthüllungen, zusammen mit ihren Lottozahlen, sofort zusenden!

Wie gesagt: Ich warte genau 24 Stunden!

Aber bitte, bitte, in Ihrem eigenen Interesse:

Fordern Sie Ihre Enthüllungen sofort Heute noch an!

Denn ich möchte Sie über die wunderbaren Dinge, die Ihnen bevorstehen, unverzüglich informieren. Ich weiß, daß Sie mich nicht enttäuschen werden und sofort in Ihrem eigenen Interesse antworten!

Denn Sie wissen, daß dies richtig ist. Und ich verspreche Ihnen, Sie niemals im Stich zu lassen.

In der Erwartung sofort von Ihnen zu hören, und daß sich ein langes Band der Freundschaft anbahnt, verbleibt mit freundlichen Grüßen Ihr:

Monsieur Toussaint

Hiermit fordere ich sofort und unverbindlich mit vollem Rückgaberecht innerhalb 30 Tagen meine Glückswogen-Enthüllungen an!

Name:
Straße:
Plz/Ort:

Für die Ausarbeitung lege ich diesem Brief 100,00 DM in bar bei und antworte innerhalb der nächsten 24 Stunden!
Ich weiß, daß Nachnahmesendungen wegen der hohen Kosten und Scheckzahlungen wegen Ihrer schlechten Erfahrungen nicht möglich sind.
Deshalb liegt meine Zahlung in bar bei!
Ich habe sofort geantwortet und warte fieberhaft auf meine Enthüllungen und Lottozahlen!

Wichtig!
Weil dieses ein einmaliges, bedeutungsvolles Ereignis in Ihrem Leben ist, habe ich ein Geschenk für Sie. Ein Geschenk zur Feier der „Glückswoge". Denn dieses einmalige Ereignis sollte mehr wie ein normaler Feiertag oder ein Geburtstag gefeiert werden. Dieses sehr persönliche Geschenk von mir wird zu Ihrem Glück beitragen. Ich gebe es Ihnen von ganzem Herzen, damit ein Band der Liebe zwischen uns bestehen kann!

Postwurfsendung.

Aufgaben:
1. Was verspricht Monsieur Toussaint?
2. Wovon hängt es nach Meinung Toussaints ab, ob ein Mensch glücklich wird? Was könnte den Empfänger seines Briefes dazu bringen, ihm zu antworten?
3. Ist *H*eute ein Rechtschreibfehler?
4. Was wird vermutlich passieren, wenn Herr E. antwortet?

M 9

Glaube und Aberglaube

Foto: A. Will, © R. Kawohl-Verlag, 46485 Wesel;
Textrechte: Sabine Lehmbeck.

Paulus: „Denn das glaube ich fest: Nicht Tod noch Leben, nicht Engel, nicht Mächte, nichts Gegenwärtiges in der Höhe oder in der Tiefe und keinerlei Kreaturen werden die Macht haben, uns zu trennen von der Liebe Gottes, die in Christus Jesus, unserem Herrn, ist.
Der Abergläubische aber ....“

M 10

Aufgaben zu M 9/M 10:

1. Betrachtet das Bild! Welche Assoziationen wecken die Symbole? In welcher Beziehung stehen hier Vater und Kind? Gibt es Parallelen zum Glauben an Gott? Welche Folgen hat ein solcher Glaube für den Umgang der Menschen miteinander?
2. Wie verändert sich die Beziehung, wenn man a–d dazwischenschiebt.
   Welche Folgen könnte das jeweils für die Menschen haben?
3. (zu d): Kann Beten (Kreuze-Tragen, In-die Kirche-Gehen ...) jemanden „von der Liebe Gottes trennen"?
4. Was kann Menschen noch von der Liebe Gottes trennen? Zeichnet auf Folie und erläutert!
5. Informiert Euch in 2.Kor 11, 18–33, Apg 13,4–12; 16,16–24 über einige Stationen im Leben des Paulus? Mit welchen Mächten hat er zu tun?
   Warum hat Paulus keine Angst vor höheren Mächten usw., wenn er auf Gott blickt?
6. Wie könnte Paulus die Abergläubischen beschreiben? Vervollständigt den Text!
7. Zwei Schlagzeilen in der Zeitung:
   Nobelpreis für Erforschung der Telepathie. Wissenschaftler entdeckt neue Naturgesetze

   Experiment beweist: Geister gibt es nicht
   Abgeschlossen von Geräuschen und Bildern hört jeder Stimmen! Jedes Gehirn erzeugt Halluzinationen, wenn es sich langweilt. Dies ergab ein Experiment mit Freiwilligen, die ...

   Welche Haltung sollten Christen nach Paulus gegenüber Meldungen wie diesen einnehmen?

M 11

M 12

Aberglaube in der Bibel (AT)?

Eine aus heutiger Sicht vielleicht überraschende Begebenheit erzählt das 1. Samuelbuch (Kap. 30,1–9):
David, der von Gott zum König über Israel bestimmte Feldherr, muß mit dem eifersüchtigen bisherigen König Saul um die Macht kämpfen. Die Feinde Israels nutzen diesen Streit immer wieder für eigene Zwecke aus und greifen Ziklag, den Stützpunkt Davids während seiner Abwesenheit an.

Als David und seine Männer am dritten Tag nach Ziklag kamen, waren die Amalekiter in den Negeb und in Ziklag eingefallen und hatten Ziklag erobert und niedergebrannt. Die Frauen und was sonst in der Stadt war, jung und alt, hatten sie, ohne jemand zu töten, gefangengenommen und bei ihrem Abzug mit sich weggeführt. Als David mit seinen Männern zur Stadt kam, sah er, daß sie niedergebrannt und die Frauen, Söhne und Töchter gefangengenommen worden waren. Da brachen David und die Leute, die bei ihm waren, in lautes Weinen aus, und sie weinten, bis sie keine Kraft mehr zum Weinen hatten. Auch die beiden Frauen Davids, die Jesreeliterin Ahinoam und Abigajil, die frühere Frau Nabals aus Karmel, waren gefangen genommen worden.

David geriet in große Bedrängnis, denn das Volk drohte ihn zu steinigen; alle im Volk waren gegen ihn erbittert, wegen (des Verlustes) ihrer Söhne und Töchter. Aber David fühlte, daß der Herr, sein Gott, ihm Kraft gab. Er sagte zu dem Priester Abjatar, dem Sohn Ahimelechs: Bring das Efod* zu mir! Abjatar brachte das Efod zu David. Und David befrage den Herrn: Soll ich die Räuberbande verfolgen? Werde ich sie einholen? Der Herr antwortete: Verfolg sie! Denn du wirst sie mit Sicherheit einholen und deine Leute befreien. David brach also mit den sechshundert Mann, die bei ihm waren, auf....

(1.Sam 30,1–9)

* Zum Efod (Priestergewand) gehörte ein Brustbeutel, der zwei Lossteine (Urim und Tummim für „ja“ und „nein“) enthielt. Bei schwierigen Entscheidungen wurde dem Priester eine Ja/Nein-Frage gestellt, er griff in den Brustbeutel und zog einen der beiden Lossteine hervor. Die so ermittelte Antwort gab er als Antwort Gottes an den Fragesteller weiter.
Bei fast allen Völkern, die zu dieser Zeit lebten, gab es ähnliche Losorakel.

Ganz anders klingt folgender Ausschnitt aus einer späteren Gesetzessammlung der Israeliten. Sie legt Mose folgende Worte in den Mund:

Wenn du in das Land hineinziehst, das der Herr, dein Gott, dir gibt, sollst du nicht lernen, die Greuel dieser Völker nachzuahmen. Es soll bei dir keinen geben, der seinen Sohn oder seine Tochter durchs Feuer gehen läßt, keinen, der Losorakel befragt, Wolken deutet, aus dem Becher weissagt, zaubert, Gebetsbeschwörungen hersagt oder Totengeister befragt, keinen Hellseher, keinen, der Verstorbene um Rat fragt. Denn jeder, der so etwas tut, ist dem Herrn ein Greuel. (...) Denn diese Völker, deren Besitz du übernimmst, hören auf Wolkendeuter und Orakelleser. Für dich aber hat der Herr, dein Gott, es anders bestimmt. Einen Propheten wie mich wird dir der Herr, dein Gott, aus deiner Mitte, unter deinen Brüdern, erstehen lassen. Auf ihn sollt ihr hören. (Dtn 18,9–15)

Aufgaben:
1. Beschreibe die Situation, in der sich David befindet!
2. Ist das Verhalten Davids abergläubisch? Was würde sich an seiner Beziehung zu Gott ändern, wenn er sich selbst entscheiden oder im Gebet um Gottes Antwort bitten würde?
3. Wie haben die Israeliten später über Orakel geurteilt?
   Welche Gründe könnten sie für ihr Gebot gehabt haben?

M 13a

Aberglaube in der Bibel (NT)?

In Lystra nun saß ein Mann, der keine Kraft in den Beinen hatte, lahm vom Mutterleibe an, so daß er nie hatte gehen können. Der hörte Paulus reden. Da blickte Paulus ihn an. Und als er sah, daß er Glauben hatte, geheilt zu werden, sagte er mit lauter Stimme zu ihm:" Stell dich aufrecht auf deine Füße!" Da sprang er auf und ging umher. Als die Leute sahen, was Paulus getan hatte, schrieen sie auf lykaonisch: „Die Götter sind in Menschengestalt zu uns herabgekommen!" Und sie nannten Barnabas Zeus* und Paulus Hermes*, weil er das Wort führte: Und der Priester des Zeustempels, der draußen vor der Stadt lag, brachte Opfertiere und Kränze zu den Toren und schickte sich mit der Volksmenge an, ihnen ein Opfer darzubringen. Als die Apostel Barnabas und Paulus das hörten, zerrissen sie ihre Kleider, sprangen in die Volksmenge hinein und schrien: „Leute, was macht ihr da? Wir sind doch auch nur Menschen wie ihr und verkünden euch: Kehrt euch ab von diesen sinnlosen Dingen und dem lebendigen Gott zu, der den Himmel und die Erde und das Meer und alles, was darin ist, gemacht hat. Er hat in den Generationen der Vergangenheit alle Völker ihre eigenen Wege gehen lassen: – doch nicht ohne sich ihnen durch Wohltaten zu bezeugen: Regen hat er euch vom Himmel gespendet und mit Freude eure Herzen erfüllt." Durch diese Worte konnten sie mit knapper Not die Menge davon abbringen, ihnen zu opfern. (Apg 14,8–18)

***Zeus**: griechischer Göttervater; über ihn wurden im Altertum viele Geschichten erzählt, in denen er vom Olymp herabstieg, sich in vielerlei Gestalt mit menschlichen Frauen einließ und Kinder zeugte, die dann Halbgötter mit besonderen Kräften waren.

***Hermes**: griechischer Götterbote, der gut, zuweilen listig reden konnte.

M 13b

Wunderheiler mit Kuhfleisch-Trick

Darmstadt (ap)

Kleine Fleischstücke, die angeblich Auslöser von Schmerzen waren, will ein Wunderheiler von den Philippinen durch Handauflegen aus dem Körper seiner Kunden gezogen haben. Statt dessen hielt er, wie zwei Patienten beobachteten, die Fleischstücke, bei denen es sich um Kuhfleisch handelte, bereits bei Beginn der Behandlung in seiner Hand. Wegen Verstoßes gegen das Heilpraktikergesetz ermitteln Kriminalpolizei und Staatsanwaltschaft jetzt gegen den Wunderheiler und seinen deutschen Gastgeber.

Wie Polizei und Staatsanwaltschaft am Dienstag berichteten, hat der 51 Jahre alte angebliche Priester von den Philippinen während seines Aufenthaltes in Darmstadt seit Dienstag vergangener Woche vermutlich annähernd hundert gutgläubige und hilfesuchende Menschen nach mysteriösen Methoden behandelt. Angezeigt wurde er von einem 33 Jahre alten Querschnittgelähmten und einem drei Jahre jüngeren Schwerhörigen, die den Trick entdeckten.

Gegenüber der Kriminalpolizei räumte der Wunderheiler ein, daß es sich um Kuhfleisch handelte. Nach Aussagen der Zeugen legte er seinen Patienten die Hand auf, "um Gottes Segen auf den Körper zu konzentrieren" und danach die "Quelle der Scherzen" zu beseitigen: Die Fleischbrocken sollen angeblich die Nervenstränge blockieren, die die Schmerzen ausgelöst haben. Die Behandlungskosten betrugen 120 Mark pro Sitzung.

(Hannoversche Allgemeine Zeitung, 27.2.88)

Aufgaben:

1. Vergleiche das Vorgehen des philippinischen Priesters und Paulus bei der Wunderheilung! Wie könnte man die Heilungen aus heutiger Sicht erklären? (Beachte dabei, daß die Heilungsgeschichten im NT auch eine symbolische Bedeutung haben können!)
2. Wie deuten die griechischen Zuschauer die Heilung?
3. Wie deuten Paulus und Barnabas die Heilung? Wie gehen sie mit dem „Aberglauben" der griechischen Menge um?
4. Der Gefängnispfarrer besucht den philippinischen Wunderheiler in seiner Zelle. Er versucht ihn, ähnlich wie Paulus, von seinem Aberglauben abzubringen. Schreibt auf, was er sagen könnte!

M 14

Mitmachen oder ...?

Party. Ihr seid mit ein paar Freunden da, aber viele kennt ihr nicht. Um 11 gehen die meisten, aber einige dürfen bleiben und bei der Gastgeberin übernachten. Jemand schlägt vor, zur Geisterstunde „Gläserrücken" zu machen, er habe es schon oft getan ...

1. Ihr seid ihr selbst.
   Überlegt euch, wie ihr euch in dieser Situation verhalten würdet, und spielt die Szene zuende!
2. Ihr stellt verschiedene Teilnehmer dar. Alle sind dafür, „just for fun" mitzumachen, nur Tanjas Freund Hans, der etwas schüchtern ist, ist dagegen: er hat Angst.
   Überlegt euch, wie ihr euch in dieser Situation verhalten würdet, und spielt die Szene zuende!
3. Ihr stellt verschiedene Teilnehmer dar. Georg und Anna sind ganz begeistert von dem Vorschlag: ihre Oma sei schwer krank und nun könnten sie endlich herausbekommen, ob sie wieder gesund werde.
   Überlegt euch, wie ihr euch in dieser Situation verhalten würdet, und spielt die Szene zuende!
4. Ihr seid alle Christen. Auch wenn euer Glaube in verschiedenen Punkten nicht übereinstimmt, seid ihr euch darin einig, daß man sich an der Bibel orientieren sollte.
   Überlegt euch, wie ihr euch in dieser Situation verhalten würdet, und spielt die Szene zuende!

8 Bilder von Gott

Erfahrungen und Hoffnungen von Menschen

1. Theologische und didaktische Aspekte

Das Thema „Gott“ fordert alle Beteiligten in vielfältiger Weise heraus, da hier zentral Glauben, Glaubenszweifel und -suche angesprochen werden. Erfahrungen mit Gott sind gedeutete menschliche Erfahrungen. Die Rede von Gott ist auch zugleich Rede von uns selbst, als Selbstvergewisserung und Standortbestimmung. Eine genügende Offenheit im Such- und Frageprozeß und gleichzeitig eine Verbindlichkeit der antwortenden Gotteserfahrung gilt es daher zu bewahren. „Gott ins Spiel zu bringen“, bedarf in der Regel der besonderen Zeit, des besonderen Ortes und eines besonderen Bewußtseins.

Die Auseinandersetzung mit Vorstellungen von Gott kann bei heutigen Jugendlichen nicht mehr als selbstverständlich vorausgesetzt werden. Die bewußte religiöse Unterweisung im Elternhaus, das verbindliche Tradieren von Gottesbildern, ist zumeist auf die „dafür zuständigen Institutionen“ abgeschoben („Traditionsabbruch“). Worauf Eltern im Alltag wirklich setzen, wem letztlich für Glück gedankt und wie Versagen erklärt wird, womit elementare Sehnsüchte befriedigt werden und welche Alltagsstrategien Krisensituationen durchleben helfen, lernen die meisten Kinder ohne eine transzendierende Deutung. Erschwerend kommt das Phänomen vom „Wandel des Gottesbildes“ hinzu, das Kinder im Konfirmandenalter in besonders starkem Maße an sich selbst erfahren können, soweit ihnen ein Gottesbild vermittelt ist. Rationale Denkstrukturen beherrschen das beginnende kritische Denken und scheinen dem Glauben an Gott entgegenzustehen. Die bisherigen kindlichen mythischen „Gottesvorstellungen“ können nicht mehr als verbindlich akzeptiert werden, bleiben aber diffus, leer oder ungeordnet erhalten.

Angesichts der Zukunftslosigkeit der Jugendlichen wird sich die Gottesfrage nicht mehr ohne weiteres im allgemeinen Horizont der Sinnfrage verankern lassen, da Sinn wesentlich aus Erfolg abgeleitet wird und Mißerfolg eher als ein Indiz für die Nichtexistenz Gottes angesehen wird. Die UE will in dieser Situation neue Strukturierungs- und Deutungsmöglichkeiten für die Jugendlichen eröffnen helfen. Dabei ist vorausgesetzt, daß die jeweiligen Jugendlichen zumindest grundsätzlich „auf der Suche sind“. Im Sinne der biblischen Rede von Gott ist der Erfahrungsraum der Jugendlichen Grundlage der unterrichtlichen Erschließung.

Von Gott wird in der biblischen Tradition durchgehend wesentlich in menschlichen Kategorien gesprochen. Nicht das Nachdenken über Gottes Wesen an sich (scholastische Tradition des Mittelalters), sondern Erzählungen und Aussagen, die die existentielle Bedeutung Gottes im Leben von Menschen bezeugen, werben für den Gott, der das Leben fördern und den Tod vernichten will. Die Entwicklung des Glaubens in Israel ist verwoben mit der Wandlung der historisch-existentiellen Situation des Volkes. Das Gottesbild ist von dieser Wandlung betroffen. Neue Erfahrungen mit Gott überlagern die tradierten, ohne sie ganz abzulösen. Beispielhaft mag dafür die Redaktionsarbeit im Pentateuch sein: der Erfahrung des rettenden, befreienden Handelns Jahwes (als Gott der Geschichte) wird in exilischer Zeit in der Auseinandersetzung mit „Fremdgöttern" das lebensschöpferische Tun Jahwes vorgeordnet, der „Patriarchengott" bekommt kosmologische Dimensionen. In der Reich-Gottes-Botschaft Jesu, wie sie das Neue Testament überliefert, wird der lebensfördernde Wille Gottes der hebräischen Bibel weiter zugespitzt. Jesus erfährt und vermittelt, in der hebräischen Tradition stehend, Gottes Handeln noch radikaler und elementarer als einen universalen Liebeswillen, der radikal persönliche Parteilichkeit für Notleidende fordert.

Die Ambivalenz und Differenziertheit von Gottesbildern und -erfahrungen, den Zusammenhang von Gottesbild und Glauben sowie von Menschenbild und Gottesbild zeigen menschliche Sinnesorgane als Symbole für Gott (Auge, Ohr, Hand): die hilfesuchende Hoffnung auf Gottes Allgegenwart hat ihr Widerlager in dem angsterzeugenden „Übergott", der alles sieht und hört. Die Hand, als Gottessymbol sehr häufig verwendet, kann die Freiheit des Menschen zu beschneiden drohen oder als Symbol rächender Strafe den Menschen einschüchtern. Als schützende Hand zeigt sie ihren bewahrenden, rettenden, liebevollen Charakter. Haben Auge und Ohr eine eindeutig ambivalente Bedeutung, so wird an der Hand ein großer Facettenreichtum von den Vorstellungen eines handelnden, in das Leben des Menschen aktiv eingreifenden Gottes ersichtlich. Die Hand als „Schicksalsorgan" und „geistiges Organ" läßt nicht nur anthropologisch von äußeren Hand-lungen auf innere schließen. Sie erschließt das „Herz", das Gesamtwesen, bildet in ihren Handlungs-Möglichkeiten die Bandbreite sozialer Strukturen der Menschheit ab und bewahrt für das Individuum im Fingerabdruck die unverwechselbare Identität. Wenn der biblische Gott den Menschen erschafft, der Mensch sich als ein Geschöpf dieses „Handarbeiters" (Gen 2,7) verstehen kann und für sich eine kreatürliche Sonderstellung (Gen 1) beansprucht, so ist das durchaus damit zu begründen, daß nur der Mensch Hände hat und sich dessen eigene Glaubwürdigkeit auch erst in der Übereinstimmung von Wort und Tat erweist.

Das Bilderverbot der hebräischen Bibel scheint sich zunächst nicht mit der Thematisierung von Gottesbildern zu vertragen: Gott ist keine Vorstellung, sondern ein Geschehen. Dennoch braucht der Mensch zum Begreifen und zur Kommunikation über seine Erfahrungen Vorstellungen. Kritisch benutzt, verhindert das Bilderverbot – wie der geoffenbarte Name Jahwes, der alle Versuche, Gott auf Anthropomorphismen, auch den ntl. „Abba", einzuengen, aufhebt – die Festlegung Gottes auf ein bestimmtes Bild. Es hält die Unvergleichlichkeit und Souveränität Gottes auf Zukunft hin offen und fordert zur ständigen Unterscheidung zwischen Gott und Abgott heraus. Dem Bild der Stärke und Vitalität (Stier, Raketen, Geld, Macht ...), wesentlich von Menschen gemachte Götter-Bilder, die „die Angst zu verdursten" (Baldermann) hervorbringt, steht in seiner „Machtlosigkeit" und Liebe ein Gott gegenüber, der die den Menschen real bedrohenden Todesmächte in Leben, Tod und Auferstehung Christi bloßstellt, zum Handeln am Mitmenschen freimacht und in die Pflicht nimmt. Gerade die Vielfältigkeit der personalen Deutungen des Gottesbildes (Hirte, König, Vater ...) in der „Dynamik des Alltags", nicht in der „Dogmatik der Lehre", berechtigen zu einer Hoffnung auch auf zukünftiges Wirken Gottes.

Die einzelnen Bausteine der UE können nach den Voraussetzungen der jeweiligen Lerngruppe „abgelegte" Gottesvorstellungen vergegenwärtigen und als wandelbar bewußt machen. Dadurch soll eine neue Offenheit für die Gottesfrage auch in der Auseinandersetzung mit der biblischen Rede von Gott erreicht werden. „Gottesgeschichten", die Lebenssituationen von Kindern und Jugendlichen als Erfahrungen mit Gott aussagen, können zur eigenen Auseinandersetzung in Distanz anregen (z.B. **M 9a**). Distanzierteren Jugendlichen kann durch einen symboldidaktischen Zugang über das Symbol „Hand" (**M 1–4**) die Frage nach gelingender Gestaltung zwischenmenschlicher Beziehungen eröffnet und die Perspektive auf die eigene Verantwortlichkeit in der Zukunftsgestaltung geschärft werden. Eine Annäherung über die Gottessymbole Hand, Auge, Ohr kann einen Raum schaffen, eigene Lebenserfahrungen einzubringen und fremde Gotteserfahrungen kennenzulernen. Während Auge und Ohr als Wahrnehmungsorgane mehr das Sein oder Nichtsein (Nichtwirken) Gottes ansprechbar machen, kann die Hand die der eigenen Erfahrung noch zugänglichere Wirkung des Handelns Gottes (schöpfendes, erlösendes, segnendes, führendes, rettendes, stärkendes, schützendes, heilendes, tröstendes und machtvolles) in der Spannbreite zwischen Macht und Ohnmacht erschließen helfen. Genaugenommen werden erst durch die Hand-Symbolik auch „Auge" oder „Ohr" in ihrer negativen und positiven Deutung der Erfahrung erschließbar.

2. Intentionen

Die Sch. sollen
- die Mehrdeutigkeit und Ambivalenz von Gottesbildern erschließen lernen,
- sich kritisch mit Gottesgeschichten als Erfahrungen der Menschen mit Gott auseinandersetzen,
- unterschiedliche Bilder von Gott auf die dahinterstehenden Erfahrungen von Menschen mit Menschen untersuchen,
- anhand des Symbols „Hand" Gottes Handeln als gedeutetes Handeln von Menschen an Menschen entdecken,
- eigene Lebenserfahrungen als Ausgangspunkt von möglicher Gotteserfahrung bedenken und verstehen lernen,
- den Wandel von Gottesvorstellungen wahrnehmen und in der eigenen Biographie entdecken,
- den Gottesglauben als Glauben an Zukunft erkennen,
- Impulse für die eigene Zuversicht in die Zukunft und Stärkung ihres Gestaltungswillens für die Zukunft bekommen,
- den Zusammenhang zwischen Gottesglauben und Weltgestaltung ansatzweise nachvollziehen lernen.

3. Literatur zur Vorbereitung

- Baldermann, Ingo: Der Gott des Friedens und die Götter der Macht: biblische Alternativen. Wege des Lernens (WdL) 1. Neukirchener Verlag, Neukirchen-Vluyn 1983.
- bb für theorie und praxis von ru und ku; „Gott" – Gottesbilder; Nr. 60, 2/1992; 6ff (auch Nr.76, 2/1996).
- Christenlehre/Religionsunterricht – Praxis (ehemals „Die Christenlehre"). Gottesbilder – Gottesvorstellungen. Ev. Verlagsanstalt, Leipzig, 49. Jahrgang 1996, Heft 2.
- Berg, Sigrid: Biblische Bilder und Symbole erfahren. Kösel/Calwer, München/Stuttgart 1996.
- Biehl, Peter: Symbole geben zu lernen. Einführung in die Symboldidaktik anhand der Symbole Hand, Haus, Weg. Wege des Lernens (WdL) 6. Neukirchener Verlag, Neukirchen-Vluyn 1989.
- Früchtel, Ursula: Mit der Bibel Symbole entdecken. Vandenhoeck & Ruprecht, Göttingen 1991.
- Reents, Christine: Was wird aus dem Kinderglauben? Gottesbilder im Wandel. Anregun-

gen und Materialien für die Sekundarstufe I. GTB 759, Gütersloh 1987.
- Religion Betrifft uns, Gottesbild. Aachen 2/1993, hg. von Alfred Kall u. Matthias Küsters.
- Religion lernen aus Lebensgeschichten, in: Arbeitshilfe für den evangelischen Religionsunterricht an Gymnasien, Bd. 53, hg. von Wilfried Bergau u.a. im Auftrag des ev.-luth. Landeskirchenamtes Hannover, Hannover 1994.
- Schuster, Robert (Hg.): Was sie glauben. Texte von Jugendlichen, Stuttgart 1984.
- Westermann, Claus: Am Anfang, 1. Mose. Teil 2: Jakob und Esau. Die Josepherzählung, Neukirchen-Vluyn 1986.

4. Unterrichtsideen / Verlaufsplanung

A. Unsere Hände – Gottes Hand

a) Sprechende und sehende Hände

⇨ *Sprach-Hand-lungen:* Die Sch. zeichnen auf zwei Blätter Din-A4-Papier die Umrisse ihrer eigenen Hände. In eine der Hände schreiben sie anschließend „Sprichwörter, in denen Hand vorkommt", in die andere zusammengesetzte Wörter mit „Hand-...".

⇨ *Hand-Schuhe:* Die Sch. bringen *besondere* (funktionsbezogene) Handschuhe mit und stellen sie vor. Sie ordnen die Handschuhe nach möglichen Gruppen. Sie kombinieren verschiedene Handschuharten und schreiben (evtl. zum Nachspielen) eine kleine Geschichte dazu (vgl. Anregung in **M 2**).

⇨ *Die sehenden Hände:* Mit verbundenen Augen werden Alltagsgegenstände ertastet und erkannt (evtl. Wettbewerb). *Variante*: In einem Säckchen werden ungewöhnlichere Gegenstände verborgen, die mit den Händen ertastet werden. Dabei beschreiben die Tastenden, was sie erfühlen. Die anderen Sch. können dadurch mitraten (Tannenzapfen, Zahn, ...).

⇨ *Die „sprechenden Hände":*
1: Zwei geballte Fäuste zeigen: Keiner gibt nach.
2: Zwei abweisende Hände zeigen: Laß mich in Ruhe!
3: Die Hand mit dem Daumen nach unten zeigt: Hier bestimmt der Stärkere.
4: Zwei Hände nähern sich und zeigen: Wir könnten uns doch verständigen.
5: Zwei sich fassende Hände zeigen: Wir vertrauen einander.

Arbeitsblatt (**M 1**) zerschneiden und auf Karton kleben. Sch. suchen sich ein Motiv aus und schreiben auf einzelne Karteikarten oder auf die Rückseite in wörtlicher Rede, was diese Hände sagten, wenn sie sprechen könnten (möglichst als Ich-Du-Beziehung formulieren lassen). Anschließend Vergleich der Ergebnisse: Mit dem OHP einzelne Motive aus **M 1** projizieren und vergleichend, ergänzend vorlesen lassen; zusätzlich: Sch. bilden die Gestik nach.
Evtl. mit Graphik auf Wandzeitung dokumentieren. Weitere Gesten von Sch. erfinden lassen. – Was empfindet / wie reagiert jemand, dem die jeweilige Geste gilt. Evtl. auf Karteikarten die Reaktion wieder in wörtlicher Rede formulieren lassen und auf der Wandzeitung kontrastieren.
Evtl. HA: Schildere für ein Bild eine Situation, in der diese Szene vorkommt.
(Auf die Taubstummensprache hinweisen, evtl. ein Alphabet besorgen oder einen „Dolmetscher" einladen.)

⇨ *Erzählende Hände:* Fotolanguage: Es werden (möglichst mehr als Teilnehmer) Bilder/Fotos, auf denen die Vielfalt von Händen zur Wirkung kommt, auf dem Boden ausgelegt. Jeder wählt sich ein Bild aus und erzählt, warum er dieses Bild gewählt hat, welche Situation das

Bild zeigt, ...; evtl. kann die Handhaltung nachgeahmt werden.
Die Sch. schreiben Geschichten zu den Bildern in Ich-Form (Die Hand erzählt). Das Bild kann Anfang, Ende oder Mitte der Geschichte darstellen.

Die Bilder werden erneut ausgelegt und danach zu Gruppen geordnet. Die Sch. begründen ihre Ordnungskriterien, zeigen alternative Ordnungsmöglichkeiten auf.

Tafel: Unsere Hand-Erfahrungen (Zusammenfassung)

<u>Hände begegnen uns in unterschiedlichen Zusammenhängen:</u>
Sie symbolisieren:

Freundschaft	Vertrauen	Furcht, Angst, Ärger	Gewalt, Aggression
Schutz	Bitten	Abwehr, Einladung	Tätigkeit
Handlung	...		

<u>So gegensätzlich wie ihre „Sprache" ist auch ihre Wirkung:</u>
Mit unseren Händen können wir

kämpfen	schützen
verletzen	heilen
töten	helfen
schreien	bitten
arbeiten	beten
schlagen	streicheln
....	

⇨ *Meditativer Abschluß und Anschluß:*
Handmeditation (Stuhlkreis) anhand des Liedes „Schau auf die Faust" (**M 3a**; auch nur mit dem Text möglich). Das Handmandala (**M 3b**, Fresco vom Torbogen von St. Clemente de Taull, ca. 1225; Handbilder als Klassensatz in Postkartenformat zu beziehen beim Deutschen Evangelischen Kirchentag, 36004 Fulda, Postfach 480; als Poster vergrößert mehrere Exemplare in die Kreismitte legen) kann einen deutlichen Kontrast dazu bieten.
Evtl. als vorbereitende HA: Die Schwarzweiß-Kopie des Mandalas als „Hand Gottes" farblich gestalten lassen, vor der Meditation mit dem Original vergleichen und deuten.

b) Die Hand als Symbol für Gott

⇨ *Bilderverbot / Gottes Hand*
Die Vielfältigkeit der künstlerischen Versuche, Gottes Handeln in Bildern zu veranschaulichen (**M 3b**; **M 4a+b**), können das Bilderverbot thematisieren und die Be-Deutung des Hand-Symbols für Gott in der Spannung zwischen Freiheit und Abhängigkeit aufzeigen (**M 6**). Begleitend gesungen und/oder in kritischer Auseinandersetzung reflektiert, bietet der Spiritual (**M 7**) ein modernes Hoffnungs-Zeugnis des Glaubens.
Geschichten zu den Bildern (**M 4a**) erzählen (lassen). (Vorher evtl. als HA arbeitsteilig: Gen 4; Gen 9; Apg 7, 54ff; Ex 19; 24, 12ff); Identifizierung der Szenen und Deutung der jeweiligen Hand Gottes: Freiheit Gottes – Versprechen der Bewahrung des Lebens auf der Welt; Beistand und Identifikation; Ermöglichung von menschlichem Zusammenleben; Arbeitsblatt (**M 4b**) in PA.

⇨ *Menschen als Hand-Langer Gottes*
Daß Menschen „Gott ins Spiel bringen" als eine bewußte Deutung des eigenen Lebens, ihres Erfolges oder Scheiterns, kann exemplarisch am Zeichentrickfilm „Schalom Pharao", einer humorvollen jugendgemäßen Bearbeitung der biblischen Josephsgeschichte verdeutlicht werden, die mit bewußten Anachronismen aus der zeitlichen Perspektive der römischen Regierungszeit unter Pontius Pilatus erläuternd erzählt wird. Die Bearbeitung dieser novellistischen Familien- und Karrieregeschichte hebt gegen Ende die o. g. religiöse Setzung hervor. Die Ambivalenz des Gottesbildes während der Erzählung (bestrafender / rächender Gott in der Deutung der Brüder – rettender Gott in der Deutung Josephs) mündet für den Leser/Hörer/Zuschauer in die Erkenntnis des planvollen und heilvollen Handeln Gottes. Alle Beteiligten, ob gläubig oder nicht, werden letztlich zu von Gottes Hand geführten und beschützten Menschen. Damit steht die Josephsgeschichte exemplarisch für das Geschichtshandeln Jahwes, der die Menschen (und Völker) als Hand-Langer für sein lebensförderndes Heilshandeln einsetzt (**M 5a+b**). Reizvoll ist die anschließende Suche nach alternativen Deutungsmustern aus dem Alltag (ausführlicher Malte Damrow in bb, vgl. Literatur).

⇨ *Die Josephgeschichte anhand des Films „Schalom Pharao" (vgl. Materialien) vorstellen.*
(Film als ganzer gut für eine Blockveranstaltung geeignet, z. B. Landheimaufenthalt; Begleitheft regt zu vielen Einsatzmöglichkeiten an.) Hier evtl. nur letzten Teil des Films zeigen (ab 40. Minute), Anfang der Geschichte vorher erzählen (lassen) oder als vorbereitende HA lesen lassen. Hauptpersonen durch Materialien (OHP!) einführen: Brüder, Joseph, Pontius Pilatus, Pharao.
Beobachtungsauftrag: „Wo kommt Gott in der Geschichte vor?" (**M 5a**/OHP als möglicher Hilfsimpuls oder als Zusammenfassung.) – **M 5b**/Mitte: „Versucht, eine Verbindung zur Geschichte herzustellen" („Gott wie eine Marionette ausgeliefert" – „Von Gottes Hand beschützt" o.ä.) – Mögliche Zuordung der Figuren (**M 5b** obere Zeile) zu den Händen; (PA, **M5b**: „Ordnet die Personen einer Hand zu und beschreibt kurz die Szene, die für die Zuordnung spricht.") Ergebnis vorstellen, Nichteindeutigkeit der Zuordnungsmöglichkeit begründen, etwa: während der Erzählung – aus dem Rückblick. Mögliches Ergebnis: „Alle Personen werden von Gott beschützt und als seine Handlanger benutzt."
Der Mensch deutet sein Leben (als Geschichte mit Gott). Kritische Nachfrage: Der Film ohne Ton! (Gott käme nicht vor!) Ist es nachvollziehbar, daß Menschen sich Erfolg und Mißerfolg mit Gott zu erklären versuchen 1) in dieser Geschichte; 2) sonst? Welche Möglichkeiten der Erklärung gäbe es außerdem? Evtl. HA: „Versuche, eine Begebenheit aus deinem Leben als Gottesgeschichte aufzuschreiben."

⇨ *Der Mensch in Gottes Hand* (**M 6**)
„Beschreibt zunächst die Bilder einzeln. – Notiert neben den Bildern, welche Aussagen die Künstler jeweils über den Menschen und welche Aussagen sie über Gott machen. – Wähle dir die Darstellung aus, die dir am meisten zusagt, und laß den Menschen über seine Gefühle in der gezeigten Situation sprechen."

⇨ *Unsere Hände – Jesu Hände* (evtl. mit Rückgriff auf Handerfahrungen)
Das Gottesbild des christlichen Glaubens hält fest, wie gelingendes Leben grundsätzlich garantiert ist. Der Vollzug von gelingendem Leben wird augenfällig im NT nahezu ohne direktes Eingreifen von Gottes eigener Hand erzählt. Vielmehr ermöglicht „seine rechte Hand auf Erden", in den Evangelien Jesus Christus, allgemein die von Jesus begeisterten und in Anspruch genommenen Menschen, erfülltes, geschenktes Leben: „Jesu Hände ergreifen Menschenhände", und er hat sie als „zur rechten Hand Gottes Sitzender", als Auferstandener (Früchtel) (**M 8a+b**).
Das Gedicht (**M 8a**) wird im Sitzkreis zunächst von allen still gelesen. Verdeutlichung des Gegensatzes durch Umstellung der Einleitungssätze (Herausstellen des „können"). Erfah-

rungsbezogene Beurteilung durch die Sch.. – Handlungen durch die Wirkungen bei Mitmenschen konkretisieren: Ergänze: „Wenn unsere Hände ... , dann ...“ (Beispiel: „Wenn unsere Hände *trösten*, dann *bekommen Menschen wieder Mut zum Leben.*“)
Mit Hilfe von **M 8a/M 8b** deuten: „Als die Verantwortlichen die halb zerstörte Kruzifixdarstellung wieder aufstellten und anstelle des Querbalkens den Satz hinzufügten, dachten sie sich folgendes: ...“
„Streiche in **M 8a** alle Wörter, die nicht mit der Kreuzesdarstellung übereinstimmen.“
Unter **M 8b** könnte etwa an mehreren Zusammenstellungen festgehalten werden: „Wer im Sinne Jesu handeln will, der kann nicht ... (morden), sondern der ... (schützt vor Mord).“

B. Auf der Suche nach Gott – Gott beanspruchen

a) Glücklich leben können

M 16/17 und **M 18** können allgemein die Frage nach dem wahren Wesen Gottes aufnehmen und die christliche Unterscheidung zwischen Gott und Abgott anreißen.

⇨ *Menschen suchen Gottes wahres Wesen*
Lesen der Geschichte „Gott“ (**M 16**), Vergleich mit der Karikatur (**M 17**: „Frage nach dem Weg“). Weitere Antworten auf der Karikatur (**M 17**) eintragen, biblische und kirchliche Vorstellungen evtl. ansprechen. Zusammenstellen der möglichen Vorstellungen aus der Geschichte.

⇨ *Menschen beten Götzen an*
Karikaturen (**M 18a-d**) kurz beschreiben und vorläufig deuten lassen. Gemeinsamkeit „Anbeten“ feststellen. Größenverhältnisse und Haltungen als Stilmittel für Macht / Ohnmacht-Abhängigkeit herausarbeiten (Technik, Geld, Zensuren: *Leistung*). Gemeinsame Überschrift suchen („Was Menschen anbeten, hat Macht über sie“); Wahrheit der Behauptungen aus der eigenen Erfahrung im UG überprüfen oder: HA: In **M 18d** (vergrößert) Symbole entfernen und eigene hineinzeichnen lassen. (Evtl. Geschichte vom „Tanz um das goldene Kalb“ erzählen.) Vgl. mit der Geschichte „Gott“ unter dem Aspekt: „Glücklichsein“: „Was versprechen sich Menschen von diesen Göttern?“ – Evtl. Kernsatz aus Luthers Erklärung zum 1. Gebot daran vorstellen und (als HA schriftlich) erläutern lassen: „Worauf du nu (sage ich) dein Herz hängest und verlässest, das ist eigentlich dein Gott.“

b) Auf Gott setzen

⇨ *Beppo*
Die vordergründig leicht zu durchschauende Geschichte von Beppo (**M 9a**) lädt ein, über eigene, vielleicht abgelegte, Gottesvorstellungen nachzudenken und vorschnelle Urteile über einen „naiven Kinderglauben“ zu modifizieren. Sie erzählt, was die Karikatur (**M 9b**) meinen könnte. Die „Handerfahrung“ dieser Geschichte läßt sich aufgrund des Gottvertrauens des Jungen durch die Symbole Auge und Ohr ergänzen und biblisch durch die Bandbreite individueller und kollektiver Gotteserfahrung der Psalmen vertiefen (**M 11** als Anregung). **M 15a** kann als Sprechanlaß verwendet werden oder als Ergänzung zu den vorhandenen Bildern der Jugendlichen dienen und im Kontrast zu **M 15b** den existenzbiographischen Wandel von Gottesvorstellungen verdeutlichen. Die Ambivalenz der Symbole Auge und Ohr läßt sich an **M 12** verdeutlichen und durch **M 14** existenzbiographisch veranschaulichen. Ein Zeugnis eines an- oder einklagenden Gottesverhältnisses eines Jugendlichen in Gebetsform (**M 10**) ermöglicht im Kontrast zu **M 9a**, vordergründig ähnliche Vorstellungen kritisch zu bedenken (Allmachtsphantasien contra Liebe?).
L. liest die Geschichte (**M 9a**) bis zum Nachsitzen (Z. 37). Schüler erzählen/schreiben mögliche Fortsetzungen.
L. liest die Geschichte zu Ende. Meinungen über die Geschichte, Beppos Hilfsaktion für die Familie, das Verhalten des Vaters werden ausgetauscht. Schüler markieren in EA alle Stellen, die die Geschichte als Glaubensgeschichte ausweist.

Arbeitsteilige EA:
- Der Vater weiß nichts von Beppos Ballon. Er erklärt sich das Paket ohne Absender.
- In Rovigo landet der Ballon. Erzählt/ schreibt die Geschichte, wie sie in Rovigo weitergeht. Sch. nehmen indirekt Stellung zu dem „Wunder".
- Auf dem Paket fehlte der Absender. Was hätte in einem Brief an Beppo stehen können?

⇨ *Kinderglauben?*
- „Sollte man Beppo nicht besser erzählen, was sich tatsächlich ereignet hatte?" Pro- und Contra-Argumente werden gesammelt und verglichen.
- Beppos Gottesbild: Anhand der Auswahl aus den Psalmen (**M 11**) die dortigen Gottesbilder der Beppogeschichte zuordnen. – Beppo steht wieder auf dem Hügel und dankt mit einem kurzen Psalm: Schüler formulieren selber oder stellen einen neuen Psalm(abschnitt) aus den Vorgaben zusammen.
- HA/Erfolgskontrolle: Erklärt anhand der Geschichte „Beppo" die Karikatur (**M 9b**).

⇨ *Der Wandel von Gottesbildern*
Die Sch. sollen aus der Sicht eines Fünfjährigen und eines Neunjährigen (mit Rechtschreibfehlern – als Anreiz) Gottesbilder darstellen (malen oder umschreiben).
oder:
Gottesvorstellungen von Kindern und Prominenten vergleichen (**M 15a** und **M 15b**). Vergleich mit den „Gottesbildern in Psalmen": Evtl. HA: Sucht euch einen Psalmvers aus und findet Bilder oder malt welche, die den Vorstellungen von Gott in den Psalmen entsprechen. Bilder werden anschließend wie ein Leporello zusammengeklebt.

⇨ *Unterschiedliche Erwartungen an Gott*
Vergleich der Tat „Beppos" mit dem Gebet eines Jugendlichen (**M 10**). Was erwarten die beiden von Gott? Wie verhalten sie sich Gott gegenüber?

Mögliches Tafelbild:

Beppo	unbekannter Jugendlicher
Bitte wird erfüllt; bittet um Hilfe für die Familie; kann Gott für die Erfüllung der Bitte danken; äußert bescheidenen Wunsch; nimmt Strafe für sein Handeln in Kauf; könnte seinen Wunsch nicht selber erfüllen; „betet" / bittet öffentlich, wenn auch indirekt;	Gebet scheint umsonst gewesen zu sein; bittet um Hilfe für sich; macht Gott für sein Zuspätkommen verantwortlich; erwartet, daß sein Gebet erhört werden muß; zweifelt an Gottes Macht; erwartet Hilfe in der Schule von Gott; könnte seine Wünsche fast alle selber erfüllen; betet für sich;
Fazit: Menschen können unterschiedliche Erwartungen an Gott haben, weil sie auch unterschiedliche Vorstellungen mit Gott verbinden.	

c) Gottes-Symbol Auge und Ohr

⇨ Gebet (**M 10**) und Geschichte (**M 9a**) mit den Symbolen Auge und Ohr erneut wahrnehmen: „Gott als Auge heißt in der Geschichte / im Gebet....", „Gott als Ohr heißt in der Geschichte/ im Gebet" (**M 13**);
Jutta Richter (**M 14**) Ausschnitt lesen; Aussagen über Gott unterstreichen lassen (positive und negativ empfundene mit unterschiedlichen Farben); **M 13** für diese Erzählung weiterführen;
Arbeitsblatt (**M 12**) Auge / Ohr bearbeiten lassen;
Evtl. Ergebnis an der Tafel festhalten; anschließend Ambivalenz diskutieren lassen.

Was hört Gottes Ohr? Was sieht Gottes Auge?		
Symbol für Gott	Positives	Negatives
Auge	Gott sieht alles. Er kann mich daher schützen, bewahren vor Dingen, Ereignissen, die ich (noch) nicht wahrnehme (Fürsorge) ...	Gott sieht alles, auch im Dunkeln. Er kontrolliert und lauert auf. Man fühlt sich ertappt und beobachtet ...
Ohr	Gott hört auch das Schreien eines leidenden Menschen, die ihn um Hilfe bitten. Er hört sich die Sorgen an ...	Gott hört alles, auch Geheimnisse, Witze, Lügen, Lob. Man kann eigentlich nichts sagen, was schlecht ist ...

d) Die Gerechtigkeit Gottes

⇨ Die auch in **M 10** angeschnittene Frage nach Gottes Gerechtigkeit wird in **M 19** aufgenommen: Menschen, die Gott vergessen haben, sind für materielle Ungerechtigkeit verantwortlich. Gott läßt sich nicht als Lückenbüßer für menschliche Unzulänglichkeiten beanspruchen.

Die Geschichte von Sonja und Petja (**M 19**): Sch. schreiben die Geschichte weiter oder formulieren die Gedanken des alten Mannes nach dem Versprechen der Kinder. – Die durch die Frage der Gerechtigkeit gegensätzlichen Gottesvorstellungen und Lebenseinstellungen der Menschen können gegenübergestellt und unter der Fragestellung, welches Gottesbild für Menschen angenehmer ist, beurteilt werden: Kernsätze heraussuchen und an der Tafel notieren:

Ist Gott für Armut verantwortlich?	
Die Gottesvorstellung der Kinderfrau	Die Gottesvorstellung des alten Mannes
Man kann doch nicht alle Menschen gleichmachen, das hängt eben von Gott ab. Das geht uns nichts an – wie Gott will.	Gott ist gut. Die Menschen haben Gott vergessen. Gott befiehlt, man soll alles teilen.
Gerechtigkeit Gottes bedeutet:	Gerechtigkeit Gottes bedeutet:
Gerechtigkeit unter Menschen bedeutet:	Gerechtigkeit unter Menschen bedeutet:

C. Die Namen Gottes – das Wesen Gottes

⇨ **M 20** eröffnet ansatzweise die Möglichkeit eines liturgischen Zugangs oder Abschlusses und die Ausweitung des Fragehorizonts auf einen interreligiösen Dialog.

Reihum lesen die Sch. die 99 Namen (**M 20**) vor und äußern anschließend erste Eindrükke, bearbeiten in EA. Sch. äußern Vorstellungen, die sie mit den Namen verbinden. –

„Gibt es Namen, die ihr erwartet hättet, die hier nicht aufgeführt sind?“ (In die Mitte schreiben lassen; mögliche Antworten, besonders aus dem christlichen Bereich: Herr, Hirte, Retter, Vater). – „Wie kommen Menschen auf diese Namen?“ Sch. schreiben für einen Namen nach Wahl eine Geschichte, die den Namen erklären will. „Warum bekommt Gott diesen Namen (Handlungen, Erfahrungen)?“

5. Das Thema in Schulbüchern und Unterrichtsmaterialien

- Gadesmann, Frieder u.a.: Das Leben suchen 7/8. Diesterweg, Frankfurt/M. 1984, S. 1ff.
- Kluge, Jürgen u.a.: Entdeckungen machen. Grundausgabe 5/6. Cornelsen-Schwann, Düsseldorf 1992, S. 33f.
- Kluge, Jürgen u.a.: Entdeckungen machen 7/8. Cornelsen-Schwann, Düsseldorf 1988, S. 167f.
- Besser-Scholz, Birgit u.a.: LebensZeichen 5/6. Vandenhoeck & Ruprecht, Göttingen 1993, S. 6ff.
- Schwieger, Michael u.a.: LebensZeichen 7/8. Vandenhoeck & Ruprecht, Göttingen 1992, S. 5f.
- Halbfas, Hubertus: Religionsbuch 5/6. Patmos, Düsseldorf 1989, S. 19f.
- Halbfas, Hubertus: Religionsbuch 7/8. Patmos, Düsseldorf 1990, S. 23ff.
- Trutwin, Werner u.a.: Zeit der Freude. Jahrgangsstufe 5/6. Patmos, Düsseldorf 1989, S. 136f.
- Trutwin, Werner u.a.: Zeichen der Hoffnung. Jahrgangsstufe 9/10. Patmos, Düsseldorf 1989, S. 136f.

6. Materialien und Medien

Bücher
- Fynn: Hallo, Mister Gott, hier spricht Anna. Fischer TB 2414.
- Vorlesebuch Religion 1–3; besonders Band 3. Hg. v. D. Steinwede und S. Ruprecht. Vandenhoeck & Ruprecht, Göttingen, u.a.
- Steinwede, Dietrich: Von Gott. Ein Sachbilderbuch. Zeichnungen von Fulvio Testa. Verlag Ernst Kaufmann, Lahr. Patmos Verlag, Düsseldorf 1974.
- Weil, Robert (Hg.): Wer hat den lieben Gott auf die Welt gebracht? Gottesvorstellungen von Kindern. GTB 86, Gütersloh 1974.
- Zimmermann, Gisela (Hg.): „Auf die Hände geschaut“. ABC-Team, Christliche Verlagsanstalt, Konstanzer Meditationen 2, Konstanz 1988.

Filme
- „Die Hand“ (Ruha), Super–8-Filme für die politische Bildung. Landeszentrale für politische Bildung, Völklingerstraße 49, Düsseldorf. Lichtton, Farbe 19 Min.
- „lachend“, Puppentrickfilm von Lobomir Benes.
- Lasset uns Götter machen, Trickfilm über Gottesbilder (16 min Farbe 1986).
- Shalom Pharao, Trickfilm über die Josephsgeschichte; atlas film + av (Hg.), Begleitheft „Shalom Pharao“, Duisburg 1982.

Bilder, Dias
- Dietrich, W. (Hg.): Exemplarische Bilder, Mappe 2: Sprache der Hände, Frankfurt/M. u.a. 1973.
- Lang, W.: Die Frage nach Gott. Der Christusglaube in zwei Jahrtausenden. 60 Bilder in Farbe. 1981.
- Lang, W.: Die Frage nach Gott. Gottesbilder in der Kunst. Das Jüdisch-christliche Gotteszeugnis. 24 Dias in Farbe, 1981.

M 1

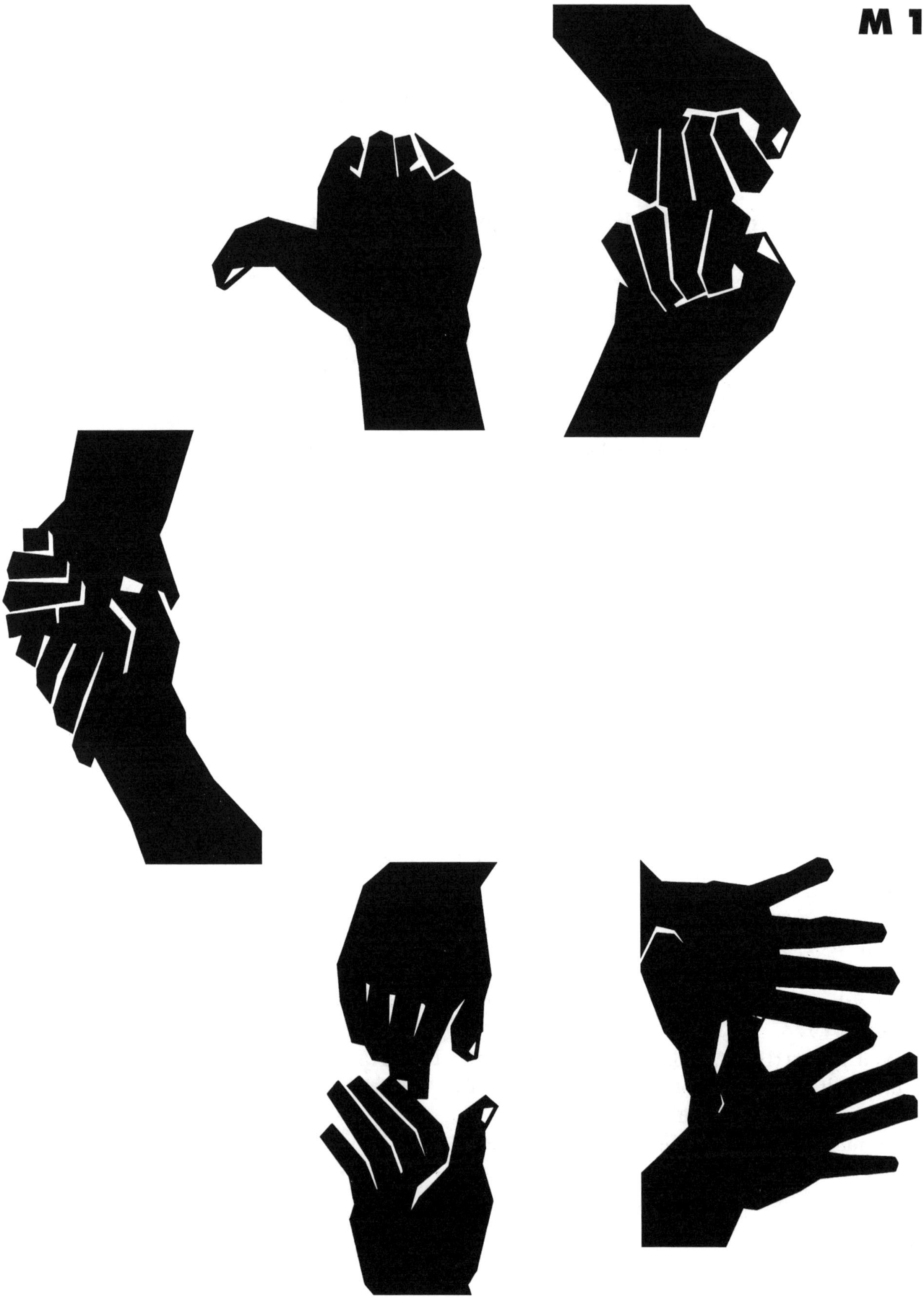

Rudolf Hackner, Neuendettelsau.

M 2

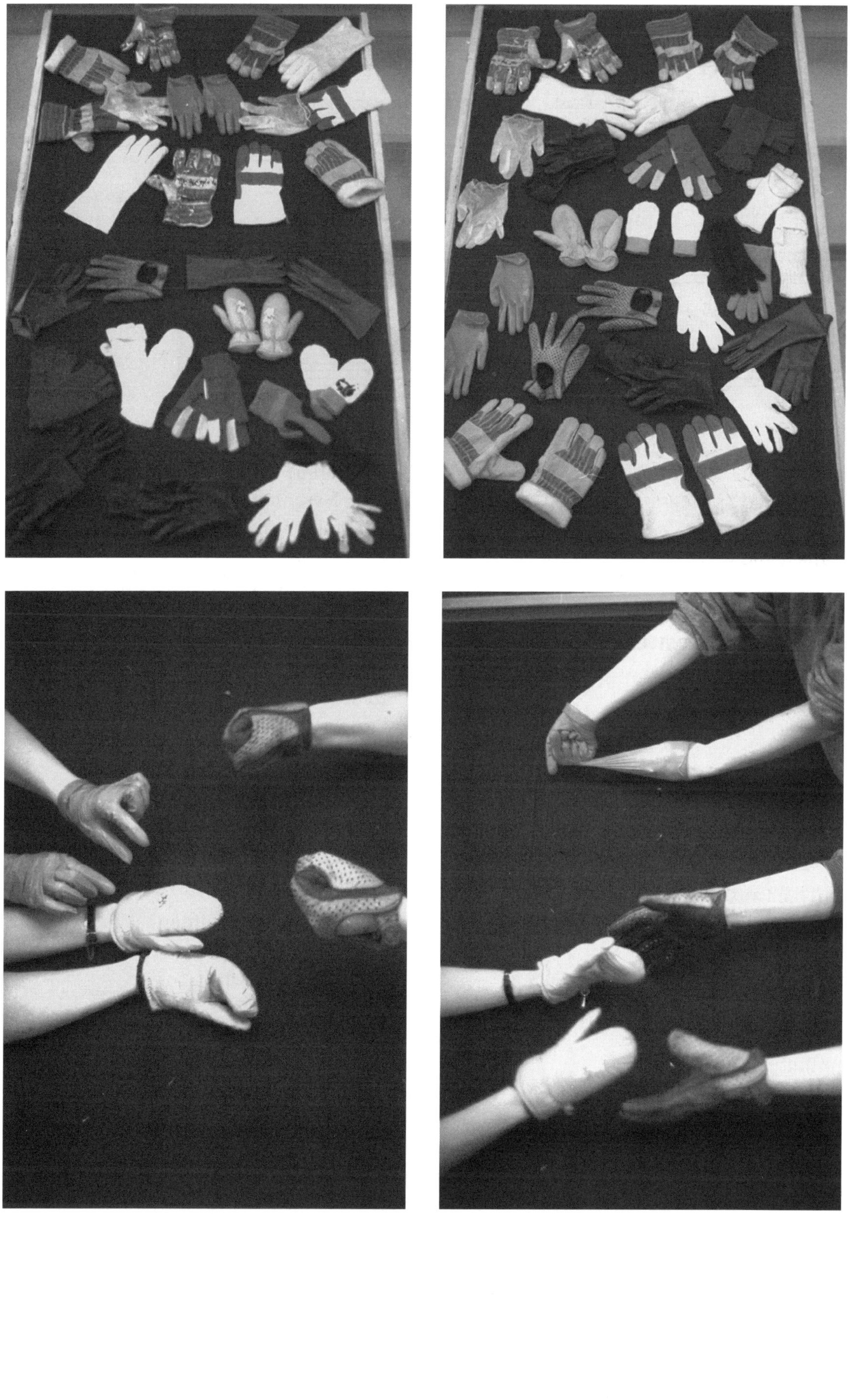

Schau auf die Faust

Text und Musik:
Siegfried Macht

M 3a

2. Schau auf die Hand:
   Das Gefühl in den Spitzen
   so streckt sie geöffnet
   sich hinaus in die Welt.

3. Schau auf die Faust
   wie sich rückwärts gerichtet
   die nichts mehr ertasten
   in sich selbst eingerollt.

4. Öffne die Hand:
   sieh die Richtung der Finger
   gedreht und gewendet
   weisen sie stets nach vorn.

5. Schau auf die Faust:
   Sie kann gar nichts „begreifen"
   ein sichtbares Zeichen
   von verschlossenem Sinn.

6. Öffne die Hand:
   Sie kann halten und tragen;
   kein Zeichen von Schwäche
   wenn ein andrer sie hält.

7. Schau auf die Faust:
   Wer nur festhält verarmt bald.
   Am Brunnen braucht jeder
   ein leeres Gefäß.

8. Schau auf die Hand
   wie zum Nehmen und Geben
   dieselben zwei Schalen
   jedem Menschen zur Hand.

9. Schau auf die Faust
   wie der Ballen sich furcht
   und die Nägel sich schneiden
   in das eigene Fleisch.

10. Schau auf die Hand
    Sieh, wie Räume sich öffnen
    wenn Finger für Finger
    sich langsam entspannt.

Handmeditation

... den Betrachtungen im Liedtext folgend, die Hände wirklich von Strophe zu Strophe zu Fäusten ballen und wieder öffnen. Dabei den Beobachtungen des Textes nachspüren, eigene machen und der gleichnishaften Transparenz Raum geben ...

M 3b

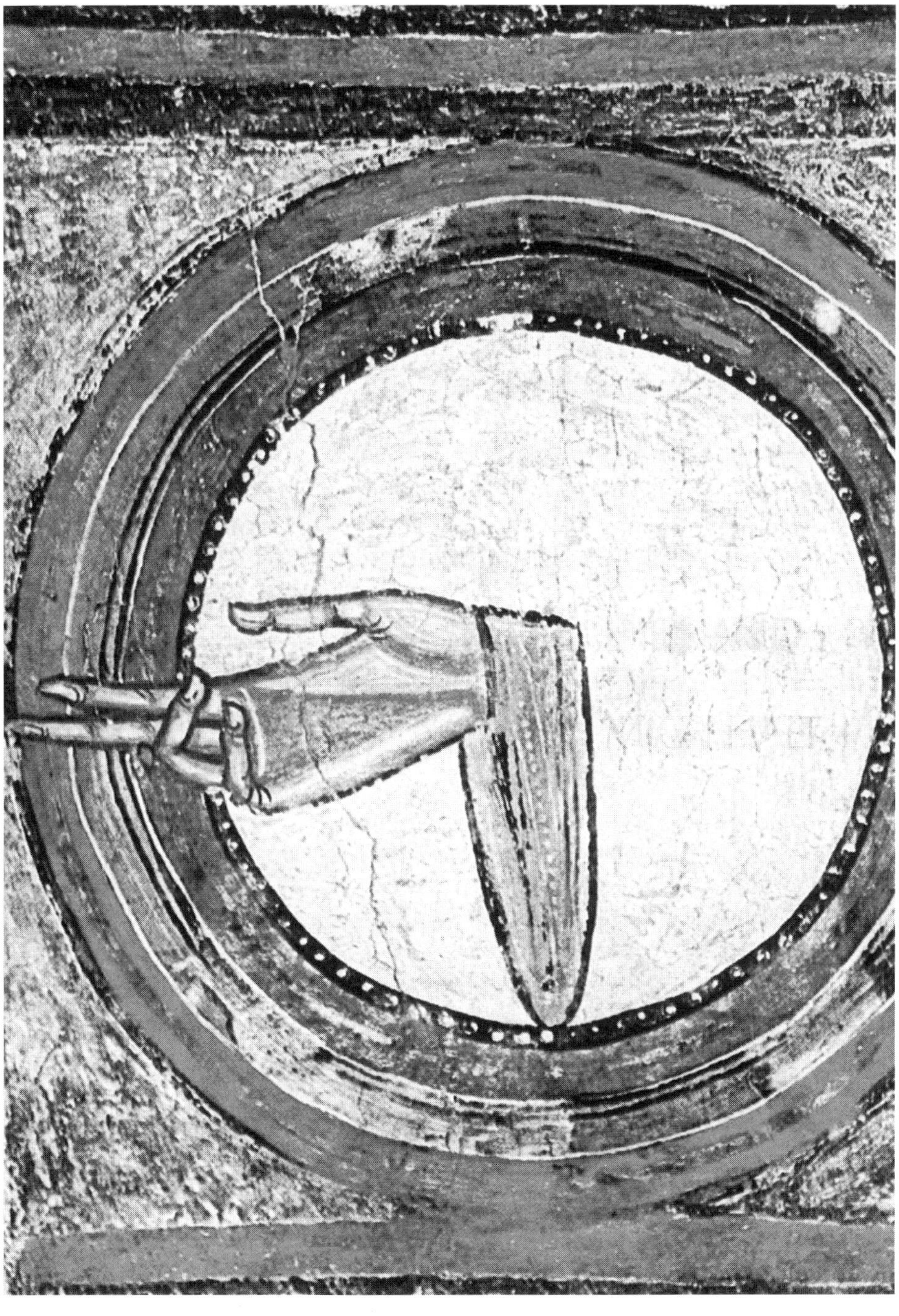

Quelle unbekannt.

M 4a

Gottes Bund mit Noah (Gen 9)

Aus: Kommt und schaut die Taten Gottes. Die Bibel in Auswahl nacherzählt von Dietrich Steinwede, Vandenhoeck & Ruprecht/Christophorus/Kaufmann, Göttingen/Freiburg/Lahr 1982, S. 19.

Die Steinigung des Stephanus (Apg 7)

Museo de Arte de Cataluna, Barcelona, in: Peter Biehl, Symbole geben zu lernen. Einführung in die Symboldidaktik anhand der Symbole Hand, Haus und Weg, Neukirchener Verlag, Neukirchen-Vluyn 1989.

Kain und Abel (Gen 4)

Aus: Kommt und schaut die Taten Gottes, a.a.O., S. 15.

Mose empfängt die 10 Gebote am Sinai (Ex 19)

Marc Chagall, Mose empfängt die Tafeln des Gesetzes, © GV Bild-Kunst, Bonn 1996.

M 4b

„Du sollst dir kein Gottesbild machen, keinerlei Abbild ..."
2. Mose 20,4

Wie haben sich die Künstler angesichts dieses Gebotes geholfen?

____

____

____

Der Psalmist schreibt:

> „Deine Hand hat mich gemacht und bereitet;
> unterweise mich, daß ich deine Gebote lerne." (Ps 119,73)

An einer anderen Stelle schreibt der Psalmist:

> „Von allen Seiten umgibst du mich und
> hältst deine Hand über mir." (Ps 139,5)

David dankt Gott mit den Worten:

> „Reichtum und Ehre kommen von dir, du herrschst über alles.
> In deiner Hand stehen Kraft und Macht, in deiner Hand steht es,
> jedermann groß und stark zu machen." (1.Chr 29,12)

Versuche, mit eigenen Worten wiederzugeben, was in diesen Texten über das Wirken Gottes ausgesagt wird!

____

____

____

Könnt ihr aufgrund dieser Texte sagen, warum die Künstler die Hand als Symbol für Gott gewählt haben?

____

____

____

Nach einer Idee von Ute Hinze, Göttingen; Bibeltexte aus: „Die Heilige Schrift des Alten und Neuen Testaments", 1931/1955,

M 5a

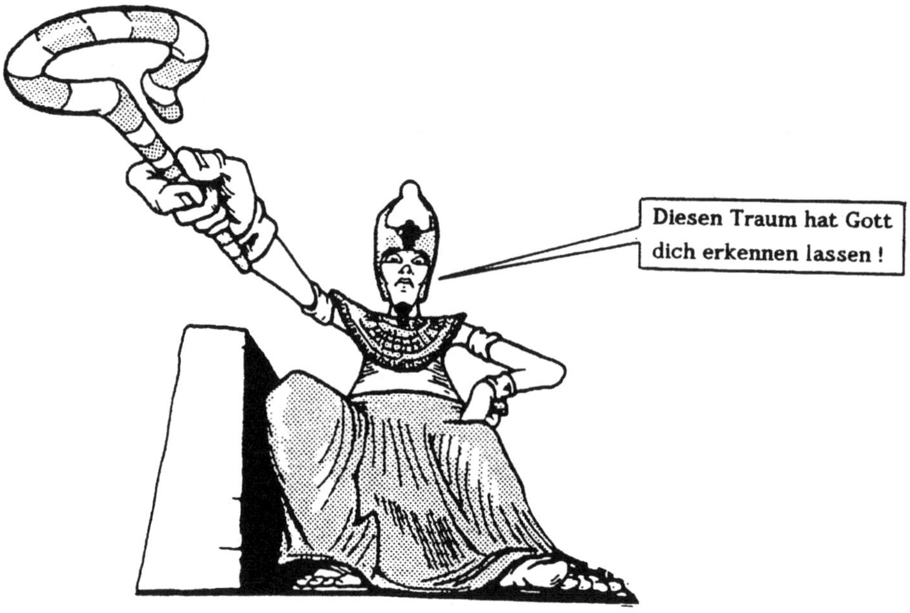

Aus: Begleitheft zu „Shalom Pharao". Ein Zeichentrickfilm von Curt Linda, atlas film + av, Duisburg 1982, bearbeitet.

M 5b

Aus: Begleitheft zu „Shalom Pharao“, a.a.O.

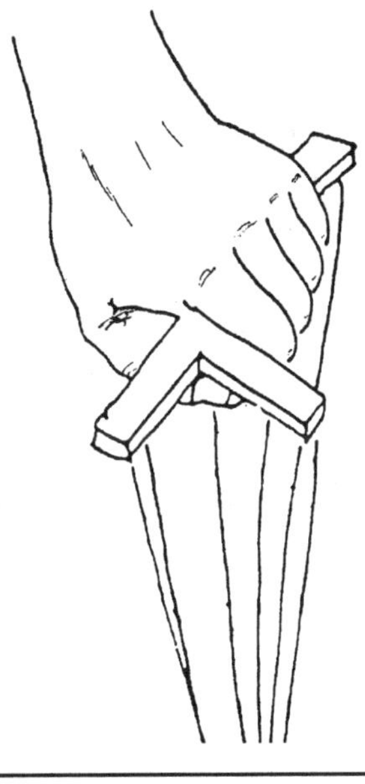

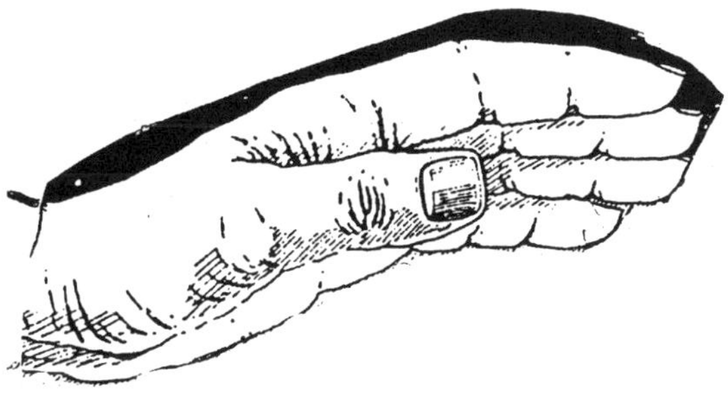

M 6

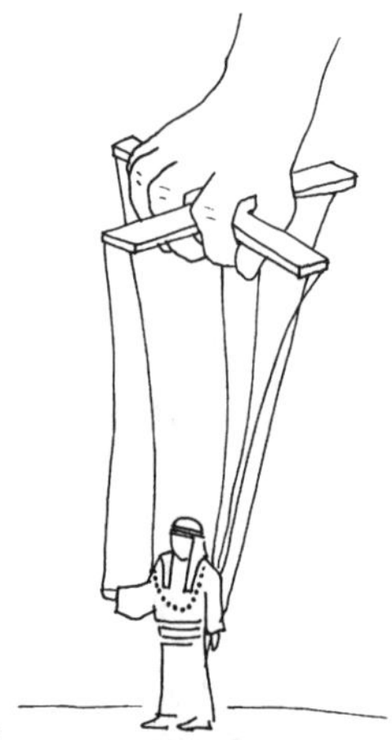

Collage, s. auch M 5a+b.

Walter Habdank, „In manibus tui" zu Psalm 31, Holzschnitt 1972.

Carl Milles, In Gottes Hand, Millesgården, Stockholm;
Foto Peter Papen, Westernohe.

M 7

He's got the whole world in his hand – Er hält die ganze Welt in seiner Hand

T: Spiritual, Übersetzung: Siegfried Macht
M: Spiritual
S/Tanz: Siegfried Macht

2. Er hält auch dich und mich Bruder (Schwester) in seiner Hand ...
   Er hält die Welt in seiner Hand.
3. Er hält den Sohn und den Vater ...
4. Er hält die Mutter und die Tochter ...
5. Er hält das winzig-kleine Baby ...
6. Er hält die Sonne und den Mond ...

1. He's got the whole world in his hands ... (4x)
2. He's got you and me brother (sister) in his hands ...
   he's got the whole world in his hands.
3. He's got the son and his father ...
4. He's got the mother and her daughter ...
5. He's got the tiny little baby ...
6. He's got the sun and the moon ...
7. = 1.

Aus: Siegfried Macht, Kinder tanzen ihre Lieder. Religiöse Sing- und Tanzspiele, Bonifatius, Paderborn 1993², © Siegfried Macht.

M 8a

Unsere Hände können schlagen
schießen
stoßen
zerstören
verurteilen
abwehren
zittern
verstoßen
morden
hassen
verfluchen

Und deine Hände?
Deine durchbohrten Hände?

Deine Hände streicheln
verbinden
trösten
schaffen
verzeihen
laden ein
beruhigen
schützen
helfen
versöhnen
segnen

Deine Hände sind liebende Hände!

So legen wir unsere Hände in
deine Hände,
damit wir uns alle reichen
unsere Hände.

Quelle unbekannt.

M 8b

B. Jendorff, Beiheft zu den Schallplatten und Kassetten „Wir haben Jesus gesehen“, Limburg 1979, in: Peter Biehl, Symbole geben zu lernen, a.a.O., S. 237.

M 9a

Beppo

Alle Kinder waren in der Schule. Nur Beppo, acht Jahre alt, stand mutterseelenallein auf einem Hügel und starrte angestrengt zum Himmel hinauf. Dort oben war ein winziger, roter Punkt. Seinetwegen hatte Beppo die Schule geschwänzt. Es war ein roter Luftballon. Beppo hatte zwanzig Lire geopfert, um ihn kaufen zu können. Das war eine Menge Geld für Beppo! Trotzdem hatte er den Luftballon gekauft – nur so, zum Davonfliegen?

Beppo hatte niemanden erzählt, was er damit anfangen wollte. Heimlich hatte er einen Brief geschrieben und ihn an der Schnur des Luftballons angebunden. Und als alle Kinder in der Schule waren, hatte er sich fortgeschlichen, um auf dem Hügel seinen Luftballon steigen zu lassen. Hoffentlich würde der Wind die Botschaft nicht abreißen!

„Lieber Gott", stand mit großen Buchstaben auf dem Zettel geschrieben, „in ein paar Wochen bekomme ich einen kleinen Bruder. Wir sind sechs Kinder, und meine Eltern haben wenig Geld. Der Kleine muß mit Pedro und mir zusammen schlafen, weil wir nicht genug Bettzeug haben. Bitte, lieber Gott, mach doch, daß ich dem kleinen Bruder einen Strohsack mit Bettzeug zurechtmachen kann! Es darf ruhig etwas Gebrauchtes sein! Ich wohne in Arcole in Italien. Dein Beppo Sala."

So hatte Beppo geschrieben, und er hoffte, daß der, für den der Zettel bestimmt war, ihn würde lesen können. Und als der kleine rote Punkt in der Höhe verschwunden war, trottete Beppo voll Zuversicht nach Hause: Gott wird helfen.

Die nächsten Tage waren für Beppo nicht leicht zu ertragen. Er wartete voll Spannung. Aber nicht das Geringste geschah. Es war, als ob es seinen roten Luftballon niemals gegeben hätte. Das einzige, was sich ereignete, war, daß er nachsitzen mußte, weil er die Schule geschwänzt hatte.

Aber dann geschah doch etwas. Es war am vierten Tag, nachdem er den Luftballon losgelassen hatte. Schon von weitem erkannte Beppo den Paketkarren des Postboten vor seinem Elternhaus. Aufgeregt stürmte er ins Haus. Drinnen fand er die ganze Familie in der Küche versammelt. Mitten auf dem Tisch lag ein Paket. Vater Sala zankte sich mit dem Postboten. Aus dem Stimmengewirr hörte Beppo den Baß seines Vaters heraus. „Du willst Postbote sein, Antonio, und begreifst nicht einmal, daß dieses Paket unmöglich für uns sein kann?" Der Briefträger rollte die Augen. „Du Dummkopf!" schrie er. „Kannst du nicht lesen? Sala – Familie Sala! Da steht es!" „Jawohl, so heißen wir. Aber wir kennen niemand in Rovigo. Und geschenkt nehme ich nichts, das weißt du! Nimm das Paket wieder mit." Und damit versetzte der Vater dem Paket einen Hieb, daß die zwei kleinen Salakinder, die munter auf dem Fußboden herumkrochen, erschreckt unter den Tisch flüchteten.

Beppo hielt es nicht länger aus. „So mach das Paket doch auf!" schrie er, außer sich vor Erregung, „dann werden wir sehen, ob es für uns ist oder nicht!" Der Lärm verstummte. Unter den buschigen Brauen hervor warf der Vater einen finsteren Blick auf den vorlauten Sohn und überlegte. „Also los!" fuhr er den Postboten an. „Du hörst es doch, öffne!"

Hastig riß der Mann die Schnüre auf. Als er den Deckel zurückschlug, wurde es ganz still in der Küche. Und alle sahen, wie es weiß aus dem Karton herausleuchtete: Windeln, Bettzeug und winzige Kinderwäsche! Nicht gerade nagelneu, aber heil und sauber. Ein Schatz für die Familie Sala! Die Augen der Mutter leuchteten.

War es nicht wie ein Wunder, daß Gott ausgerechnet in Rovigo, fast hundert Kilometer von Arcole entfernt, ein Paket für die Familie Sala zur Post gab?

Ein Glück, daß wenigstens kein Absender angegeben war, dachte Beppo. Nun konnte der Vater das Paket nicht zurückschicken!

Und während der Inhalt des Paketes von Hand zu Hand ging, schlich Beppo sich leise hinaus. Sein Herz war übervoll. Rasch, rasch eilte er zu dem Hügel, wo er vor vier Tagen den roten Luftballon zum Himmel geschickt hatte, und dankte dem gütigen Geber.

Barbara Imgrund, in: Dietrich Steinwede / Sabine Ruprecht (Hg.), Vorlesebuch Religion 1, Kaufmann / Vandenhoeck & Ruprecht, Lahr / Göttingen / Zürich, S. 312.

M 9 b

Fred Marcus, NL-Nijmegen.

M 10

Wo warst Du Gott?

Wo warst Du Gott?
Gestern hätte ich Deine Hilfe brauchen können!
Drei gegen einen ist gemein! Und als ich blutete, haben sie mich noch ausgelacht.
Und dann schimpfte noch meine Mutter. Sie machte mich zur Schnecke, weil ich viel zu spät nach Hause kam.

Und neulich hätte ich Dich auch brauchen können!
Ich habe gehofft, Du würdest mein Gebet vor der Mathearbeit erhören.
Wo war Deine Hilfe? Gott!

Ich denke mir allmählich, Beten hat gar keinen Sinn.
Ich weiß auch gar nicht mehr, wie Du mir helfen kannst.
Wo bist Du eigentlich?

Gleich muß ich meinem Vater beibringen, daß ich wieder eine 5 in der Arbeit habe.
Hilf doch, daß er nicht so schlimm schimpft und mich fertigmacht.
Wenn Du mir dabei nicht hilfst, dann weiß ich nicht, ob ich überhaupt noch einmal beten soll.

Aus: Weert Flemmig u.a. (Hg.), KU materialien, Gütersloher Verlagshaus, Gütersloh 1979.

M 11

Gottesbilder in den Psalmen

(Leporello zum Gottesbild)

Psalm 94, 8+9 Merkt's euch doch, ihr Narren im Volke, ihr Toren, wann werdet ihr klug? Der das Ohr gepflanzt, sollte der nicht hören? Der das Auge gebildet, sollte der nicht sehen?	**Psalm 27,5** Denn er birgt mich in seiner Hütte am Tag des Unglücks, er schirmt mich im Schirm seines Zeltes.
Psalm 145,15+16 Aller Augen warten auf dich und du gibst ihnen Speise zu deiner Zeit. Du tust deine Hand auf und sättigst alles, was lebt, mit Wohlgefallen.	**Psalm 103,13** Wie sich ein Vater über seine Kinder erbarmt, so erbarmt sich der Herr über die, die ihn fürchten.
Psalm 10,1 Warum, Herr, stehst du ferne, verbirgst dich zu den Zeiten der Not?	**Psalm 145,14** Der Herr stützt alle, die da fallen, und richtet alle Gebeugten auf.
Psalm 18,3 Der Herr ist mein Fels und meine Burg und mein Erretter, mein Gott, mein Hort, auf den ich mich verlasse, mein Schild und meines Heiles Horn und meine Zuflucht.	**Psalm 74,11** Warum ziehst du die Hand zurück, hältst deine Rechte im Gewand verborgen?

Aus: „Die Heilige Schrift des Alten und Neuen Testaments", 1931/1955, © Genossenschaft Verlag der Zürcher Bibel.

Leporello zum Gottesbild

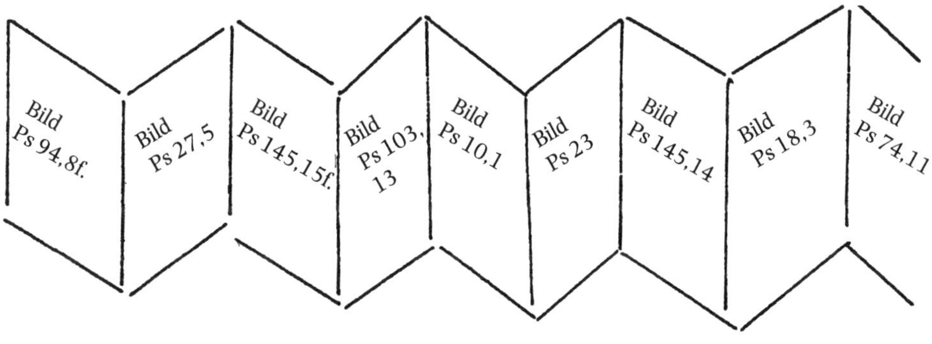

M 12

Aussagen von Menschen über Gott:

„Auge"

I.

Ein Auge ist, das alles sieht,
auch was in dunkler Nacht geschieht.
Comenius, 1658

II.

Denn des Herrn Augen schweifen über die ganze Erde, damit er sich stark erweise für die, deren Herz ihm ungeteilt gehört. Hierin hast du töricht gehandelt, denn von nun an gibt es für dich nichts als den Krieg.
2.Chr 16,9

III.

Die Augen des Herrn achten auf die Gerechten
und seine Ohren auf ihren Hilferuf.
Ps 34,16

IV.

Denn seine Augen schauen die
Wege des Menschen,
und alle seine Schritte sieht er.
Kein Dunkel gibt es
und keine Finsternis,
darin sich Übeltäter bergen könnten.
Hiob 34,21f

V.

Ich richte meine Augen auf sie zum Guten.
Jer 24,6a

VI.

Der Herr segne dich
und behüte dich!
Der Herr lasse sein Angesicht über dir leuchten
und sei dir gnädig!
Der Herr erhebe sein Angesicht
auf dich und gebe dir Frieden!
4. Mose 6,24ff

Aufgaben:

1. Unterscheide zwischen Aussagen, die dir angenehm und die dir unangenehm erscheinen. Markiere sie mit unterschiedlichen Farben!
2. Versuche, ähnliche Aussagen über Gott mit dem Symbol „Ohr" zu formulieren, die die Erfahrungen, Hoffnungen, Ängste der Menschen wiedergeben.

M 13

Arbeitsblatt zur Geschichte von „Beppo" und dem Gebet eines Jugendlichen

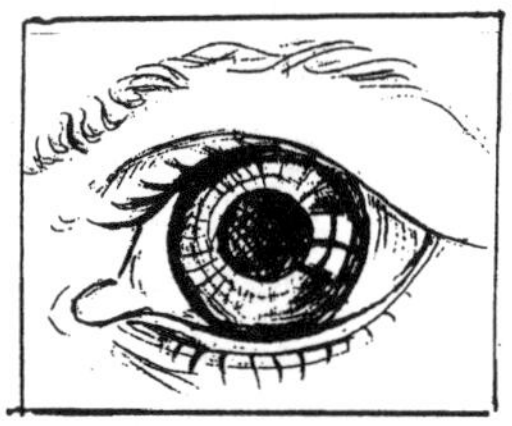

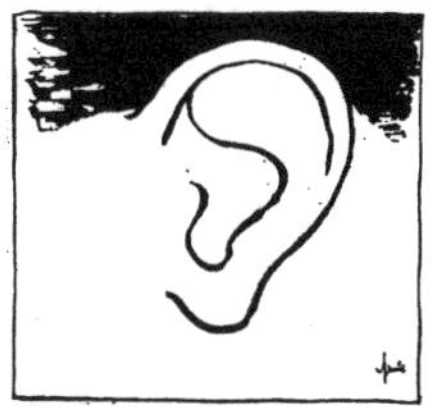

Gott als Auge heißt

in der Geschichte ...

in dem Gebet ...

bei Jutta Richter ...

Gott als Ohr heißt

in der Geschichte ...

in dem Gebet ...

bei Jutta Richter ...

Abb.: Quelle unbekannt.

M 14

Die Waisenkinder sind nicht so arm wie die Heidenkinder, sagte Schwester Lioba, sie haben zwar keine Eltern mehr, aber dafür haben sie den lieben Gott. Und der ist unser aller Vater und hat uns alle lieb.

Ich wollte, daß der liebe Gott mich am liebsten hatte. Nur mich sollte er liebhaben. Es ist böse, sagte Schwester Lioba, wenn man immer alles für sich haben will. Man muß auch etwas abgeben können, dann freut sich der liebe Gott.

Ich stellte mir vor, so viel Geld zu haben, daß ich alle bonbonbunten Ostereier der Welt kaufen könnte. Die hätte ich in den Kasten neben dem Negerkind geworfen, dann hätte der liebe Gott mich doch am liebsten haben müssen.

(...)

Im Religionsunterricht bei Vikar Wittkamp lernten wir die zehn Gebote auswendig. Wir mußten ein Religionsheft anführen. Vikar Wittkamp diktierte das erste Gebot; unsere Hausaufgabe war, ein Bild dazu zu malen. Ich erinnere mich, daß ich einen roten Gott malte mit einem violetten Bart, der saß auf einer rosa Wolke. Unten auf der Erde standen Menschen, die hatten links auf der Brust ein rotes Herz. *Du sollst den Herrn deinen Gott lieben von ganzem Herzen und ganzer Seele und mit deinem ganzen Denken.* Als Vikar Wittkamp das Bild sah, wurde er wütend. Das ist kein Gott, das ist ein Teufel, und wie ich es wagen könne, so ein Bild zu malen. Ich versuchte ihm zu erklären, daß Gott doch rot sein müsse, weil das die Farbe der Liebe sei. Aber Vikar Wittkamp winkte ab, machte mich mit einer Handbewegung stumm und schrieb *noch einmal* unter meine Zeichnung.

(...)

Ich erinnere mich, daß es zwei Götter gab: den lieben Gott meiner Mutter und den lieben Gott von Schwester Lioba, der auch der von Vikar Wittkamp war. Der liebe Gott Schwester Liobas war der Vater des nickenden Negerkindes aus Gips. Für einen Groschen zehnmal nicken. Der liebe Gott Schwester Liobas war stets darauf bedacht, alles zu sehen, alles zu wissen und alles zu bestrafen. Der liebe Gott Schwester Liobas hatte ewiges Leben und war mächtig und böse.

Der liebe Gott meiner Mutter war der Vater des Schutzengels. Der liebe Gott meiner Mutter war ein freundlicher alter Herr, dem die Himmelsschlüssel aus der Hand gefallen waren und jetzt als Blumen am Sielbach wuchsen. Der liebe Gott meiner Mutter war im Sommer ein leidenschaftlicher Gärtner, und ab September arbeitete er aushilfsweise in der himmlischen Bäckerei, zusammen mit den kleinen pausbackigen Engeln, deren Schicht mit dem Abendrot begann. Meine Mutter kannte alle Sorten der Plätzchen, die dort für Weihnachten gebacken wurden, und konnte sie mir aufzählen. Der liebe Gott meiner Mutter wäre niemals auf den Gedanken gekommen, hinter Kindern herzuspionieren, er machte lieber beide Augen zu und schickte den Schutzengel an die rechte Seite meines Bettes, wo er die ganze Nacht Wache hielt. Ich konnte seinen Engelsatem spüren. Der liebe Gott meiner Mutter hatte nur einen Fehler: Er starb, als ich fünf wurde und Schwester Lioba sagte: Seinen einzigen Sohn opferte Gott für die Sünden der Menschen, auch für deine Sünden, und mich dabei ansah.

(...)

Nachmittags von vier bis sechs saß Vikar Wittkamp im Beichtstuhl hinter dem bußlila Vorhang und hielt sein Ohr dicht an das braune Gitter. Aber das war ja nicht mehr sein Ohr, das war Gottes Ohr, zwei Stunden lang Gottes Ohr. So sehr ich mich auch anstrengte, ich konnte nicht glauben, daß ausgerechnet Vikar Wittkamp der Stellvertreter für ein göttliches Ohr sein sollte. Daß ausgerechnet er Gott näher sein sollte. Dazu hätten doch andere Fähigkeiten gehört. Er hätte es doch zumindest schaffen müssen, einen Grund für den Tod meines Großvaters zu nennen, einen besseren Grund als den von der abgelaufenen Zeit, oder er hätte merken müssen, daß Rüdiger Kramer während der ganzen Religionsstunde weinte, weil Lehrer Schreier gesagt hatte, er sei der schlechteste Rechner der Schule. Er hätte wenigstens ein bißchen freundlicher zu uns sein können, ein bißchen gerechter. All das war er nicht. Er war klein, mürrisch, ungerecht und selbstzufrieden, aber er war Gott näher als andere Menschen.

Aus: Jutta Richter, Himmel, Hölle, Fegefeuer. Versuch einer Befreiung, 1982.

Prominente über Gott

M 15a

Geert Müller-Gerbes, 58
„Als ich ein kleiner Junge war, habe ich mir Gott immer als einen alten Mann mit Bart vorgestellt. Heute ist Gott für mich nichts Greifbares oder Spürbares mehr. Aber der Glaube an Gott gibt mir Sicherheit, daß ich nicht allein, sondern Teil eines Ganzen bin, in das ich mich einordnen muß. Ich spüre Gott am stärksten, wenn ich in einem Wald stehe, nur die Bäume rauschen höre und eine Art innere Andacht halte."

Anja Kruse, 39
„Gott ist für mich Buddha ... Er steht für Weltoffenheit, die Möglichkeit, sein Schicksal selbst in die Hand zu nehmen."

Frauke Ludowig, 32
„Gott ist für mich die Hoffnung und das Gefühl, daß etwas über uns steht. Gott oder diese Macht ist für mich dort, wo ich zu Hause bin – wie bei meinen Eltern in meinem Heimatort bei Hannover. Wenn ich den Friedhof mit der kleinen Kirche besuche, fühle ich mich Gott ganz nahe."

Uschi Glas, 51
„Gott existiert für mich als Kraft, die ich am liebsten mit Natur umschreibe. Er ist im Aufblühen einer Pfingstrose ebenso gegenwärtig wie in einem Baby oder in einem Weizenkorn."

Aus: TV neu, 16.–22.12.1995, S. 4–6, Axel Springer Verlag AG, Hamburg.

M 15b

Gottesvorstellungen von Kindern

Ich glaube, der liebe Gott sieht aus wie ein großer weißer Nebelfleck mit einem Gesicht in der Mitte und einer goldenen Kette um den Hals. *(Robert)*

Der liebe Gott hat einen weißen Mantel an, und er hat lange graue Haare. Ich glaube, alles andere an ihm ist Geist. Er paßt immer auf, ob böse Leute etwas Böses tun. *(Elke)*

Ich stell mir den lieben Gott als einen Mann in einem grauen Anzug vor, der einen zu großen Kopf hat. *(Mark)*

Der liebe Gott ist gut und freundlich, und er behütet die Menschen. Er bringt niemand um, und er kann es nicht leiden, wenn die Menschen Krieg anfangen. *(Jonas)*

Man kann den lieben Gott nicht sehen. Er ist überall auf der Erde. Er hat alle Menschen lieb, sogar die, welche die anderen nicht leiden können. *(Simone)*

Gott hat einen Bart und läuft in einem langen, weißen Gewand auf den Wolken herum. *(Martin)*

Gott ist alt, groß und fürchterlich. Er sieht fast aus wie ein Steinzeitmensch. *(Achim)*

Ich stelle mir Gott vor, daß es ihn gibt und nicht gibt. Man kann sagen halb und halb. *(Christian)*

Ich stelle mir vor, daß Gott ein Feuer um seinen Kopf herum hat und daß er freundliche Hände hat. Vielleicht ist er durchsichtig. Ich glaube, er schwebt frei im Raum herum und macht den Regen und die Sonne und straft die Menschen und erfüllt ihnen ihre Wünsche. *(Beate)*

Der liebe Gott ist sehr klug. Er weiß noch mehr als unsere Mami und unser Vati, und er weiß, was passiert, und braucht nicht einmal hinzugucken. *(Regine)*

Der liebe Gott ist wirklich unsterblich, und er kann nicht einmal mit einem vergifteten Pfeil totgeschossen werden. Wenn er will, kann er Tote wieder lebendig machen. *(Thomas)*

Gott ist der Hauptkönig. Er hat drei Köpfe, eben für alle Rassen einen. Und die vier Hände sind die vier Himmelsrichtungen. *(Benjamin)*

Ich glaube, Gott sieht aus wie ein Kopf ohne Körper, und er kann erscheinen, wo er will. Um ihn herum ist ein Lichterschein und sonst lauter Raum auf allen Seiten. Er hat einen ovalen Mund und keinen einzigen Zahn. *(Olaf)*

Der liebe Gott ist der Mann im Himmel. Er sorgt für die Menschen, wenn sie gestorben sind. Man kann ihn nicht sehen, weil er aus Geist ist. *(Peter)*

Gott wohnt im Himmel und blickt auf uns herab, und wenn er sieht, daß einer unartig ist, schreibt er das in sein dickes Buch. Wenn man ein ganzes Jahr öfter unartig war, dann kommt man in die Hölle. *(Birgit)*

Aus: Wer hat den lieben Gott auf die Welt gebracht? Gottesvorstellungen von Kindern, gesammelt und hg. v. R. Weile (GTB 86), Gütersloh 1977.

M 16

Gott

Drei kluge Leute saßen abends vor ihrer Tür, um ihre Weisheit auszutauschen.

Da sagte der eine: „Was Menschen von der Welt wissen, wissen wir. Wir können glücklich sein."

„Ja", bestätigte der zweite, „was Menschen vom Leben wissen, wissen wir. Wir können glücklich sein."

„Nein", warf der dritte ein, „was wissen wir denn über Gott? Können wir also glücklich sein?"

Da dachten sie nach und beschlossen endlich, sich auf den Weg zu machen, um Gott zu finden. Oder wenn nicht, dann würden sie wenigstens das wissen und wären wieder glücklich.

Zuerst trafen sie einen alten Mann. „Bist du Gott?" fragten sie ihn. „Wie kann ich Gott sein?!" antwortete der, „Gott ist jünger."

Betroffen von der Antwort gingen sie weiter. Gott ist jünger? Wie konnte das sein?

Auf dem weiteren Weg begegneten sie einer weinenden Frau.

„Bist du Gott?" fragten sie sie.

„Wie kann ich Gott sein?!" schluchzte die Frau, „Gott ist fröhlich."

Wiederum eine seltsame Antwort.

Immerhin aber kam es ihnen in den Sinn, daß es Menschen gab, die wohl viel von Gott wußten.

Da trafen sie wenig später einen Totengräber und fragten nun vorsichtig, ob er denn wüßte, wo Gott zu finden sei.

Der aber sagte nur knapp: „Ihr dürft ihn nicht bei den Toten suchen."

Da stiegen sie auf ihre Tiere und ritten in die Nacht hinein.

Einer entdeckte plötzlich einen großen Stern. „Da ist Gott!" rief er, „da ist Gott!" Und sie richteten sich nach dem Stern. Bald kamen sie an einen Königshof, traten vor den Herrscher und fragten ihn auch. „Ja, ich bin Gott!" erwiderte der, aber die drei klugen Leute empfanden, daß der niemals Gott sein konnte, er wirkte nicht jünger, nicht fröhlicher und nicht lebendig.

Da ritten sie weiter und fragten unterwegs die Sonne: „Bist du Gott?" „Wie kann ich Gott sein?" strahlte sie, „kann das Geschöpf den Schöpfer spielen?"

Als es Abend wurde, sahen sie in der Ferne ein kleines Licht. Sie ritten darauf zu, stiegen dann zögernd ab, betraten leise den kleinen Stall und sahen das Kind. Die anderen Leute knieten, und so knieten sie auch. Da wußten sie plötzlich alles und waren sehr glücklich.

Später saßen sie abends vor ihrer Tür, um ihre Dankbarkeit auszutauschen.

Aus: Peter Spangenberg, Feuerball und Regenbogen (GTB 1026), Gütersloh 1981, S. 37ff.

Aufgaben:

1. Welche Vorstellungen von Gott haben die drei klugen Menschen zunächst?
2. Welche Vorstellungen verbinden die Leute mit Gott? Lassen sich dafür Erklärungen finden?
3. Vergleiche die Geschichte mit der Karikatur M 17.
4. Vergleiche die folgenden Karikaturen M 18a–d mit der gefundenen Antwort.

M 17

Fred Marcus, NL-Nijemegen.

M 18a–d

a)

Joseph Farris, USA.

b)

Walter Hanel, Bergisch-Gladbach.

c)

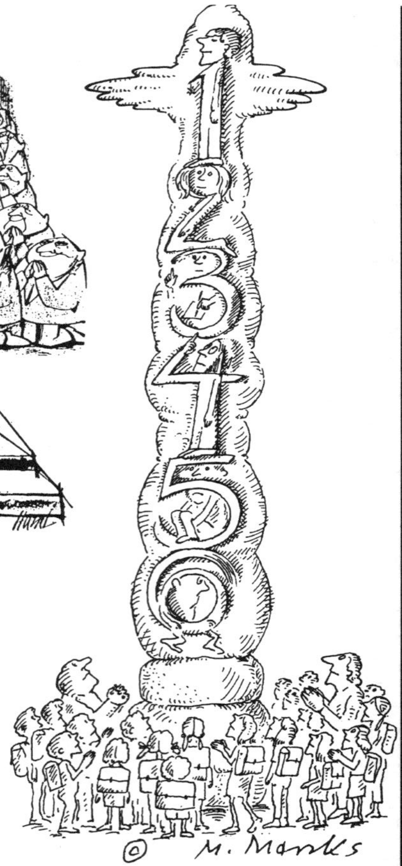

Marie Marcks, Heidelberg.

d)

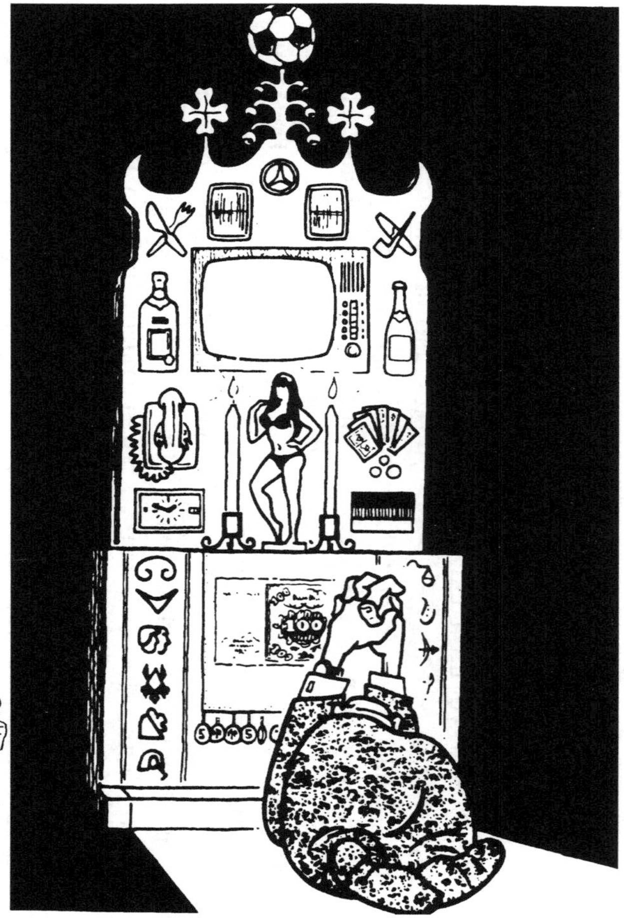

Mertens, Verlag J.P. Pfeiffer, Rothenburg ob der Tauber.

Die Geschichte von Sonja und Petja

M 19

Ein Mädchen und ein Junge fuhren mit einem Pferdewagen über Land. Das Mädchen war fünf und der Junge war sechs Jahre alt. Sie waren nicht Geschwister, sondern Vetter und Base. Sie hießen Petja und Sonja. Ihre Mütter waren auswärts zu Gast geblieben und hatten die Kinder mit der Kinderfrau nach Hause geschickt. Als sie durch ein Dorf kamen, brach ein Rad am Wagen, und der Kutscher sagte: „Wir können nicht weiterfahren. Das Rad muß ausgebessert werden. Ich werde es gleich besorgen."

„Das trifft sich gut", sagte die Njanja, die Kinderfrau. „Wir sind so lange gefahren, daß die Kinder hungrig geworden sind. Ich werde ihnen Brot und Milch geben. Zum Glück haben wir alles mit." Es war im Herbst, und das Wetter war kalt und regnerisch. Am Weg lag eine armselige Bauernhütte. Sie traten ein. Die Stube war ganz schwarz, der Ofen ohne Schornstein.

Drei Bauernkinder waren in der Stube. Ein Mädchen, barfuß und nur mit einem schmutzigen Hemd bekleidet, ein dicker, fast nackter Junge, beide etwa sechs Jahre alt, und ein einjähriges Mädchen. Es lag auf der Ofenbank und weinte ganz herzzerreißend. Die Mutter suchte es zu beruhigen, drehte sich aber um, als die Kinderfrau eine Tasche mit einem blanken Schloß aus dem Wagen ins Zimmer brachte. Die Bauernkinder staunten. Welch ein glänzendes Schloß! Petja und Sonja waren ganz still. Die Kinderfrau nahm eine Flasche mit warmer Milch und Brot aus der Reisetasche, breitete ein sauberes Tuch auf den Tisch und sagte: „So, Kinder, kommt, ihr seid doch hungrig geworden?" Aber die Kinder folgten ihrem Ruf nicht. Sonja starrte die halbnackten Bauernkinder an und konnte den Blick nicht von ihnen abwenden. Sie hatte noch nie so schmutzige Hemden und so nackte Kinder gesehen und staunte sie nur so an. Petja aber sah bald seine Base, bald die Bauernkinder an und wußte nicht, ob er lachen oder sich wundern sollte. Mit besonderer Aufmerksamkeit musterte Sonja das kleine Mädchen auf der Ofenbank, das noch immer laut schrie.

„Warum schreit sie denn so?" „Sie hat Hunger", sagte die Mutter. „So geben Sie ihr doch etwas." „Gern, aber ich habe nichts." „So, jetzt kommt", sagte die Njanja, die inzwischen das Brot geschnitten und zurechtgelegt hatte. Die Kinder folgten dem Ruf und traten an den Tisch. Die Kinderfrau goß ihnen Milch in kleine Gläser ein und gab jedem ein Stück Brot. Sonja aber aß nichts und schob das Glas von sich fort. Und Petja sah sie an und tat das gleiche.

„Ist es denn wahr?" fragte Sonja, auf die Bauersfrau zeigend. „Was denn?" fragte die Njanja. „Daß sie keine Milch hat?" „Wer soll das wissen? Euch geht es nichts an." „Ich will nicht essen", sagte Sonja. „Ich will auch nicht essen", sprach Petja. „Gebt ihr die Milch", sagte Sonja, ohne den Blick von dem kleinen Mädchen abzuwenden. „Schwatze doch keinen Unsinn", sagte die Njanja. „Trinkt, sonst wird die Milch kalt" ... „Man kann doch nicht alle Menschen gleichmachen! Das hängt eben von Gott ab, der dem einen mehr gibt als dem andern. Euch, eurem Vater hat Gott viel gegeben." „Warum hat er ihnen nichts gegeben?" „Das geht uns nichts an – wie Gott will", sagte die Njanja. Aber sie goß ein wenig Milch in eine Tasse und gab dieses der Bauersfrau. Das Kind trank und beruhigte sich. Die beiden anderen Kinder aber beruhigten sich noch immer nicht, und Sonja wollte um keinen Preis etwas essen oder trinken. „Wie Gott will ...", wiederholte sie. „Aber warum will er es so? Er ist ein böser, ein häßlicher Gott, ich werde nie wieder zu ihm beten." „Pfui, wie abscheulich!" sagte die Njanja. „Warte, ich sage es deinem Vater." ...

Plötzlich ertönte vom Ofen herab eine heisere, vom Husten unterbrochene Stimme. „Kinderchen, Kinderchen, ihr seid liebe Kinderchen, aber ihr redet Unsinn." Ein neuer Hustenanfall unterbrach die Worte des Sprechenden. Die Kinder starrten erschrocken zum Ofen hinauf und erblickten dort ein runzliges Gesicht und einen grauen Kopf, der sich vom Ofen herabneigte. „Gott ist nicht böse, Kinderchen, Gott ist gut. Er hat alle Menschen lieb. Es ist nicht sein Wille, daß die einen Weißbrot essen, während die andern nicht einmal Schwarzbrot haben. Nein, die Menschen haben es so eingerichtet. Und sie haben es darum getan, weil sie Gott vergessen haben." ... Der Alte bekam wieder einen Hustenanfall. „Sie haben ihn vergessen und es so eingerichtet, daß die einen im Überfluß leben und die anderen in Not und Elend vergehen. Würden die Menschen nach Gottes Willen leben, dann hätten alle, was sie nötig haben." „Was soll man aber tun, damit alle Menschen alles Nötige haben?" fragte Sonja. „Was man tun soll?" wisperte der Alte. „Man soll Gottes Worte befolgen. Gott befiehlt, man soll alles teilen." „Wie, wie?" fragte Petja. „Gott befiehlt, man soll alles teilen". „Er befiehlt, man soll alles teilen", wiederholte Petja. „Wenn ich einmal groß bin, werde ich das tun." „Ich tue es auch", versicherte Sonja. „Ich habe es eher gesagt als du", rief Petja. „Ich werde es so machen, daß es keine Armen mehr gibt." „Na, nun habt ihr genug Unsinn geschwatzt", sagte die Njanja. „Trinkt die Milch aus." „Wir wollen nicht, wollen nicht, wollen nicht!" riefen die Kinder einstimmig aus. „Wenn wir erst groß sind, tun wir es unbedingt."

„Ihr seid brave Kinderchen", sagte der Alte und verzog seinen Mund zu einem breiten Lachen, daß die beiden einzigen Zähne in seinem Unterkiefer sichtbar wurden. „Ich werde es leider nicht mehr erleben. Ihr habt aber einen wackeren Entschluß gefaßt. Gott helfe euch." „Mag man mit uns machen, was man will", rief Sonja, „wir tun es doch!" „Wir tun es doch", bekräftigte auch Petja. „Das ist recht, das ist recht", sprach der Alte lächelnd und hustete wieder. „Seht nur zu, daß ihr's nicht vergeßt." „Nein, wir vergessen es nicht!" riefen die Kinder aus. „Recht so, das wäre also abgemacht." Der Kutscher kam mit der Nachricht, daß das Rad ausgebessert sei, und die Kinder verließen die Stube. Was aber weiter sein wird, werden wir ja sehen.

Leo Tolstoi, in: Dietrich Steinwede / Sabine Ruprecht (Hg.), Vorlesebuch Religion 1, a.a.O., S. 321ff.

Die 99 schönsten Namen Gottes

M 20

der Erbarmer / der Barmherzige / der König / der Heilige / der Friede ist / der Treue / der wache Berater / der Mächtige und Prächtige / der ganz Starke / der Großartige / der Hervorbringer / der Gestaltende / der Schöpfer / der stets Vergebende / der in allem Vorherrschende / der stets Gebende / der Verteiler (aller Güter) / der Öffnende und Offenbarende / der Allweise / der beengt / der weitet (das Leben und die Brust der Diener) / der erniedrigt / der zu Würden erhebt / der Ehren und Macht verleiht / der demütigt / der Allhörende / der Allsehende / der Richter / der vollkommen Gerechte / der Wohlwollende / der Kluge, Verstehende / der Gütige / der Herrliche, Mächtige / der Vergebende / der Dankbarkeit beantwortet / der Hohe / der große / der starke Bewahrer / der Ernährende / der Rechenschaft fordert / der Majestätische, der Großmütige / der genaue Beobachter / der gütig Erhörende (der die Gebete erhört) / der Allgegenwärtige / der Weise / der Allerliebevollste / der Glorreiche / der aus dem Tod zum Leben ruft / der Zeuge / der Wahre / die Wahrheit / der alles mit Vollmacht tut / der Starke / der unerschütterlich Zuverlässige / der Freund und Beschützer / der Preiswürdige / der Aufzeichner allen Geschehens / der den Anfang setzt / der Leben aus dem Tod zurückbringt / der Leben schenkt / der Lenker des Todes / der Lebendige / der in sich selbst Bestehende / der Finder / der Verherrlichte / der Eine und Einzige / der Ewige / der Mächtige / der Bestimmende / der näherbringt / der aufhält / der Erste / der Letzte / der Sichtbare / der Verborgene / der Herrschende / der Erhabene / der gerechte Wohltäter / der Reue annimmt und zu ihr führt / der Rächer (der die Ungehorsamen züchtigt) / der Nachsichtige (der die Sünden auslöscht) / der Nachsichtige, Freundliche / der König aller Königreiche / der Herr der Majestät und der Freigiebigkeit / der jedem Gerechtigkeit gibt / der Versammler / der sich selbst Genügende / der Reichmachende / der Geber / der Zurückhaltende / der Heimsuchungen schickt / der Förderung schenkt / das Licht / der Führer und Leiter / der Unvergleichliche / der Ewige ohne Ende / der Erbende / der auf den geraden Weg führt / der Allergeduldigste

Aus: ru – Zeitschrift für die Praxis des Religionsunterrichts, ru 4, 22, 1992, Calwer Verlag / Kösel Verlag, Stuttgart / München.

Suche aus dieser Reihe von Gottesnamen, die die Muslime Gott geben,

drei Namen, die du auch für Gott benutzen würdest:

___

___

___

drei Namen, die du keinesfalls für Gott benutzen würdest:

___

___

___

Welche Namen verstehst du gar nicht?

___

___

___

___

___